高等学校旅游管理类专业系列教材

展览会策划与组织

罗秋菊　主　编
钟迪茜　副主编

中国教育出版传媒集团
高等教育出版社 · 北京

内容简介

　　本书旨在从底层逻辑出发,以"科研引领实践"为原则,配以实践策略与前沿案例,构建展览会策划与组织的理论框架与知识体系。首先,本书解读了展览会的核心价值和不可替代性,强调展览会策划与组织的关键思路;其次,重点介绍了展览会的选题、选址、营销与现场运营,梳理了展览会策划与组织各个环节的实质、原理和关键要点,解析展览会策划与组织背后的"为什么",从而指导实践过程中的"如何做";最后,展望展览会的前沿趋势,有助于读者迎接未来、识别机遇、应对挑战、突破困境,亦为行业创新提供启发。

　　本书配备课程课件、案例、思考题、在线测评等丰富的教学资源,适合作为会展经济与管理专业相关课程教学用书,亦可供会展领域的从业人员、会展业行政管理部门或机构的工作者参考使用。

图书在版编目（CIP）数据

　　展览会策划与组织 / 罗秋菊主编；钟迪茜副主编
.--北京：高等教育出版社, 2024.2
　　ISBN 978-7-04-060387-3

　　Ⅰ. ① 展… 　Ⅱ. ① 罗… ② 钟… 　Ⅲ. ① 展览会 – 策划
– 高等学校 – 教材 ② 展览会 – 组织 – 高等学校 – 教材
Ⅳ. ① G245

　　中国国家版本馆CIP数据核字（2023）第066261号

Zhanlanhui Cehua yu Zuzhi

策划编辑	姚建婷	责任编辑	姚建婷	封面设计	张 志	版式设计 马 云
责任绘图	杨伟露	责任校对	刘丽娴	责任印制	刁 毅	

出版发行	高等教育出版社	网　　址	http://www.hep.edu.cn
社　　址	北京市西城区德外大街4号		http://www.hep.com.cn
邮政编码	100120	网上订购	http://www.hepmall.com.cn
印　　刷	三河市华润印刷有限公司		http://www.hepmall.com
开　　本	787mm×1092mm　1/16		http://www.hepmall.cn
印　　张	13.25		
字　　数	240千字	版　　次	2024 年 2 月第 1 版
购书热线	010-58581118	印　　次	2024 年 2 月第 1 次印刷
咨询电话	400-810-0598	定　　价	39.80元

本书如有缺页、倒页、脱页等质量问题,请到所购图书销售部门联系调换
版权所有　侵权必究
物 料 号　60387-00

前言

我与"会展"的结缘在 2000 年,展览会是我研究和教学的主线。在这 20 余年里,我在实践和理论中孜孜求索,走访了不少展览会及其利益相关者,做了大量的案例调研与社会咨询。从中,我提炼出学术问题,试图运用理论来解答迷思,再将这些成果应用到实践和教学中。但即便如此,当我准备将 20 多年的积累凝练于教材中时,仍然是诚惶诚恐。展览业的实践是丰富的,但也是繁杂和迭代的,如何将从多年研究中抽象出来的科学知识系统地呈现给读者,同时通过优秀实践案例帮助读者理解,是我和编写团队的考量重点。经过长期积累、深度思考、反复讨论和修改,这本教材终得以完成。

目前,对于展览会策划与组织,社会上主要有两种观点。有的人认为展览会策划与组织没有理论,是面向应用的经验知识,只需要具体的技巧。有的人认为展览会策划与组织,很难提炼出理论,以实战经验为主,学理性很弱。但本书尝试在理论抽象和实操落地中取得平衡。世界是变化的,服务供给和市场需求不断迭代,实操也必然随之动态演替。可惜的是,我们很难频繁更新理论以紧跟实践前沿的步伐,我们也没有办法穷尽这个领域的所有知识。但是如果只关注纯粹的理论,又容易与实践脱节,难以对实操形成指导作用。因此,抓取实践背后相对稳定的底层逻辑,抽象出展览会策划与组织的思维和理念,方能"以不变应万变"。只有这样,才能从"知是"的层面跳脱出来,从而"知因"和"知策"。这也是我编写本书的初衷。

本书致力于透析现象的规律及其背后的原因,通过了解与剖析事实性客观存在来透视结构与关系。以此,对纷繁复杂的世界进行抽丝剥茧,避免平面化地看待世界与处理问题。展览业牵动着组展商、参展商、观众、场馆、行业协会甚至当地居民等多元利益相关方,其影响也是渗入个体、企业、产业和社会的多层次复合效应。充分理解其中的结构和关系,从而举一反三,这点尤为重要。然而,在现实生活中以单线思维来解决问题并不利于了解事物的全貌,容易产生偏颇。因此,本书强调建立物质思维与关系思维,尝试归纳现象发生的内因和外因,定位问题的根源,并逐项分析和破解,从而建立问题和原因之间的对应逻辑关系。

展览业是一种平台经济。互联网时代以阿里巴巴为代表的电子商务快速崛起,曾经引发了展览业的恐慌:实体展览会可能会被互联网取代吗?然而,在实践中我们发现,展览会中面对面交流的生产性服务价值是其他渠道难以比拟的。在展览会中,原本分散在各地的同一产业链的上、中、下游企业,在短时间内汇聚于同一空间展示最新产品,形成了临时产业集群。企业可以同时与新老客户、竞争者、供应商围绕新产品进行密集的交流。在降低交易成本的同时,展览会形成了行业社交与信息交流社区,引发行业全球(全国)最新资讯的快速扩散。展览会的临时产业集群特征,使其在企业营销、信息搜寻和社交联系等方面均发挥着不可或缺的作用。曾经在新冠疫情影响下的展览业暂停,反而让更多企业深刻地感知到了展览会的价值。2020 年,国际展览联盟(UFI)面向全球 30 多个国家 9 000 多份样本的调研显示,企业对实体展览会有较强偏好,尤其是基于产业社交联系的作用。面对面交流的价值彰显了展览业的强大生命力,也是我们树立信心的原点。

然而,如今我们面临的不仅是互联网的影响,更迎来了数字化的全新变革。曾有学者提出,技术对体验的提升可以分为 Web1.0 阶段的技术辅助型体验(technology-assisted experience)、Web2.0 阶段的技术增强型体验(technology-enhanced experience),以及以沉浸式、交互式和遍在式技术为特色的技术赋权型体验(technology-empowered experience)三个层次。当今,虚拟现实(VR)、增强现实(AR)、混合现实(MR)等扩展现实技术,人工智能、数字孪生、元宇宙等技术和理念蓬勃发展,虚拟世界与实体世界相互嵌套,技术将持续赋能与重构各行各业。技术之于展览业,已不仅是占据从属地位的辅助性工具,而是转向对行业逐步产生颠覆性变革与核心功能裂变的新动能。展览业在商业模式、终端客户体验、服务形态与业态等方面都面临着重构与革新。面对数字化浪潮,无论是主动还是被动,展览会策划与组织最需要考量的都是如何体现展览会的核心价值,吸引终端客户并实现规模效应。此时,如何认识展览会的不可替代性非常关键。什么是不可替代的,什么是可以被替代的,哪些功能可以结合数字化去延伸、打通、组合,在技术发展浪潮中如何再造与重构,尤其值得我们思考。

本书共由八章组成。第一至三章从理论出发,系统地介绍展览会的基础概念,并梳理了展览会领域的经典文献,致力于剥离出展览会现象的底层逻辑,并揭示展览会的核心价值与梳理其策划和组织的关键思路。第四至七章从实践着眼,深入展览会策划与组织的多个核心环节,从选题、选址、客户组织到现场运营,梳理原理、思路与要点,力求帮助读者理解每个环节背后的"为什么",从而指导实践的"如何做"。第八章从前瞻性的角度,带领读者了解绿色会展和数字会展两个前沿话题,助力读者迎接未来、识别机遇、应对挑战、突破困境,以期为新生力量和未来从业者推动行业的创新突破提供启发。

最后,本书得以完稿与出版,离不开多年来各方的大力支持。2006 年,我在博士生导师保继刚教授的指导下,完成了以东莞多个代表性展览会为案例的博士论文,奠定了我的研究基础。在此,我由衷地感谢保继刚教授的谆谆教导。本书是我将近 20 年对展览会的多方位研究的凝练,感谢一路走来的多位合作者与我的共创。本书编写过程中也引用了大量中外研究。我从中汲取了丰富的养分，感谢学术共同体的滋养。另外，感谢曾经与我合作和交流的国内外展览业机构和同仁们，让我能够深入地探索展览业的多重价值、效应与影响，并将这些珍贵的积累与思考传递给莘莘学子。特别需要感谢的是我的研究团队。感谢我的学生靳文敏博士、钟迪茜博士、王骏川博士、陈婉欣博士、翟雪婷博士、冯敏妍、郑雅馨、黄甜乐、郭梓岩，他们陪伴我一起深入展览业研究和调研，并参与了全书不同章节的编写工作。从本书编写启动之时起，我们就不断地讨论与碰撞，对内容进行了反复的修改。感谢曾经对本书编写给予支持的老师和同学们，包括新疆财经大学的吴培钦老师，我的本科学生卢颖、赵雨欣、黄奕兴、林欣、蒋羽仪、梁文彦、谢瑾，我的博士生王中可。他们帮助进行的本书资料搜集和内容梳理，对我的观点提炼有重要的启发。此外，还要感谢中山大学质量工程及教学改革研究项目的资助，以及高等教育出版社的支持。

虽经多年研究与实践耕耘，但本书内容仍有不足之处，恳请读者提出宝贵意见建议。

罗秋菊

2022 年 9 月 30 日于中山大学

目录

第一章　导论

学习目标

√ 掌握展览会的基本概念；

√ 建立对展览会框架的基本理解；

√ 了解展览会的类型；

√ 了解展览会策划与组织的目的与关键流程；

√ 理解展览会策划与组织的关键思路；

√ 了解成功展览会的基本判别标准。

本章导读

　　展览会在国际贸易与经济发展中具有不可替代的重要作用，并逐渐形成了规模化的产业。2018 年，全球共有大约 32 000 个贸易型展览会举行 (UFI, 2020)；全国共有 10 899 个展览会举行 (中国会展经济研究会, 2019)。在新冠疫情对全球产生冲击前，展览业每年保持稳定增长的态势，规模以上展览会数量持续增加，市场需求旺盛。2020 年新冠疫情席卷全球，展览业一度停摆，但各大产业对展览会的需求和期盼不减反增。2021 年，UFI 的一份调研报告显示，大部分企业都希望展览会尽快重开，对线下展览表现出了更强的偏好。展览会长期以来对于产业的重要性，也引发了国际贸易、产业营销与旅游管理等多领域学者对此深入研究。

　　本章由三部分组成。首先，介绍展览会的含义、特征与基本类型，并概述展览会的发展历程与新趋势。其次，介绍展览会策划与组织的关键思路，尤其是如何判别成功的展览会。最后，提出本书的使用建议，并介绍章节架构。

第一节　展览会的界定与内涵

一、展览会的定义与特征

展览会（exhibition）是会展产业（events industry）的一种重要业态。本书主要关注以商业贸易为主要目的的展览会。展览会与会议、企业活动、奖励旅游同属商业活动，具有商贸属性，其根本目的在于促进营销、促成贸易，及达到企业的其他目标（Getz，Page，2016）。科普展览、成就展览、艺术展览等展览会不具备商贸属性，在本书不做重点讨论。学界从不同视角对展览会进行了界定，见表1-1。

表 1-1　展览会的定义整理

定义	来源
展览会是一个零售商与批发商会面，或供应商向采购商介绍产品与服务的场所	Goldblatt（2010）
制造商、分销商和其他供应商向包括现有和潜在客户、供应商、其他商业伙伴和媒体在内的受邀人士展示其产品或介绍其服务的集聚	Bonoma（1983）
在特定空间汇聚众多供应商、分销商和相关服务，这些企业或机构搭建展台向观众展示他们在某一产业或领域的产品和服务	Black（1986）

从会展活动体系（见图1-1）角度理解展览会的定义可以发现，虽然国内外对展览会的定义存在差异，但均体现了商贸交流、产业集聚和产品展示三个特征。也正是这三个特征，将展览会与会议、节庆等其他会展活动区分开来：

其一，商贸交流。展览会提供了一个买家寻找卖家的市场环境，买卖双方齐聚于展览馆内围绕某一产业或领域的产品与服务进行交流。参展商通常包括制造商、代理商、贸易商、媒体代表和产业咨询或分析师等，以贸易洽谈、信息交流、形象宣传等为主要目的。受邀观众通常包括商务客户、政府机构、买家团。随着消费型展览会和混合型展览会的增多，个人消费者也成为不可忽视的观众群体。

其二，产业集聚。展览会聚集了参展商和观众所属产业的上中下游不同环节的企业与机构，形成产业集聚网络。大部分展览会都是周期性活动，有相对固定的举办日期。在特定的日子，来自相同或相近产业的参展商与观众聚集在同一个空间内，进行密集的商贸交流活动。这一空间可能是物理空间,即专业展馆、户外广场,或者酒店等特定的展示空间,也可能是由互联网构成的虚拟空间。

其三,产品展示。在展览会的现场,企业搭建展台,展示最新或最热门的产品,并围绕产品开展一系列的沟通交流。服务类机构或目的地,则会通过展台设计与现场活动等,展示其文化和服务特点。在多媒体技术日趋成熟的条件下,越来越多的企业采用视频、音频、虚拟现实(VR)等技术配合产品的展示。

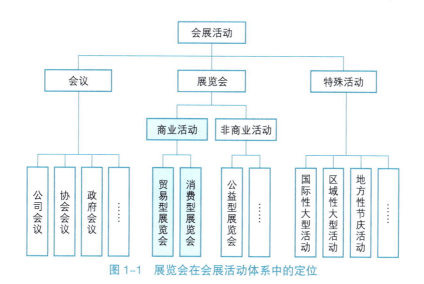

图 1-1　展览会在会展活动体系中的定位

综上,本书重点关注以商业贸易交流为目的、集聚大规模企业与人流、围绕产品展示开展的展览会。当今会展业呈现跨界与融合的趋势,"展览会 + 会议 + 赛事 + 多元化活动"的应用愈发广泛。因此,本书亦会涉及多业态融合的会展活动,及其对提升展览会价值的作用等内容。

二、展览会的类型

根据不同的分类标准,展览会可分为不同类型(见表 1-2)。其中,贸易型展览会和消费型展览会、综合性展览会和专业性展览会是两种最常见的展览会分类,对理解展览会的内涵与特点非常有帮助。本节将着重介绍这两种分类下的展览会类型。

表 1-2　展览会类型一览表

分类标准	类别
展览会性质	• 贸易型展览会 • 消费型展览会
展览会产业特征	• 综合性展览会 • 专业性展览会
展览会时间	• 定期展览会 • 不定期展览会
展览会规模	• 大型展览会 • 中型展览会 • 小型展览会
展览会影响范围	• 国际展览会 • 国家展览会 • 区域展览会 • 地方展览会
展览会举办地点	• 常驻展 • 巡回展
展览会举办平台	• 实体展览会 • 网上虚拟展览会
展览会主办方常驻地	• 出国展览会 • 来华展览会

(一) 贸易型展览会和消费型展览会

从展览性质来看,展览会可分为贸易型展览会和消费型展览会,两者的本质区别在于目的与观众类型的不同。

贸易型展览会(trade show),简称"贸易展",服务于企业间的商贸交易、交流与展示(business-to-business,B2B),核心是将大量具有产业联系的企业聚集在同一个空间。在这类展览会中,参展商与专业观众围绕产业链展开的一个产业关系网络进行交互,构建临时性产业集群(罗秋菊,保继刚,2007 ;Maskell 等,2006)。参展商既可以是同一行业内的制造商、贸易商、批发商、经销商、代理商等,也可以是行业协会、科研机构和相关政府部门。参展目的包括获得订单、寻找新客户或合作伙伴等销售目的,亦包括洞察市场、了解竞争对手等服务于企业战略决策的非销售目的。参观展览会的观众为来自同一产业的各类企业与机构,通常是有商务身份,拥有特定商贸需求或作为相关组织的代表。双方在展览会中进行密集式贸易、商务交流与产业信息交换。由于商贸采购的决策周期较长,展览会现场一般很难即时下订单,现场不会产生直接消费。如今,贸易型展览会并不仅仅是企业贸易的服务平台,更是产业前沿信息的高地。大量行业高峰论坛、研讨会、颁奖典礼等饱含产业发展前沿资讯的活动同期举办,成为行业新理念与新趋势的引爆点。典型的贸易型展览会行业题材包括:建筑装饰业、安防产业、智能制造业、医疗器械业等。

资料拓展:全球最大的工业博览会——汉诺威工业博览会

汉诺威工业博览会(HANNOVER MESSE)于每年4月份在德国汉诺威举办,被称为世界工业发展的晴雨表,集中展示了全球各个工业领域的最新关键技术,引领世界工业的创新与发展。

2019年,在汉诺威工业博览会开展的短短5天内,共有来自75个国家的6 500家企业同场竞技,21.5万来自全球各地的专业观众到场参观,总展出净面积达到22.7万平方米。该年度汉诺威工业博览会的愿景是"让数字化转型触手可及",为全球工业化转型技术提供了重要的展示平台。来自世界各地的参展商展示了未来制造业和能源供给的解决方案,包括500多个案例。展品范围包括自动化、动力及传动、能源解决方案、工业零配件与解决方案、创新技术与未来生产、全球商业与市场、物流解决方案等。在这一全球性工业技术顶尖盛会上,行业集中讨论了工业发展的前沿技术与应用场景,例如:工业和机器人领域的人工智能、工业应用中新5G移动通信标准、轻量设计以及数字化迅猛发展背景下的未来工作等,助力参展企业在工业4.0的浪潮中提升竞争力。

资料来源:汉诺威工业展."工业化转型驱动者"——2019汉诺威工业博览会展后报告.

消费型展览会(consumer show),简称"消费展",面向公众开放,服务于企业与终端消费用户间的消费与交流(business-to-customer,B2C)。消费展面向零售市场或特定消费群体,聚集大量企业与具有消费需求的消费者(通常是个人)。与贸易型展览会相似,参展商可以涵盖同一行业内的制造商、贸易商、批发商、经销商、代理商等相关单位,也有可能是零售商,目的在于向产品与服务的终端用户进行直接销售与营销。消费者则在展览会中寻找产品、兴趣点与娱乐。参展企业往往在现场设置丰富的活动吸引眼球,同时进行大力度的促销。为提升人流量,主办方亦会举办一系列现场活动,吸引大众积极参与。部分消费型展览会收取一定的入场费,观众凭票入场。消费型展览会的题材一般与汽车、旅游和休闲活动、宠物、电子、园艺、艺术和工艺品、婚庆、动漫、书籍或其他爱好有关,满足消费者某一方面的产品、服务与精神需求。

资料拓展：以兴趣爱好为导向的动漫展

以动漫产业为题材的展览会备受 Z 世代[①]喜爱与欢迎，是备受关注的消费型展览之一。动漫展汇集动漫原画、周边、cosplay（扮装游戏）等动漫产业相关企业与个人参加，吸引了一批关注动漫的兴趣爱好者，形成动漫产业的周期性盛事。此外，动漫展现场还会举办精彩纷呈的活动与赛事，包括动漫作者、配音演员、与 coser（游戏动漫人物装扮者）的签售会与见面会，动漫配音大赛，舞台与摄影，音乐表演等。另外，动漫展也是动漫爱好者展现自我的重要平台，cosplay 爱好者更会穿着动漫服装扮演自己喜爱的动漫角色，至现场参观、参与活动与开展拍摄活动。可见，动漫展以有动漫相关共同爱好的 Z 世代年轻人为主要参观群体，形成了一个趣缘社区。观众参观展会的目的不仅仅在于现场购买动漫相关的文化产品，更在于与动漫产业的名人见面，与志同道合的朋友互动，以及融入动漫文化的沉浸式体验。

资料来源：根据网络资料整理。

如今，贸易型展览会与消费型展览会之间的边界日渐模糊，呈现融合趋势，混合型展览会已经成为常见的模式。混合型展览会（简称"混合展"）要同时满足专业观众与普通观众的观展需求，目前有三种模式。第一，分别设置专业观众日和公众开放日，专业观众日作为贸易型展览会，面向行业商务人士，公众不得入场；公众开放日则作为消费型展览会，供大众参观学习。该模式的典型案例是中国国际航空航天博览会。第二，设置仅供专业观众参观的区域。展览会对普通观众的入场时间没有限制，普通观众可以在全展期内进馆参观，但不能参观专业观众展区。该模式的典型案例是广州国际旅游展览会，出境展区仅限专业观众参观。第三，全面混合开放，不对专业观众与普通观众的参观时间和区域进行限制，但是可能存在多方信息沟通效率降低的风险。

（二）综合性展览会和专业性展览会

根据展览会的产业特征，展览会可分为综合性展览会和专业性展览会。

综合性展览会（horizontal show，简称"综合展"）聚集来自多个产业的参展企业，展览主题是综合性、多行业的，具有多产业横向交流的特征。综合性展览会是了解某一区域市场的绝好机会与载体。在我国，中国进出口商品交易会（简称"广交会"）是一个典型的综合性展览会，在我国对外经济贸易发展中承担着重要作用，见证了我国对外贸易的发展历程。广交会创办于 1957 年春季，是我国目前历史最长、层次最高、规模最大、商品种类最全、到会采购商最多且分布国别地区最广、成交效果最好的综合性国际贸易盛会。其展出商品涵盖16 个类别,如电子及家电类、照明类、车辆及配件类、机械类、日用消费品类、纺织服装类。2023 年 4 月,广交会已经迎来第 133 届,这一综合性展览会仍然不断地焕发着生机。

① 网络用语,指 1995—2009 年出生人群。

专业性展览会(vertical show),简称"专业展",指围绕某一产业的相关企业及产品展开的,只对该产业内的专业观众开放的展览会,是集中于同一垂直产业链企业交流的载体,可被视为临时性产业集群。随着产业升级与劳动分工细化速度加快,综合性展览会难以适应市场需求,专业性展览会已成为现代展览业的主导模式。除了服务企业贸易的基础功能以外,产业交流与创新平台的功能也日渐凸显,对产业发展的影响力逐步增强,有的城市因为举办某一产业的专业展而享誉世界。专业性展览会在举办的同时,也会配合举办一系列围绕该产业发展前沿问题的高峰论坛、会议、典礼、赛事、演艺等多元化活动,促进产业多元信息的快速流动。例如,中国(广州)国际美博会属于专业性展览会,同期举办多场行业巅峰论坛与特别活动,在全球美容美发市场具有重要影响力。

三、展览会的发展历程与新趋势

(一) 展览会的发展历程

1. 以成果展示为主的博览会时期(1798—1889 年)

近代工业展览会的开端是 1798 年法国工业产品大众展,这是世界上第一个由政府组织的国家工业展览会。自此,在工业革命的推动下,出现了具有很强展示性和宣传性,并有着严密的组织体系的工业展览会。许多国家模仿法国举办工业展览会,但由于当时保护主义盛行,该时期工业展览会仅面向国内举办,基本没有外国参展商参加。

1851 年英国"万国工业博览会"(The Great Exhibition of Industry of All Nations)是世界上第一个真正具有国际规模的展览会,是全球展览业历史上的重要里程碑。万国工业博览会已初具现代展览会特征,其目的是通过展览活动促进国家间的贸易与合作,以实现全球资源和市场的共享。同时,这也是延续至今的世界博览会的前身。

这一阶段的展览会功能主要在于国家工业实力的展示。展览会由国家政府主导,展示国家成果,打破国界进行国际化交流,但该阶段的展览会尚缺失商贸与市场功能。

2. 以商贸采购为主的专业展销会时期(1890—1995 年)

现代展览业的开端以 1890 年在德国莱比锡举办的世界上第一个样品展览会为标志。

样品展览会兼具集市的市场性和工业展的展示性,以展示为手段,以交易为目的,是现代商贸展览会的雏形。工业革命后,商品经济被提升到国家发展的重要地位,展览会的商贸功能凸显,并从综合性展览会向专业性展览会演变。

第一次世界大战对许多国家的经济产生了巨大冲击,也破坏了国际自由贸易环境,各国不得不寻求新的途径来促进本国经济的发展,综合性贸易展览会和博览会应运而生。1916 至 1919 年期间,多国举办展览活动,其中以法国的国际博览会较为成功。第二次世界大战后,全球展览业进入专业展览会的探索与成长阶段,经济建设是各国发展的重点,产业迭代速度加快,劳动分工更加细化。综合性展览会难以适应当时的市场需求,专业性展览会在 20 世纪 60 年代便成为展览业的主导模式。专业性展览会围绕某一产业链组织参展企业与专业观众,并限制大众进入,能够很精准地映射某个行业的整体发展状况,具有很强的市场功能。

"专业"和"商贸"是这一阶段展览业的重要特征。展览会成为产品或服务销售、签约的地方,达成销售意向成为参与展览会的主要目的,投资回报率(如形成多少订单)是评估展览会成功与否的主要标准。参展商不仅对客户销售产品,还针对行业分析师、采购相关人员、供货商进行营销,并且参展商还与竞争对手、政府官员、合作伙伴、展会组织者和行业协会进行各种各样的联系与交互。

3. 以产业创新为主的现代展览会时期(1996 年至今)

20 世纪末至今,继资本、土地等传统资源后,知识成为企业获取竞争力的重要资源。相应地,展览会的功能也从商贸采购向产业创新转变。在知识经济背景下,国际专业展览会成为全球行业知识传播的载体,其价值已经远远超越了单纯的营销渠道。展览会集中展示行业最前沿的技术与产品,企业可以在其中比较新产品、了解竞争对手、测试市场反应、收集行业信息。参与展览会所获取的信息对企业未来的销售计划、战略决策、政策制定等方面形成重要影响,并将通过企业持续创新与改进行为,助推行业创新与进步。

值得注意的是,国际大型展览会(旗舰展览会)成为全行业参展商和采购商的聚会厅、竞技场乃至行业标准溯源地。旗舰展览会的举行,往往成为行业年度盛事,吸引全球关注,甚至引领行业的未来发展方向。举办行业旗舰展览会也成为一个国家与地区行业处于领先水平的标志,对国家与地区产业形象的建立与产业地位的树立起到非常重要的作用。

随着展览会功能的变化,如今展览会形式已从单一转向多元化。为满足参展商与专业观众进行行业交流与获取行业前沿信息的需求,展览会从单纯的展览转向"展览 + 会议 + 赛事 + 多元活动"多功能结合的形式。展览会期间配备大量的会议、论坛与颁奖活动。例如,法兰克福书展被称作"世界出版业的麦加"。2012年法兰克福书展举办同时,图书产业高端会议、"未来教室"展示活动、cosplay动漫演出、书架书柜展卖等活动竞相举办,充分体现了主办方关于书展要"展示图书形成过程"的理念。这也体现出,展览会已经成为行业信息的集散地,由订货会与交易会向现代展览会转型,销售功能逐步弱化,非销售目的产生的无形收益备受关注。"展览会 + 会议 + 赛事 + 多元活动"的多元融合,也对展览馆、会展中心承载多种业态的能力以及综合服务能力有了更高的要求。

综上所述,展览会功能发展经历了以成果展示为主的博览会时期、以商贸采购为核心的专业展销会时期、以产业创新为重的现代展览会时期(见图1-2)。展览会的功能已从商贸采购为核心转向产业创新,展览会与地方产业之间的关系愈发紧密,并产生双向互动关系。展览会单一展示的形式被打破,以多元活动融合模式促进行业交流与产业创新成为主流。

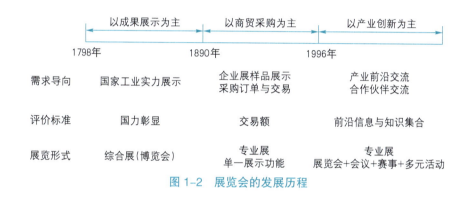

图1-2 展览会的发展历程

(二)展览会的新趋势

随着经济发展与产业需求的演变以及新冠疫情的冲击,展览会的模式与业态正在持续迭代更新。如今,传统展览的单一业务发展模式不再符合发展潮流,呈现明显的多元形态融合、两个世界嵌套、重视绿色环保的趋势。

其一,多元形态融合。"展览会 + 会议 + 赛事 + 多元活动"的复合模式已成常态。作为现代服务业的典型,展览业是一个联动多产业的行业。如今,单一的展览形式已经无法满足终端客户的多元复合需求,"跨界 + 整合 = 创新"已成大势所趋。展览会在形式上的整合、在空间上的拓展、在时间上的延伸都会引发行业革命与创新。

其二,两个世界嵌套。线上与线下连接与交互,世界正变得多元而非对立。新冠疫情催化了展览业的创新,数字展会迅猛发展,打破了线上与线下展览会的边界。数字化技术构建了虚拟世界,同时数字技术在线下展览会的运用也具备强大的产业赋能潜力,延伸了现实世界,也颠覆了现实世界。另外,服务运营、营销网络均围绕智能化手段,提高运营效率的同时也创新地整合资源。一方面,引入智能设施设备,实现智能化人性化服务,创造高端极致体验,提升参展商与专业观众的参展效率;另一方面,建设智能营销网络,实现快速运营与智慧营销。线上与线下展览会的嵌套,正在为展览会带来无限可能。

其三,重视绿色环保。可持续发展是当今社会的重要议题,得到国内外的广泛关注。2021年,响应《巴黎协定》的号召,我国主动承担应对气候变化国际责任、推动构建人类命运共同体的责任担当,提出力争于2030年前达到二氧化碳排放峰值,努力争取2060年前实现碳中和的目标。党的二十大报告强调绿色发展,促进人与自然的和谐共生,加快发展方式绿色转型,深入推进环境污染整治,提升生态系统多样性、稳定性、持续性,积极稳妥推进碳达峰碳中和。这些政策的提出,突出体现了我国对绿色可持续发展的重视。长期以来,会展业被誉为世界三大"无烟产业"之一。而事实上,每一次展会的举办均产生大量废弃物以及能源消耗,以碳中和为目标的绿色会展已经成为国内外会展产业的关注热点。

新挑战与新机遇的交融与碰撞,展览业正处于快速裂变生长的时期,产业形态与商业模式均在发生革新。本书将在第八章对展览会的绿色化与数字化进行介绍与探讨。

第二节　展览会策划与组织内容概述

一、展览产业生态关键主体

展览会的成功举办,离不开组展方、参展方、场馆方与配套服务商的共同努力,他们共同构成展览产业生态的关键主体。随着产业革新与技术进步,展览产业的生态边界不断拓展,主体的构成也在不断革新与演变。

(一) 组展方

组展方(organizer)指展览会发起、策划、组织和实施的相关实体,是展览会策划与组织的核心利益相关方。在国内,组展方[①]主要有主办方和承办方两种,在展览会策划与组织中承担不同的职责。

主办方指拥有合法的资格和资质,策划、发起和举办展览会的机构,可分为商业机构与非商业机构两类。商业机构包括专业展览公司、大型企业等。在国际展览业内,商业性展览会主办方被称为组展商。例如励展集团(Reed Exhibitions)、智奥会展(GL Events)、汉诺威展览（Deutsche Messe）等国际著名组展机构，已经形成了全球闻名的展览品牌，并实现品牌输出，在各大重点市场进行品牌移植。非商业机构的主办方有政府部门、事业单位、行业协会等非营利性机构，在我国会展业发展中具有重要作用。在我国会展业发展早期，政府扮演了重要的组展方角色，主办了一系列在国家经济发展中发挥重要作用的展览会，一直延续至今。例如由商务部和广东省人民政府主办的广交会，由商务部、科学技术部、工业和信息化部、国家发展改革委、农业农村部、国家知识产权局、中国科学院、中国工程院和深圳市人民政府共同举办的中国国际高新技术成果交易会（简称"高交会"）。

① 为避免歧义并统一理解，除需要区别主办方与承办方的情境，本书将以组展方指代主办方与承办方组成的展览会核心组织。

② 除具体区分参展商与观众的情境，本书以终端客户指代参展商与观众。

承办方指负责和承担展览会的组织招展、服务、公关、广告宣传等具体工作的机构，是展览会的具体执行单位。通常而言，商业机构主办的展览会，主办方与承办方往往是同一单位，承担所有组织工作。而由政府主办的各类展览会，具体工作常由承办方承担。承办方可以是专业展览公司、协会、会展中心或相关单位。例如，广交会的承办机构为中国对外贸易中心，是商务部直属机构；高交会的承办机构为深圳市中国国际高新技术成果交易中心。

组展方是展览会策划与组织的核心，统筹调研、策划、组织、执行与评估的全过程。

（二）参展方

参展商与观众是展览会中两类重要的参展方。参展方是展览会的终端客户②，是展览会的直接服务对象。可以说，展览会是否成功、是否有价值，取决于是否能够满足参展方的需求。参展方的数量与质量都直接影响展览会的可持续发展，因此一直以来是研究的热点。从图1–3可见展览会的组展方、参展商与观众的研究热点及相关关系。

参展商指在展览会期间利用固定的展位搭建展台展示产品与服务，进行信息交流的企业与组织，主要包括制造商、代理商、贸易商等。一直以来，参展商的参展行为受到学界与业界的广泛关注。参展商参展的目的、动机、行为，展览会作为营销渠道与信息交流渠道对参展商的影响，都是研究关注的焦点。充分了解参展商的需求与行为对展览会的策划与组织至关重要，只有理解参展商行为偏好及其背后的逻辑规律，才能提供精准服务，提升展览会的价值。此外，参展商具有异质性。从参展决策过程来看，参展商可分为理智型、尝试型、大众型三种。理智型参展商决策非常谨慎、对各个要素要求都较高；尝试型则参与距离较近的展会，减少试错成本；大众型则是"随波逐流"，对参展条件与要求不甚严苛（罗秋菊，2007）。

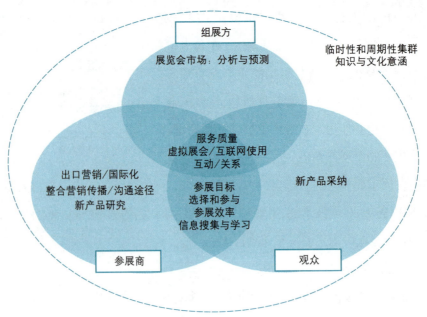

图 1-3　主办方、参展商与观众的研究热点及相关关系
资料来源：Sarmento 等（2018）

观众指参观展览会的主体，可进一步细分为专业观众与普通观众。专业观众又称贸易观众，带有商务身份，指从事与展览会产业题材相关的设计、开发、生产、销售及服务的专业人士或者用户代表。专业观众是展览会成功的生命线，参展商参加展览会的目的不在于展览本身，而是因观众而来。普通观众则主要参观消费型展览会与混合型展览会，以购物与体验为主要目的，是普通大众的身份，是独立的个体。普通观众与专业观众的参展目的与决策行为有明显的不同。专业观众的参展目的主要包括搜集信息、建立市场关系、考察奖励、采购行为。专业观众是代表企业参观，带有企业交易的相关任务，其参展决策与采购决策均从企业出发。普通观众则主要代表个人行为，常常与兴趣、爱好、圈层、购物与休闲需求相关，还有部分普通观众通过参展来了解产品最新趋势与信息（Rittichainuwat et al.,2012）。如今，展览会已经进入"观众导向"的时代，理解观众的需求非常重要。现有研究从不同角度对观众进行了分类（见表 1-3）。

表 1-3　观众分类一览表

分类标准	观众类型	特征与行为
基于对参展商的购买作用划分（罗秋菊等，2007）	核心层观众	目的是直接采购、寻找代理、寻找自己产品的配套辅助产品并与参展商建立联系
	次层观众	目的是获取技术信息，作为供应商或配套产品提供商与参展商建立联系

分类标准	观众类型	特征与行为
基于对参展商的购买作用划分（罗秋菊等，2007）	外层观众	目的是与其他观众建立联系及调研、考察、闲逛；不会对参展商的参展效益产生即时作用，但对参展商具有长期的营销作用
按观众参观展览会动机划分（Godar et al.，2001）	现实买家（current buyer）	短期行为：购买决策确认 长期行为：加强客户联系、巩固与供应商关系、强化与其他买家的关系
	潜在买家（potential buyer）	短期行为：购买建议者、搜集充分信息、为购买决策提供依据、教育功能 长期行为：开辟新客户关系、减少空间距离、缩短技术距离、减少社交距离
	非购买者（nonbuyer）	短期行为：员工激励 长期行为：产业扶持
按观众参观展览会的行为偏好划分（Rosson et al.，1995）	高强度参观者（intensive user）	全职、经常参展；参展准备时间 >12 小时；参观展览会长达几天不等；参观的展台数量很多；在展览会现场就下订单或展期后下订单，但后者更常见；采购的信息源多、消息灵通
	目标明确参观者（special purpose user）	参观主要是为了协助购买决策、建立联系；参展准备时间为几天，参观展览会时长约 1 至 2 天；参观的展台数量较多；展后会有跟进，通常在展会时间前后决策购买；采购的信息主要来自制造商和展览会
	闲逛者（stroller）	参观主要是为了观察市场；通常不花费时间准备参展；参观展览会约 1 天；参观的展台数量较少；无购买倾向；采购的信息源主要来自制造商
	实用主义者（pragmatist）	参观主要是为了了解技术信息；参展准备时间约 2 至 4 小时；参观展览会时长约 1 天；参观的展台数量较少；下订单的行为与展会无关；采购的信息主要来自制造商和同事
按观众参观消费展动机划分（Park，2009）	购买者（purchase seeker）	以购买产品为核心目的
	多目的搜索者（multi-purpose seeker）	兼具产品购买、信息了解和产品相关软性服务购买等目的
	活动参与者（show-event browser）	对产品购买的兴趣不大，主要为了体验展览现场和活动本身

分类标准	观众类型	特征与行为
按观众参观消费展动机划分（Nayak et al.，2016）	购物者（shopper）	主要关注点是购买物品，而对展览主题和信息搜索的兴趣相对较低
	非正式参观者（casual visitor）	被展览的主题、地点和宣传活动所吸引
	知识寻求者（knowledge seeker）	参观展览的主要动机包括了解新趋势、了解市场上的新产品，以及观察产品的开发过程

本书第三章将重点阐述参展方（即终端客户）的参展动机、行为与需求，帮助大家理解参展方的行为规律。基于对参展方行为规律的掌控，组展方可以更好地进行展览会的精准营销与服务，同时极大提升展览的吸引力与价值。

（三）场馆方

场馆方为展览会的举办提供空间场地。除了展览馆、会展中心等场馆外，展览会也可能在机场、码头等场地举办，如航空航天展、游艇展等。在缺乏专业展览场馆设施的地区，体育馆也是举行展览会的常见场所。

会展中心是目前最常见的展览会举办场馆。会展中心设有专业的展厅，同时配备会议设施与相关商业配套。当下，"展览会 + 会议 + 赛事 + 多元活动"的商业模式已成为重要的发展趋势。根据会展中心的业务模块，可分为纯展览馆运营、"展馆运营 + 多元配套服务""展馆运营 + 自办展 + 多元配套服务"等多种经营模式。会展中心自办展览在德国和我国内地相对常见，而在香港会议展览中心则是典型的"展馆运营 + 多元配套服务"类型。表 1-4 是各种展馆经营模式的优劣势对比。

表 1-4　展馆经营模式对比

模式	代表展馆	优势	劣势
纯展馆运营	新加坡新达城国际会展中心	保障展会题材排期公平公正，促进市场化运营	收入来源单一，难以平衡盈亏
展馆运营 + 多元配套服务	香港会议展览中心	保障展会题材排期公平公正，促进市场化运营 酒店与写字楼等配套收入是支持展馆运营的重要收入来源 运营专业化，专注于提升服务与用户体验，以获取市场份额	受展馆区位条件、市场环境等多种因素影响，存在收入的不确定性

模式	代表展馆	优势	劣势
展馆运营+自办展+多元配套服务	广交会展馆	以自办展来确保展馆利用率 多元化业务可更好控制服务与运营质量 在运营中获得更多商机与收入，是支持展馆运营的重要资金来源	难以协调外来展与自办展之间的利益关系
展馆运营+自办展(3~5个)+多元配套服务	深圳会展中心	保障展会题材排期公平公正，促进市场化运营 以3~5个重点自办展打响知名度 多元化业务可更好控制服务与运营质量 在运营中获得更多商机与收入，是支持展馆运营的重要收入来源	自办展运营抗击风险能力低

资料来源：罗秋菊研究团队。

(四) 配套服务商

配套服务商指为展览会主办方、参展商、观众等各方提供专业服务的承包商或被委托方，包括展品物流运输商、保洁保安服务商、保税仓储服务商、展示设计商、展览工程搭建商、展览会广告宣传服务商、餐饮供应商、酒店经营商、印刷商、现场服务与数据服务商以及宣传媒体等。配套服务商并不局限于以展览会服务为主要业务的机构，而是牵涉整个服务链的相关行业，须满足参展方在展览举办地的参展及吃、住、行、游、购、娱活动。也正是因为展览会涉及大量各行各业的配套服务商，展览会对举办地的经济带动作用引发关注，对地方经济发展形成强吸引力。

以产业链的视角，展览产业链是以展览会为核心，整合主体方和相关方的产业链。上游企业以展览公司为主，提供展览会的策划、招展、招商、营销和宣传服务；中游企业以场馆经营公司为主，为展览会提供场地租赁、现场服务、展品进出安排、设施维修、安保、清洁等服务。下游企业以相关服务商为主体，是展览会举办的必要条件，为展览会提供服务保障（见图 1-4）。

当今，随着线上展览会的兴起，展览会的配套服务商涌现了新的相关商业生态主体（见图 1-5）。其中最明显的是技术服务商的加入，为展会服务与沟通搭建技术平台，形成技术接入与功能支持。同时，为完成多种功能的建设以及安全保障，技术服务商的平台搭建工作，

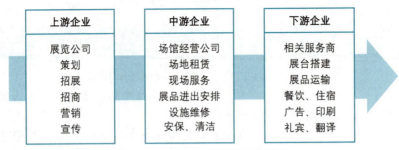

上游企业	中游企业	下游企业
展览公司 策划 招展 招商 营销 宣传	场馆经营公司 场地租赁 现场服务 展品进出安排 设施维修 安保、清洁	相关服务商 展台搭建 展品运输 餐饮、住宿 广告、印刷 礼宾、翻译

图 1-4　展览产业链的利益相关方

需要大量后台技术服务商的支持。一些技术服务商会将非核心功能外包给一些专业的技术公司,涉及大量 SaaS 服务的调用,包括云 VR 服务等。参展企业的展示空间从线下移到线上,与展台设计、搭建相关的商业生态链条被重构,例如新增了提供直播设备、VR 设备、3D 拍摄设备相关的设备商,新增了提供直播团队、产品图片拍摄、VR 摄影等协助展示内容生成的专业服务商,还有线下展厅搭建与直播间搭建相关的展示场景搭建商,这些新增的服务商分别为参展企业提供设备、专业服务与搭建服务。一大批新的配套服务企业成为展览产业链的新主体。可以说,新技术的应用与展览会线上化的发展,丰富了传统的展览产业链,呈现"展览会 + 技术"的特征。

二、展览会策划的成功要素与关键思路

(一) 判别展览会成功的标准

如何判别一个展览会是否成功？从展览业评估的角度来看,展览会的展览面积、参展企业数量、参观人数、国际展客商比例、UFI 等机构认证均是不同展会间横向对比的指标。然而,本书要强调的是,一个展览会是否成功,应该由终端客户(即参展商与观众)来评价。无论是贸易展还是消费展,终端客户的参展效益最优,才是一个展览会的效果最优和终极追求。

那么,终端客户如何评判参展效益,就成了展览会策划与组织最需要关注的关键问题。只有洞察终端客户的需求,了解其如何评判参展效益,才能充分发挥展览会的核心价值与优势。值得注意的是,展览会的价值是多元的。展览会是一种集销售渠道、营销方式的关系网络,也是网络与信息的媒介。

当参展商重视展览会的销售功能时,企业会将在展览会中结识的新客户的数量与质量、专业观众名片数、关键客户的结识量、订单转化率、获得订单量、获客成本等指标来作为展览会的评价标准。展览会期间,参展商展示与介绍新产品,广泛了解观众的采购需求与偏好。

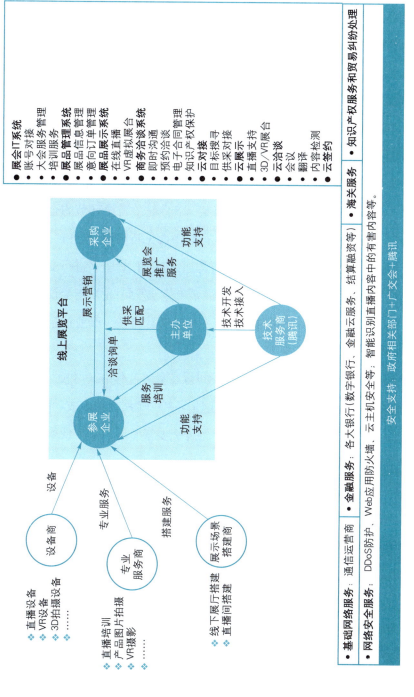

图1-5　线上展览会的商业生态主体（以云上广交会为例）

资料来源：罗秋菊研究团队。

一方面为了解市场对新产品的反应；另一方面也为了后续对新客户销售新产品，建立初步联系。展览会后，根据展览会中获取的联系信息，进一步跟进洽谈、选品、看样、验厂等一系列采购流程，最终可能转化为订单。

当参展商重视展览会的营销功能时，企业会更加看重展览会能否帮助提升企业的品牌形象与建立广泛的市场联系。在展览会期间，参展商通过多种方式展示企业形象，包括展台设计、多媒体展示、新技术展示、人员配置与人员素质等，传递品牌理念与提升企业形象。同时，参展商非常重视企业影响力的展示，让顾客确信企业具有实力，增进顾客对企业的信任度。参展商会与不同类型的观众进行广泛的沟通，不仅面向采购商，亦面向行业分析师、供应商等，并在意与竞争对手的对标。

当终端客户重视展览会的网络与信息功能时，企业在展览会中的客户关系管理、信息搜集效果就备受关注。展览会被视为临时性产业集群，将某一产业链的各个环节的企业与机构聚集在一个空间，形成一个产业社交网络。企业可以在其中面见新客户、新分销商，与老客户联系与维护感情，与行业协会、研究机构等组织进行沟通，与同行、竞争者进行交流。人流的集聚带来信息流的汇集，新产品的展示反映行业的最新趋势与发展，论坛与会议彰显行业前沿问题的高峰对话。此时，终端客户更关注在展览会中能够获得多少产业信息与市场信息，能够为企业未来的经营决策带来哪些信息与启发。

由此，展览会策划与组织的最终目的，是让终端客户可以在参展过程中获得收益。企业从展览会中获得收益与从其他渠道相比是否更具优势，这是评判一个展会是否成功的指标。在考量展览会策划与组织时，首先要思考的是终端客户为什么要来参展？如何使得终端客户获益更多？与其他渠道相比，展览会的独特性是什么？

(二) 展览会策划的关键思路

展览会策划的关键思路是：以终端客户利益为本，构建三方主体的匹配关系。

组展方依靠组织参展商参展获取收益，但是参展商并不是因为组展方而来，而是要与观众互动方能实现参展目标。因而，组展方、参展商和观众三方存在彼此相依的利益关系。参展商与观众参展要付出成本，如果收益大于成本，那么双方满意度高并愿意继续参加，展览会就能可持续发展。如果任何一方因为没有达到预期效果而失去再次参展的意愿，展览会将失去赖以生存和持续发展的基础。所以，参展商与观众之间的相互满意实则是一种匹配关系。组展方需要通过展前、展中、展后的匹配与引导，解决参展商与观众之间的信息不对称问题，帮助他们实现参展目的。因此，组展方与参展商、观众之间也要形成匹配关系。

参展商与观众之间需形成匹配关系，包括数量匹配、目的匹配、目的与绩效匹配。参展绩效好坏与参展目的的明确与否存在很强的相关关系。无论是参展商还是观众,目的越明确,参展绩效评价越高。参展商对展览会观众的信息了解得越多,其参展目的就更加综合,目的就更加明确,这对参展商提升参展绩效就愈加有利。同样,观众对展览会的参展商信息了解得越深入,其观展目的就越明确和综合,对观众提升参观效益就越加有利。因此,提升参展商和观众对彼此相关信息的了解程度,助其明确参展(观)目的,是提升终端客户参展绩效的关键。

在此基础上,组展方与参展商、观众之间也应形成相应的匹配关系。这种匹配关系贯穿展前、展中、展后。展前,参展商和观众都面临是否参展的决策,以及如何进行准备,这时组展方要协助参展商和观众透彻地了解展览会功能和掌握彼此的真实信息,既要引导参展商制定以观众为导向的目标和策略,加强企业的参展技巧;同时也要引导观众制定明确的观展目标。展中,组展方主要通过现场的专业化服务和创造各类社交机会来协助参展商和观众互动沟通,使展前的各种准备能真正起到重要作用。展后,组展方要及时跟进、回访客户,了解他们的满意度,掌握展览会的效果,然后进行评估、总结。此外,还要通过各种信息管理渠道把真实的信息提供给参展商和观众,跟进了解他们再次参展的意愿并协助调整下一次的参展策略。组展方通过协调与管理彼此之间的利益关系,提升参展商和观众的参展效益,从而树立良好的市场形象,提升潜在参展商和观众的参展意愿,真正实现三方利益主体的平衡关系,从而推动展览会良性的规模化发展。

三、展览会策划与组织的关键流程

展览会策划与组织是一个充满创意但非常严谨的过程。展览会与其他会展活动一样,都是经过精心策划的活动,强调计划性,要求活动的过程是可控的、目标是明确的,详见表1–5。正是因为可控性这一特征,展览会策划与组织需要专业知识与综合技能,凸显了专业会展人才的价值。

表 1–5 经过精心策划的会展活动与突发活动的差异

	经过精心策划的会展活动 (专业会展策划师的领域)	突发活动(非策划性活动) (即兴与不可预测的领域)
目标	会展活动的目标与结果由会展策划师决定,并受关键利益相关者影响	没有制定相应目标,参与者的意图是不清晰的、多元的,甚至是冲突的
流程	要经过计划与设定;会展策划师追求为参与者创造"体验"	随机性;或一旦被启动,行动变得不可预测
控制	会展策划师和其他正式利益相关者进行掌控	缺乏管控制度,公众在一定程度上成为防控方;有时需要警方出动处理
责任	责任由会展策划师与相关管理者承担	没有机构或合法组织为活动担责;根据法律规定,个人要对其行为负责

资料来源:Getz, et al. (2016)。

每一个展览会的策划与组织都要经过调研、策划、组织、执行、评估五个阶段。这五个阶段是展览会策划与组织的关键流程，也是展览会计划性与可控性的典型体现。见图1-6。

图1-6 展览会策划与组织的关键流程

资料来源：Goldblatt（2010）

（一）调研

调研是展览会策划与组织的第一步，但往往容易被忽视。在举办展览会前，首先要充分论证项目开展的必要性，想清楚两个问题：为什么要举办这个展览会？谁将从该展览会中获得什么样的利益？因此，在正式启动展览项目前，要进行大量调研工作。

调研工作须重点评估三个层面的需求：

（1）国家宏观层面。成功的展览会要立足于国家社会经济的发展需求，响应国家发展战略与方针，引领行业发展前沿，也就是要确定"风口"，这样展览会成功的概率将提高很多。因此，展览会策划需对国家战略与政策尤为敏感。一方面，在展览会选题与定位中，以国家战略需求为基础，助力国家政策的落实。例如，如今产业数字化与数字产业化是我国工业发展的两大趋势，近年来与数字化相关的展览会越来越多，如2018年开始举办的世界VR产业大会、2019年举办的首届中国国际智能产业博览会。另一方面，已有展览会在设置每一年的主题时，亦会体现国家战略方针，以国家政策导向引领企业发展。因此，在调研阶段要充分了解与理解国家的发展战略与方针。

（2）产业中观层面。展览业是一种生产性服务业，首要目的是服务产业和企业。因而，充分了解产业的需求，对展览会的成功至关重要。城市展览会题材与该城市及其周边经济和产业结构相关联。目前学者们普遍认为，城市的展览业与该城市的产业经济发达程度存在正相关关系。通常情况下，以城市主导优势产业为主题的展览会将获得更好的发展，易于打造成当地品牌展览会。例如，北京、上海、广州和深圳的办展题材与该城市主导的优势产业、支柱工业都存在一定的关联。深圳已连续举办多届规模大、质量高的高交会，这离不开其城市发达的高新技术产业。一方面，主导优势产业将促进展览会做大做强，并容易形成品牌展览会；另一方面，通过品牌展览会的宣传推广，该城市的主导优势产业得以彰显，并持续发展，最终形成良性正循环。此外，展览会题材与区域的产业集群相关。虽然部分城市的优质展览会与该城市的优势产业和支柱工业关联不大，但依托于其所处区域发达的产业集群，利用城市的集散功能进行相应题材的选题，仍能够打造成该城市的品牌展览会。例如，中国香港和上海通过城市的影响力，依托其所处经济带的产业集群，培育和发展出众多规模大、质量高的品牌展览会。

(3)客户微观层面。成功的展览会可以满足多元利益相关者的需求,尤其是参展商与观众。在展览会举办前,要识别目标市场及目标受众的参展需求。一方面,要对参展商与观众的参展动机与目的进行深入的研究,总结与提炼不同类型终端客户的基本需求与行为规律。另一方面,针对特定行业与市场的终端客户,要了解当下的需求与痛点,找到抓手。展览会为终端客户的匹配与交流,提供解决方案,这是展览会价值所在。因此,充分了解潜在终端客户的具体需求,设计具有针对性的主题与运作模式,制定相应的价格与服务,需要详尽的调研。具体可根据实际需求,选择问卷调研、深度访谈、焦点小组、专家咨询等调研方法。

除以上三个层面外,最后还要研判相近题材展会的竞争格局。展览会具有排他性,在相同辐射区域内很难有两个及以上同题材品牌展览会。展览会需聚集产业链上的企业以进行高强度交流,形成产业影响力。在理性经济的视角下,大部分企业没有时间、精力与预算参加多个同质展览会。因此,避免展览会的同质竞争非常重要,在展览会立项前要对区域内同题材及相近题材的展览会进行比对调研,寻找差异化定位。

调研工作是展览会策划与组织的基础,只有通过充分的调研,确定展览会的定位与方向,充分了解终端客户的需求,才有可能将展览会顺利落地并将之培育成为品牌展览会。

(二)策划

展览会的策划是决定展览会价值的重要阶段,其中选题与选址是关键。策划须在调研结果的引导与支持下开展,减少策划与组织过程中的目标偏离,避免不可挽回的损失。

选题是展览会可持续发展的根本。如果选题不当,即使有再强大的策划与组织能力也难以成功。展览会选题是一个系统化过程,关键目标是实现展览会的规模化发展,形成核心竞争力与价值。首先要选准题材,了解需要依据哪些要素确定目标产业与受众,充分了解什么样的产业对展览会有强烈的需求,其具有什么样的特征与属性。其次,如何整合产业题材,具有什么样的策略及优势,需要选择什么性质的展览会。最后,进一步确定行业内哪一类或哪几类细分子行业作为展览会的最终定位,逐步推动展览会的可持续发展。

选址是展览会可持续发展的重要条件。展览会的选址对举办城市的经济实力、产业基础、人口规模、区位以及综合配套条件都有较高要求。除了特色产业基础以外,展览会的选址还与是否覆盖目标客户的市场、城市能否为展览会提供充足的成长空间与配套环境有关。因此,要对展览城市的展会成长性、办展成本、行业硬环境、行业软环境进行综合考量,并在此基础上选取合乎展览会需求与目标的展览场馆。

策划是展览会策划与组织的灵魂步骤,是展览会取得成功的基础,如何重视策划都不为过。同时,这也是充分体现展览会策划团队创新创意能力的关键环节,直接决定了展览会的价值与未来的发展前景。

(三) 组织

展览会为参展商与观众提供了一个贸易与交流的平台,其中一个重要功能在于将合适的企业(人)聚集在合适的空间。要做到参展商与专业观众的"门当户对",需要在充分了解参展商与专业观众目的与需求的前提下,采取具有针对性的组织和应对策略。可以说,终端客户的组织是展览会成功的根本保障,主要包括参展商组织与观众组织两个方面。

参展商组织(又称"招展")指组展方运用适当的方式组织参展商到展览会现场参展的过程。参展商的数量、质量与参展产品,是专业观众决定是否参观一个展会的重要标准。在组织参展商时,要充分了解参展商的行为特征与差异化需求,尤其是参展商如何评价参展绩效。研究发现参展商评估是否参加一个展会,主要是针对组展方、专业观众、参展商、举办地、外在因素这五个方面进行权衡与评估的过程。展览会策划团队可以根据这五类因素,有针对性地提升对参展商尤其是行业内具有领先地位或发展潜力大的参展商的吸引力。

观众组织(又称"招商")指组展方采取适当的方式组织观众到展览会现场参观的过程。观众目的类型多样,观众的组织不应该拘泥于传统的专业买家及搜集信息的同行,应该拓宽视野,扩大范围。在与不同类型观众的互动中,参展商都能从中有所收获。观众分为专业观众与普通观众,展览会对他们的吸引力是不同的。专业观众关注采购、寻找供应商、搜索信息、与供应商沟通交流等,普通观众则主要关注兴趣、体验和消费。如今,越来越多的展览会属于混合展,需要同时满足两类观众的需求,如何进行合理的组织与安排,是展览会终端客户组织的难点。与此同时,精准触达两类群体的宣传媒介也不同,因此要有针对性地制定宣传方案。

展览会营销管理与终端客户组织密不可分,展览会策划团队在了解其潜在终端客户的特点和需求的基础上,制定有针对性的营销计划,以实现展览会的规模化与品牌化目标。在互联网与新媒体迅猛发展的背景下,展览会营销发生了巨大变化。由微信、微博、抖音、哔哩哔哩、小红书等社交媒体组成的新媒体矩阵成为展览会营销的新形式。随着大数据技术逐步成熟,数据资产将成为越来越多的会展公司的关键资源。通过对参展商与观众数据进行深入分析,可以开展精准营销,开发更多的数据增值服务。

对参展商与观众的组织要强调规模化与匹配度,只有为双方匹配足够多的交流对象,才能产生相应的参展效益。因此,如何进行客户组织与营销管理是展览会组织阶段的重中之重,其关键在于满足终端客户的需求。

（四）执行

展览会的执行是展览会落地的最后一步也是最重要的一步，需要严谨的计划能力与资源整合能力，最终将展览会呈现给终端客户与关键利益相关者。这一阶段也是在展览会策划与组织过程中，工作细节最多、工作量最庞杂的阶段。其中，展览会现场运营管理是关键。

展览会现场运营管理指展览会举办的现场执行与各类服务提供。广义的展览会服务指展览会服务企业向展览会的组展方、参展商以及观众所提供的全方位服务，包括会展策划、会展筹备与组织、会展物流、会展接待、会展宣传、会展场馆设施配套等。狭义的展览会服务指由组展方向参展商及观众提供的各项服务，包括营销、宣传、采访、接待、餐饮、住宿、礼仪、交通、运输、仓储、后勤、安保、保洁、旅游、文书、通信、信息、保险、租赁、展台设计、展具设计、展具制作、展台搭建等。由于展览会现场具有集聚性、综合性、差异性和复杂性，展览会的服务需要做到集约化、专业化、精细化、数据化，同时也会涉及与大量供应商的沟通与协调，因此是一个时间紧迫的环节及过程。

展览会的执行是进行精准控制的阶段，也是考验展览会策划与运营团队执行力、计划力和资源整合能力的过程，直接影响终端客户的现场体验以及展览会的影响力，因此一直受到重视。

（五）评估

展览会的评估是组展方对整个展览会策划与组织的过程进行总结与梳理。这一阶段的评估结果是对下一届展览会举办的重要指导，可以帮助避免本届出现的问题，为下一届提供更好的改进依据。此外，评估结果也可能对外发布，制作成展后报告供宣传使用，或作为下一届招展与招商物料的一部分，供终端客户预估参展绩效，决策是否参展。

以上是展览会策划与组织的五个关键阶段，本书将在后续章节中对不同的内容进行详细的介绍。

第三节　如何使用本书

一、本书的使用对象与用途

为适应我国展览业国际化、规模化、专业化、跨界融合的趋势，满足会展人才专业能力培养的高要求，本书以"科研引领实践"为原则，基于笔者二十多年的研究积累形成的理论体系,配以实战策略、最新前沿内容及丰富案例。打造会展经济与管理相关专业的本科学生、高职高专学生、会展行业相关从业人士、会展行业管理部门与机构相关人员的展览会策划与组织专业用书。具体而言,对于不同读者,本书的使用方式建议如下:

1. 本科与高职高专学生

本书面向会展专业学生,亦面向旅游管理类其他专业、国际贸易与市场营销等经济管理类专业的学生,或作为会展概论、市场营销、国际贸易等相关课程的辅助教材与参考资料。学生可以在课前熟悉相应章节的学习目标与基本概念,配合课堂学习使用。根据课后练习与思考题,巩固课堂学习知识,并进行相关延伸阅读。

本书也适用于自学。学生可以本书为索引,进行延伸学习。一则,本书所引用的文献材料均在文中标注,并将参考文献列出。学生可根据需要,查询文献原文进一步学习与了解。二则,本书配备案例,帮助学生自学理解。学生可以进一步通过互联网等渠道,关注案例的最新动向,进行深度思考。

2. 会展行业专业人士

本书对展览会策划与组织进行系统化介绍,强调背后的底层逻辑和规律,跳出"展览"看"展览",能给会展行业专业人士带来新的理解和启发。本书可以作为展览会主办单位、承办单位、展览服务公司、展示设计公司,以及相关服务商(如酒店、餐饮等)从业人员的自我提升或培训用书。另外,本书也可以帮助展览会管理部门与相关机构深入了解,制定更有效的展览业发展激励政策与支持举措。

二、本书的架构与章节安排

本书共有八章,重点介绍展览会策划与组织过程中的关键环节,梳理每个环节的实质、原理和关键要点,力求帮助读者理解展览会策划与组织背后的"为什么",从而指导实践过程形成"如何做"的思路。各章内容简介如下:

第一章,导论。这一章是展览会及展览会策划与组织的基础概念与知识概览,主要帮助读者了解展览会是什么,展览会有哪些类型与特征,展览会的发展历程与沿革。在建立对展览会的基础认识后,介绍展览会策划与组织的关键主体、关键思路、成功要素和关键流程,让读者了解策划与组织成功展览会的关键,以此统领本书的总体内容。

第二章,展览会的价值。这一章的目标在于说明展览会的属性特征,以及展览会对终端客户和产业的核心价值。只有充分认识展览会的不可替代性,才能充分发挥展览会的功能和价值,才能满足终端客户的诉求,成功培育展览会品牌和形成可持续发展的能力。

第三章，终端客户的参展需求与效益评价。这一章重点介绍终端客户为什么要参展，他们如何评价参展效益，以此让读者进一步理解成功的展览会策划与组织的关键思路，以及如何促成终端客户的参展效益最大化。最后，将从满足终端客户需求的角度出发，为展览会策划与组织提出建议。

第四章，展览会的选题定位。展览会选题的目的在于精准选择行业题材，形成展览会的规模效应。如果一个展览会不能形成规模效应，将很快会被其他同类展览会或渠道取代。这一章重点介绍如何选择行业题材、如何确定展览会的专业化定位，通过介绍选题的综合影响因素与专业化定位，为实现展览会的价值奠定重要基础。

第五章，展览会的选址因素与策略。合理选址是展览会获得竞争优势必不可少的条件，展览会的选址受区位、产业、市场、政策等多种因素的影响。这一章重点探讨在选取合适的展览会举办城市时要重点考量的因素，并提出组态思维，强调展览会选址是一个综合的多因素的决策过程。最终，从城市促进会展业发展模式的角度，反映城市基础与政策对展览会选址的吸引力。

第六章，展览会终端客户组织与管理。展览会核心价值的发挥，以精准匹配参展商与观众为基础，从而搭建二者沟通交流的桥梁与平台。因此，参展商与专业观众的规模和质量决定了展览会的生命力。然而，组展方单枪匹马很难快速打开市场。因此，借助合适的机构或充分调动组织内部积极性，选取有效的合作方式与营销策略，形成"1+1>2"的效应非常重要。本章重点介绍展览会终端客户的组织、营销与管理，以及其中的原则、模式和方法。

第七章，展览会现场运营管理。精心策划的展览会需要项目的执行与管理的落地。这一章重点介绍展览会的现场运营管理，具体包括：展览会现场需提供的服务，现场重点服务的运营要点；展览会现场如何策划活动以引爆现场的热度；展览会有哪些成本和收益项目，组展方如何从中获利；展览会现场存在什么风险，以及如何识别、预防与应对风险。

第八章，展览会的绿色化与数字化发展。绿色会展和数字会展是展览会的两大发展趋势，是未来展览会的重要实践。这一章重点介绍这两大热点趋势，包括绿色会展与数字会展的现状、实践、机遇与挑战，并展望未来的发展与变化，为读者迎接机遇、应对挑战、突破困境获得有益的启示。

本章要点小结

- 展览会具有商业贸易属性，在国际贸易与经济发展中具有不可替代的重要功能与作用。与其他类型的会展活动相比,展览会具有商贸交流、产业集聚和产品展示三个特征。

● 本书重点关注以商贸交流为目的、集聚大规模企业与人流、围绕产品展示开展的展览会。随着展览会的跨界与融合趋势增强,展览会与会议、各类多元化活动的联动越来越多,要避免将展览会孤立看待。

● 根据不同的分类标准,展览会可以分为不同的类型。从展览会性质划分,展览会可分为贸易型展览会和消费型展览会。两者的本质区别在于其服务的观众类型及产业关系。根据展览会的产业特征,展览会可分为综合性展览会和专业性展览会。

● 展览会的功能已从以商贸采购为核心转向产业创新,其生产性服务业的特性引发关注,与地方产业之间形成双向互动关系。随着经济发展与产业需求的演变,展览会的模式与业态均在迭代更新,呈现多元形态融合、两个世界嵌套、重视绿色环保的趋势。

● 组展方、参展方、场馆方与配套服务商构成展览产业生态的关键行动主体。随着产业革新与技术进步,展览产业生态的边界不断拓展。技术服务商、线上展示专业服务商、展示场景搭建商的加入,丰富了传统的展览产业生态链,逐渐呈现"展览 + 技术"的特征。

● 展览会策划与组织是一个以终端客户利益为本的过程。无论是贸易展还是消费展,只有终端客户的参展效益最优才是一个展览会的效果最优。因此,需要洞察终端客户的需求,了解其如何评判参展效益,充分发挥展览会的核心价值与优势。

● 组展方与参展商、观众之间要形成对应的匹配关系。组展方依靠组织参展商参展而获取收益,但是参展商的参展目的要通过与观众的互动才能实现。参展商与观众之间的相互满意形成一种匹配关系。组展方通过展前、展中、展后的匹配引导,解决参展商与观众之间的信息不对称问题,帮助参展商与观众实现参展目的。

● 展览会是经过精心策划的活动,展览会策划与组织充满创意但亦强调计划性,要求目标明确与过程可控。调研、策划、组织、执行、评估是展览会策划与组织的五个关键阶段。

本章思考题

1. 什么是展览会?请根据自己的理解阐释与归纳。

2. 与其他类型的会展活动相比,展览会的典型特征是什么?

3. 展览会可以分为哪些类型?不同类型的划分标准及其异同之处是什么?

4. 展览产业生态的关键主体有哪些?这些主体分别承担什么角色,主体之间有什么关系?

5. 如何评价一个展览会是否成功?

6. 展览会策划与组织的关键思路是什么?

 即测即评

 本章参考文献

第二章　展览会的价值

学习目标

√ 理解展览会的属性；

√ 理解展览会对企业的价值；

√ 理解展览会对产业的价值；

√ 理解展览会的不可替代性。

本章导读

　　策划展览会首先要对展览会的价值有深刻的理解，才能充分发挥展览会对企业与产业的贡献，最大化商业效益与社会效益，从而从底层逻辑上透彻洞悉展览会的策划与组织工作。如今，社会对会展业影响与作用的认知，已经从事后评估会展业的带动效应，转变为事前充分利用会展业的功能与价值强化带动效应，从而撬动与激活产业甚至整个城市。本章将首先阐释展览会的属性特征，作为理解展览会的基础；其次从企业和产业两个层面，介绍展览会的功能；最后，归纳与讨论展览会的不可替代性，亦是对展览会核心价值的再次强调。通过理解展览会的价值，解答企业与产业为什么需要展览会，帮助在展览会策划与组织过程中把握关键的思路与要点。

第一节　展览会的属性

一、展览会是一种生产性服务

生产性服务(也称生产者服务)指那些被其他商品和服务的生产者用作中间投入的服务。典型的生产性服务包括金融服务、法律服务、管理咨询服务、广告与营销服务等。与消费性服务相比,生产性服务的特征主要包括:① 无形产出体现为"产业结构的软化";② 被所服务企业列入生产成本的中间服务;③ 将大量人力资本和知识资本引入商品和服务生产过程(刘志彪,2006)。

展览会是一种面向生产者的服务,参展商购买用于展示产品与企业形象的空间,以实现一系列的参展目的与目标。在贸易型展览会中,展览会的服务对象是参展商与专业观众,是与企业或组织的需求与目标相关联的群体,而非直接的消费者;在消费型展览会中,展览会也服务于参展商的营销与推广。生产性服务业在生产系统中的角色和作用不断演变,从管理功能到促进功能,再到如今的战略功能(见表2-1)。展览会作为生产性服务,它的促进功能与战略功能尤其凸显,既促进产业贸易,又影响企业的战略决策与产业创新。展览会对企业的具体功能与作用机理将在本章的第二、三节详细阐述。

表 2-1　生产性服务在生产系统中的功能演变

I (20 世纪 50—70 年代) 管理功能("润滑剂"作用)	II (20 世纪 70—90 年代) 促进功能("生产力"作用)	III (20 世纪 90 年代至今) 战略功能("推进器"作用)
• 财务 • 总量控制 • 存货管理 • 证券交易	• 管理咨询 • 市场营销咨询 • 咨询工程(咨询业) • 商业银行 • 房地产	• 信息和信息技术 • 创新和设计 • 科技合作 • 全球金融中介 • 国际性大项目融资

资料来源:李江帆等(2004)。

二、展览会是一种临时产业集群

展览会中大量人流与物流集聚引发了一系列经济活动。从经济地理学的视角,

Maskell 等（2006）首次正式提出展览会可被视作临时产业集群。展览会可被视作临时产业集群的原因包括：第一，在展览会中，尤其是国际展览会，同一产业链的各类企业发生了空间上的短期集聚，在短时间内将某一产业的全球（区域）市场压缩于一个特定的空间；第二，展览会中基于产业价值链的横向与纵向知识交换，与产业集群是相似的，但以临时、定期、高强度的形式存在（Maskell et al.，2006）。集群指一群同一产业领域由共性与互补性联结起来的、相互联系的企业或组织机构（Porter，2000）。罗秋菊等（2007）的实证研究亦发现专业观众类型构成了以参展商为中心的纵横交错、非常完善的产业链（见图 2-1）。展览会在同一地点聚集特定产业的供应商、经销商、相关服务，设立展台展示产品与服务的特征（Black，1986），与产业集群的地理邻近、产业关联性、社会网络性均有共通之处。

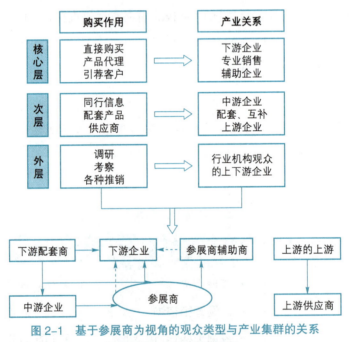

图 2-1 基于参展商为视角的观众类型与产业集群的关系
资料来源：罗秋菊等（2007）。

展览会的临时产业集群的属性，是展览会区别于一般商业活动的最重要、最根本的特征。特别值得关注的是，正是这一临时集聚属性使得国际展览会成为全球行业知识传播的热点载体，引领行业的未来发展方向。

在展览会中，原本分散在各地的同一产业链上、中、下游企业，在短时间内汇聚于同一空间，围绕新产品进行广泛的高强度交流（Zhong et al.，2018）。企业可以在展会中与现有客户、潜在客户、竞争者、现有供应商、潜在供应商交流(Bathelt et al.,2008),发生沿产业链横向(同行及竞争对手间)与纵向(供应商—客户间)的信息传播(Zhong et al.,2018)。在与客户交流方面,企业通过与客户问询与谈判、解决方案讨论,了解市场需求趋势与产品改进方向。在与竞争者交流方面,展览会为同行交流提供了难得的空间,同行企业可以进行面对面的交流,同时通过与客户或其他企业的交谈以及现场观察,获取竞争者的信息与产业的发展趋势。在与供应商交流方面,企业可以在展览会现场与供应商交流与互动,获得上游市场的信息。

在展览会中企业的多元化互动构成展览会独有的信息交流生态——全球蜂鸣(Maskell et al.,2006)。全球蜂鸣(global buzz)衍生于产业集群的知识创造场域——本地蜂鸣,形象地描述了大量企业在展会中自发的、无方向性的互动,犹如"嗡嗡嗡"的声音。企业通过面对面的知识交换,共同探讨市场发展趋势,并研讨日常经营中遇到的问题与解决方案,由此建立网络与渠道,从而获得丰富的信息与资讯(Schuldt et al.,2011)。但要注意的是,不同的产业属性、企业属性、产品属性,会使得企业在展会中信息与知识交流有所不同。

可见,展览会的临时产业集群属性,使得其在产业信息与知识扩散过程中具有很强的独特性,是一个包含多种关系的复杂系统。相比永久产业集群,临时产业集群的创新空间"强度更大""趋向更新"(详见本章第四节)。展览会构建了一个临时的扁平化知识扩散网络,面对面交流促进了产业前沿信息与知识的扩散,知识从行业龙头企业迅速向全行业扩散(Luo et al.,2016)。

第二节 展览会对企业的价值

展览会具有的生产性服务与临时产业集群属性,对企业而言具有什么价值呢? 我们可以从展览会中参展商与观众的互动进行解析。Rosson et al.(1995)曾根据参展商与不同类型观众的沟通,建立了一个从多层次理解展览会互动的模型(见图 2-2),该模型体现了展览会的不同功能。在此基础上,本书增加展览会的信息功能层次,强调企业通过展览会与多种机构的交流,获取产业最前沿信息,并对其生产经营等重要决策产生影响。具体而言,展览会对企业而言的几个关键功能如下所述。

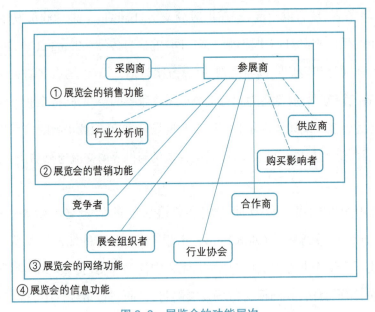

图 2-2　展览会的功能层次

资料来源:Rosson,Seringhaus(1995)(有改动)。

一、销售功能

展览会的核心功能之一是销售功能,其为参展商与观众提供贸易匹配的平台,促成交易与合作,包括现场销售、推广新产品等。在 Rosson et al.(1995)、罗秋菊等(2007)的展览会模型中,具有采购意向的采购商都被视为核心层观众。这类核心观众往往是参展商的下游企业,具有购买与采购、产品代理、引荐客户的行为。

展览会能够为观众提供集中采购的机会,是企业寻找新产品的重要平台。但要注意的是大部分贸易型展览会本身与实际销售存在时间滞后,一般在展览后经过选品、寄样和验厂的环节。因此,即使是有采购意向的观众,往往也会等到展会结束后才下订单。但在消费展中,消费者当场进行服务和产品购买是非常普遍的,因为在消费展上组展方或参展商往往提供折扣和优惠,在展览会中购买的价格更为优惠。

展览会在企业销售过程中的优势,主要在于销售效率和新产品推广两个方面。

(一) 销售效率

展览会使得采购过程的多个阶段与环节集中在一个场所完成,可以在合适的购买周期内把合适的产品信息传递给合适的人,对参展商缩短销售周期和提升销售效率、化被动为主动具有重要作用。

展览会能帮助企业低成本获客。曾有调研发现,通过展览会结识一个客户的费用仅为人员拜访方式的 25%~35%（O'Hara，1993）。由展览会结缘而达成交易，在展后通过平均 0.8 个跟进拜访就能完成一单销售，而普通销售通常需要 5 倍的人员拜访。另外，对于复杂性高、投资额高、非标准化的产品，往往因为买家感到风险高而陷入销售困难。但在展览会现场能够进行产品展示与面对面沟通，恰好弥补了该类产品的销售劣势，因而对于工业采购尤为重要。Smith et al.（2004）以 Delta 机械制造公司推出的某一最新产品为实验对象，对 Delta 公司的分销商、销售人员进行跟踪调研，发现相比没有参加展会的分销商，在参展时现场看过新产品的分销商的购买量更大，而且其下单采购的时间也缩短了。O'Hara（1993）曾对美国某一石化展览会的参展商展开调研，展览会在售前阶段的潜在客户确认和销售阶段的需求探测的效果，远超过电话销售和客户接待；在售后阶段的信息搜集也最为有效。换言之，展览会加快了顾客的采购决策，缩短了采购过程。此外，Gopalakrishna et al.（1995）的研究表明，展览会可为参展商带来正面的经济效益，参加展览会的短期投资回报率为 22.7%（4 个月），长期投资回报率为 112%，展览会能对企业产品认知和产品兴趣产生积极作用。Smith et al.（2004）的研究也显示，展览会有利于提升企业的利润率和投资回报率，根据时间长短，投资回报率在 25%~300%。

更重要的是，展览会是一个为企业提供主动营销机会的平台。无论传统的线下商店销售，还是新型的互联网商店，企业大都是被动等待买家或消费者前来咨询，需通过多种营销手段吸引买家上门发起咨询，方能开展对客户交流与销售。然而，展览会是买家集聚的空间，买家带着目标主动前来查看产品，而且企业可以在现场主动接触潜在买家。这对传统上被动的卖家而言意义非凡。

对于普通观众而言，他们更看重通过展览会获取折扣、优惠和购买产品，而对掌握行业趋势、了解前沿行业信息等的兴趣程度相对较低。例如，Nayak et al.（2016）通过对某手工艺品展览会的研究发现，获得折扣和其他激励因素（如促销礼物和赠品）是普通观众最主要的参展动机，其次是了解市场趋势、发现新产品和服务、购买产品、被展览主题吸引，最后才是参加研讨会和报告会。Rittichainuwat et al.（2012）的研究也显示，大多数普通观众参观展览会的主要动机的确是购买。

（二）新产品推广

展览会是销售新产品与获得新产品市场反馈的重要平台。与普通的零售渠道不同，企业参展时展示的产品以新产品为主，以热销产品为辅。尤其是在获得行业认可的领先展览会上，参展商展示新产品的概率更大，甚至展出并未大批量生产的具有理念引领性的概念样品。例如，全球知名的汽车展——德国国际汽车及智慧出行博览会（IAA Mobility）是各大汽车厂商的竞技场,知名汽车企业纷纷在展会中举行新品发布会,同时公布该年度的最新概念车。表2-2梳理了展览会对推广与测试企业新产品的作用。展览会吸引来自产业链条多个环节并具有产品采购决策权的买家,通过企业之间的沟通与互动,参展商可以快速搜集目标市场对新产品的反馈。对新产品的反馈信息也是市场战略信息的一种,可在展会中通过参展商与专业观众、参展商、第三方机构之间的互动,实现跨越式传播,不再需要根据"制造商—代理商/分销商—零售商"的逐级传播,呈现扁平化与时空压缩的特点。

表2-2 展览会对推广测试企业新产品的作用

新产品开发存在问题	展览会提供的解决方案
1. 很难接触到主要决策者和使用者	1. 展会吸引管理层与职能部门代表,所有采购相关人员都可能在展会中被找到
2. 使用者/决策者不愿意或不能参与新产品测试调查	2. 查看新产品是观众参观展览会的主要原因;观众从日常工作中解脱出来,一般愿意协助调研
3. 采纳者地域分散为新产品测试带来困难	3. 来自不同地区的观众聚集于特定时空,便于新产品调研和测试
4. 不能聚焦地碰撞出想法	4. 专业性展览会特别适合对某一具体产业思想的汇集;综合性展览会适合跨产业意见的搜集
5. 缺乏有效的筛选标准	5. 展会观众的多样化,可针对采购相关人员的不同角色设定标准
6. 有限的市场/产品实际绩效测试	6. 展场内及展场外实施测试
7. 开发者与采纳者之间缺乏有效沟通	7. 展览会的形式鼓励参展商与观众的互动
8. 开发企业内部之间缺乏合适的沟通	8. 企业参展人员配置包括销售人员、技术人员、研发人员等团队

资料来源:Bello(1990)。

消费型展览会也能够有效促进新产品的推广,其营销方式如表2-3所示。Barczak et al.(1992)以亚特兰大家庭展览会(Atlanta Home Show)的观众为研究对象,在展会现场出口处访谈了大约1 000位观众,问题包括:在展会中是否发现了在一年之内要购买的新产品,以及受访者在展会现场的观展时长、参观展位的数量、获取的产品信息等。6个月之后,随机抽取250名观众进行电话访谈,电话询问受访者在展后通过哪些渠道搜集过在展会现场看到的新产品信息,以及他们对产品的感知风险和益处、是否打算购买等问题。研究发现,消费型展览会减少了人们对新产品的抵触情绪,而且产品的辐射范围广。该研究把观众划分为新产品先锋接受者(early adopter)、晚期接受者(late adopter)和拒绝接受者(non adopter)。先锋接受者在展览会现场会获取新产品非常详细的信息,在展后依赖零售渠道的信息继续关注新产品,他们对产品的感知收益大于风险。笔者团队曾对国内的农业展进行调研,发现农业展在观众采纳有机农产品过程中的各个阶段均起着媒介作用,普通观众对新农产品形成"意识集拓宽—信息搜寻—信任建立—体验反馈—采纳意向"的采纳过程。可见,展览会具有集中展示产品与体验互动的场域特征,极大促进了观众对新产品的接受度。

表2-3　消费型展览会的推广方式

销售人员在展览会的推广方式	其他在展览会的推广方式
展位中的销售代表	展台广告与图片
现场介绍与演示	产品展示与样品
特别现场表演	影片与视频
其他聚会与交流	宣传材料

资料来源:Barczak et al.(1992)。

综上所述,展览会是一种独特的销售渠道,是参展商与买家的集聚与建设纽带平台、新产品的现场展示平台。展览会的销售功能也一直受到企业的重视,是展览产业生生不息的重要动因。

二、营销功能

树立企业形象是参展商参加展览会以及评价参展绩效的重要维度,展览会的营销功能受到重视。与销售行为不同,展览会的营销功能不以获取订单为直接目标,而是企业营销计划中的一部分。相比广告等营销方式,展览会营销的重要性主要体现在两方面。

第一,通过现场的展示,企业保持与提升公众感知的企业形象,使顾客确信公司的雄厚实力,建立广泛的市场沟通。一方面,展会现场是面对面的直接交流,具有双向性、即时性、准确性等特征。观众可以根据参展商的展台位置、展台面积、搭建水平、产品丰富度,展台工作人员的专业能力、服务态度、综合素质等要素,对参展企业的品牌和实力做出直观的判断。比如,对比参展商这几年参展的展位面积、位置与设计的变化,初步判断参展商的实力变化。在面对面的人际沟通中,观众能从参展商传递的语言符号和非语言符号中迅速提取信息线索、识别对方的身份,从而更快地建立信任感。非语言符号起到尤其重要的作用,例如双方的体型、衣着、身体动作与姿势、面部表情、声音特征、味道与气味等,对语言信息有补充与强调的作用，也暗示了双方对环境等方面的积极或消极的反应，从而帮助建立信任感。观众可以通过展览会发出的信号，判断参展商经营情况的好坏，从而决定是否与参展商合作。另一方面，参展商通过展位设计展示其企业理念。在展会中，企业除了展示产品，也可以通过艺术装置与多媒体展示手法，展示企业对自身发展理念的理解，并将理念传递给现场的观众。

第二，参展商参加行业旗舰展会的行为一般意味着他们具有"留在市场上的生存与发展能力"。展览会有临时产业集群的特性，是产业交流的盛会，也是企业同台竞技的平台。参加国际性展会有利于企业建立与改善其在国际市场中的形象。同时，品牌企业尤为重视在国内外行业旗舰展览会中的亮相。有些品牌企业认为参展是企业仍在行业中具有地位的体现，缺席行业盛会将引发同行对其经营状况的猜测。

因而，展览会对企业具有重要的营销价值，参展商往往非常重视通过参展树立企业形象，向同行与合作伙伴传递信心，通过面对面沟通建立合作信任。

三、网络功能

Kerin et al.（1987）首次提出展览会的非销售功能，例如展览会具有结识新潜在客户、为老客户服务、提升企业形象、搜集竞争信息的功能。展览会结成一个关系网络，参展主体嵌入多层次网络结构之中。展览会为参展商与观众开展正式与非正式的互动提供了大量机会，便于企业建立和维护网络关系，例如，结识新的供应商／客户、与旧供应商／客户保持联系以及建立和维护个人职业交往关系等，参展商与观众能够通过展览会获得更多资源并促进更紧密的合作关系。

在展览会中，参展商不仅可以寻找新客户，还可以与老客户沟通与联络，以维持和增进商业关系。国际展览会更被企业视作与老客户见面的重要机会，可以有效减少企业到国外登门拜访重要客户的成本。早期研究将参展方视为"理性的人"，假设参展动机与行为都是基于经济收益，而后续研究发现社交属性同等重要，甚至引起更多关注。企业在展览会中发生的短期信息交流与社交互动，对后续建立合作关系的质量呈正相关关系，对企业未来进一步的合作交流有显著的影响（Sarmento et al.，2015）。社交网络在维系参展商与观众的联系与品牌营销中发挥着越来越大的作用。除了结识客户，展览会可能是建立新的社会和职业关系网络的桥梁。此外，展览会中休闲空间的设置还能促进观众之间的交流和交往，如交谈行业新闻、行业动态等，从而结识新的业内伙伴，为丰富个人社会网络关系提供新机遇。

建立新关系是参展商与专业观众参加展览会的重要目标之一。展览会上面对面的交流沟通能够快速缩短社交距离和技术距离。缩短社交距离指观众有机会通过在展览会期间举办的社交活动与参展商建立关系。缩短技术距离指观众能够观看现场技术演示,了解技术难度减少技术的畏难度。而企业高层管理者在展览会现场与观众的社交,对提升企业的价值也有显著的作用。展览会通过面对面的沟通方式,帮助参展商与观众在短时间内降低沟通成本、交易成本以及风险感知,从而实现更高效的沟通交流。

值得注意的是,展览会对企业间关系的作用,不仅在于新关系建立与已有合作关系维系,还在于客户关系管理的全过程,为企业关键客户管理提供平台。Blythe(2002)论证了展览会在关键客户管理(Key Account Management,KAM)的不同阶段所起的作用。他以两个英国展览会和一个希腊展览会的参展商为调查对象,把参展商和观众的行为与关键客户管理模型联系起来。研究显示展览会为关键客户管理提供了三种重要机遇,分别是 KAM 早期(甚至 KAM 前期)与客户的初次接触、KAM 中期和合作阶段与客户建立合作和创建共同文化、在 KAM 互动阶段提供沟通机会(见表 2-4)。

表 2-4　关键客户管理发展阶段模型

发展阶段	观众参观展览会原因（%）	参展商参展原因（按重要性排序）
KAM 前期阶段(pre-KAM)识别关键的潜在客户	查看新公司(12%)、进行商务接触(6%)、比较产品和服务(7%)	会见新客户(1)、发布新产品(2)、会见新分销商(8)、促销旧产品(5)
KAM 早期阶段(early KAM)客户渗透,寻求良好的供应商状态	获取技术或产品信息(21%)	与老客户联系(4)、与老分销商联系(12)、增强公司形象(6)、拿订单(3)
KAM 中期阶段(mid-KAM)建立合作、强化供应商地位	讨论具体问题/与专家交谈(10%)	与老客户联系(4)、与老分销商联系(12)
合作阶段(partnership KAM)建立合作意识、创建共同文化、锁定客户	讨论具体问题/与专家交谈(10%)	与老客户联系、与老分销商联系(可能通过分享展览空间的方式)
互动阶段(synergistic KAM)继续改善、共享利益、半融合状态	无真正功能。在这阶段企业走得很近,甚至共同分享营销行为,包括展览会展示	无真正功能
解散阶段(uncoupling KAM)分离	寻找新客户、新产品、新发展、新公司	会见新客户和分销商,拿订单

资料来源:Blythe(2002)。

综上，展览会对企业建立合作交流网络具有不可替代的重要作用，不仅有助于企业建立新的合作关系，还有助于维护和增进已有合作关系，在客户关系管理的全过程发挥多重作用。

四、信息功能

信息搜集是展览会最重要的核心价值之一。在 20 世纪 90 年代末，展览会对获取竞争者、供应商与技术商等信息的搜集作用开始引发关注。定期参加展览会收集市场情报和行业新趋势是企业更新行业知识的重要途径之一。

信息搜集是参展商与观众参加展览会的重要目的。对参展商而言，参展的主要目的之一是获取最新技术资讯、搜集竞争对手信息以及开展市场调研（Rice et al.，2002）。甚至有高层管理者认为，在展览会中的信息搜集比销售活动中更重要。对专业观众而言，参展有助于了解行业最新产品、服务、业内资讯，并为其未来的购买决策寻找和存储信息。罗秋菊等（2007）通过东莞的案例研究，将专业观众的观展目的分为三类，其中约占样本总数 35% 的次层观众以获取信息技术与建立市场联系为目的。

（一）展览会信息功能的重要性

展览会信息功能受到如此重视，主要有三方面的原因：

其一，展览会汇聚了产业最新的信息与知识。展览会对新产品、新市场、新客户的关注，营造了浓厚的新信息与知识搜集氛围与平台。首先，展览会上的产品具有"新"与"前沿"的特点。展览会代表的"新"元素包括新产品推广、识别新的市场潮流等。在有限的展览时间内，参展商往往花大成本重点推广最新与最优的产品，将全国乃至全球该行业上、中、下游的新产品在有限空间内集中展示，成为行业最新产品的临时汇集地。通过新产品的集聚，展览会达到行业缩景的效果，实现行业新知识的集聚。与此同时，在展览会上接触新的潜在客户（或供应商），也是获取新信息与新知识的方式。对一些企业来说，展览会中新客户（或新供应商）的数量远远超过已有合作企业的数量。大量新客户（或新供应商）的聚集，使得展览会成为获取行业最新市场资讯的重要平台。

其二，展览会能够为观众提供多元化信息和知识。一方面，展览会可以为观众提供产品信息与交易信息。产品信息是与产品本身相关的信息，如产品特点、价格、性能和质量；企业的产品、价格、新的供应来源，以及发展或强化与供应商关系的情况，被称为交易信息。基于这两种信息，专业观众在展览会上可以广泛了解行业内的新产品和新现象，进行研判和比对，以采购最合适的产品或材料。普通观众在消费展中比较价格，了解优惠信息，以便进行购买决策。另一方面,展览会可以为专业观众提供市场战略知识与技术知识。展览会中的市场战略知识,主要体现在参展商与专业观众通过展览会判断市场行情与发展趋势。在宏观层面上主要是整个行业的市场导向,由市场中所有新产品的类别、数量、改进情况等数据总结得出。在微观层面上为某一具体类别产品在市场中的销售前景,由产品功能、效果、新技术的应用、价格、同类产品数量、产品销售情况等综合信息总结得出。展览会中所呈现的新产品发展前景与市场趋势动向信息,形成重要的市场战略知识,成为企业后续商业决策的重要依据,有助于企业做出更精确的市场战略决策。技术知识主要体现在参展商与专业观众通过展览会获取解决技术问题的方案、方法,对产品功能的改进与技术应用创新方面。在展览会中,技术知识体现于产品的细节、结构、功能的实现方式、工艺等。

① 本节以参展主体指代参展商和专业观众。展会中的信息与知识扩散,是沿产业链展开的,发生在参展商与参展商之间、观众与观众之间、参展商与观众之间,存在多重关系。因此,在此情境下,本节以参展主体表述。

其三,展览会为观众提供产品对比和选择的平台。由于展览会中有大量的产品可供选择,观众能够详细对比不同产品的异同,了解产品的替代性技术和方法,广泛获取购买决策前的详细信息,根据需求挑选最合适的产品。能够直接比较多个企业的产品对观众来说非常重要。观众通过现场对比产品信息、价格、优劣势等,可以消除疑虑和降低采购风险。例如,有调查显示,大部分专业观众会在展览中货比三家,62%的被访专业观众的观展目的是去了解多家参展商生产的产品,30%的被访专业观众仅看某一家公司的产品。

(二)展览会中的学习行为

展览会的信息功能通过参展商与专业观众的高强度学习行为实现。参加展览会也是一个学习的过程,参展商和观众在展品观摩与触摸以及现场交流中获取信息,获得启发与新的想法,在追随行业潮流的同时,通过创造性思维解决工作上的疑惑和难题。Ling-yee(2006)发现展览会中的学习是基于参展商与观众之间的关系学习,通过信息分享、共识形成、记忆形成这三种方式进行。研究表明合作意愿、双方的一致意见、内部共同探讨、外部共同探讨对关系学习有促进作用,最终提高了双方的合作效率。展览会中的学习是螺旋式的,是一个由知识分享引起的"适应客户要求—适应供应商要求—分享知识—获取知识—学习行为"的螺旋式上升过程,适应客户要求与分享知识是获取知识的重要影响因素(Reychav,2009)。

参展商与专业观众通过观察与比较新产品,以及与多类型参展主体①之间的互动,获得最新的行业资讯与知识。图2-3总结了展览会中的几种学习行为。

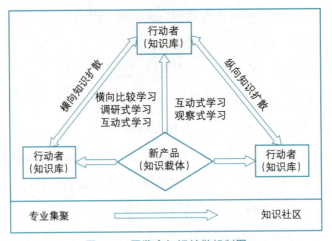

图 2-3 展览会知识扩散机制图

资料来源：根据 Zhong et al.(2018)绘制。

1. 互动式学习

互动式学习是一种主要发生于参展主体之间的学习行为。参展商与专业观众之间的关系往往是供应商与客户的连接，在产业链中是纵向关系。展览会聚集了原本在各地的业内人士，他们来自相同或相近的行业，具有技术专长与丰富的经验。在展览会中，高强度的交流互动使得行业最新的、尚未形成文字的技术与前沿信息、难以通过文字传播的经验与判断（即隐性知识）得到快速传播扩散。根据互动的内容，展览会中的互动式学习可分为以下三类：

其一，基于市场需求的交流。了解市场需求是参展商最重视与认同的展览会知识扩散行为。在短短几天的展览会里，大量目标明确的潜在客户与供应商围绕新产品进行交流与讨论。观众往往非常了解所在地和市场的消费者需求。参展商与观众的互动，将供应商与当地市场信息连接起来。参展商通过和观众交流，了解客户的需求，进行后续的新产品开发。例如，采购生产设备的观众告知参展商需求，参展商进行相应的产品或方案推荐，甚至根据研发能力与难易程度，为观众提出改造或定制方案。如果现有产品与方案无法满足观众需求，而且有相当数量的观众提出类似要求时，参展商可能考虑进行产品改进或新产品研发。另外，在展览会中参展商与新客户建立临时关系，通过客户的关注点，可快速判断新的市场需求。

其二，基于问题解决方案的讨论。专业观众在展览会中可与参展商讨论交流技术问题或企业经营过程中遇到的问题。例如，生产家具的厂家到展览会中采购机器，如果该机器在日常生产某个环节中的生产效率难以提高，专业观众就会带着问题与参展商交流，探讨更换设备或其他解决方案。亦有专业观众在展馆内进行技术销售，通过与参展商的互动以及对产品效果的观察,发现新产品的缺陷与不足,为参展商提供问题的解决方案。这一类互动主要在参展商的供应商或合作企业间进行。

其三,就市场趋势进行讨论互动。除了针对产品的互动交流,参展商与专业观众亦会探讨市场趋势与发展规划等宏观问题,并就个人理解进行相关互动。这种讨论往往在比较轻松的环境下进行,常见于已有多年合作关系的参展商与专业观众之间的非正式交流。受展览会的时间限制,新客户关注更多的是产品本身,会告知参展商具体明确的需求信息。而老客户由于已经建立了深厚的关系,日常交流与资讯互通也较为频繁,在展览会上与参展商的交流并不囿于具体信息,而更偏向于对宏观问题的探讨。

而参展商之间,在展览会上围绕产品和技术的同行互动交流相对较少,互动频率较低、互动深度较浅。只有私下社会关系较强的参展商之间才会进行坦诚的交流与互动,互动深度才有所拓展。

2. 观察式学习

观察式学习是一种以参展主体观察新产品为主的学习行为。专业观众通过观察和触摸现场展示的新产品,在了解产品性能和质量的同时,获取最新的行业市场趋势与技术动态。

展览会上的观察重点在于新产品的效果与功能。首先,由于参展营销机会难得,出于销售的角度,参展商更倾向于在现场展示新产品,让新产品得到市场的关注,以获得订单。其次,展览会中最重要的是现场运行产品并试用。动态地展示产品是展览会区别于其他渠道的重要特征。以机械类展览为例,观众可以直接在现场看到机器的实际运作,能够看到最终生产出来的成品质量,能够了解机器的效率与性能(如需要多长时间、精度如何、操作是否方便)等。相比和参展商交流,部分观众更重视依赖实物做出判断,避免只受参展商营销的影响。此外,参展商往往通过多种手段展示最新产品,包括多媒体、人员讲解、现场活动等。

新产品是展览会上信息和知识扩散的媒介与承载物,也是展览会不可替代的关键部分。新产品是行业最新设计理念与技术应用的最终实现,实际接触产品是非常重要的知识获取途径。具有技术与行业背景的参展主体,可以通过对产品的观察与检验获取丰富的行业知识,对技术的应用与市场趋势进行判断与学习。展览会是对行业某一特定主题趋势的反映,正是由这一主题的新产品展示所引发的。新产品为展览会中的活动与交流提供了具体的语境,观察式学习在隐性知识扩散中起着重要的作用。另外,参展商与专业观众之间也可以互相观察。例如专业观众通过观察展位参观人数的多少来判断市场热点。参展商也可根据客流量、客户对产品的感兴趣程度等现场反馈,了解产品的市场反应。

3. 横向比较学习

展览会中的横向比较学习,指参展主体通过与同行业其他企业及其产品对比,获得对行业现状的新认识,判断产品改进方向,从而获取行业最新知识的学习行为。在展览会中,参展商有意识地对标同类产品。具备丰富行业经验或受过参展培训的参展商非常了解自身产品,通过对比展览会中其他产品,可以分析每种产品的优势与劣势,并对自己的产品进行定位,找到需要改进之处进而制定产品修改方案。展览会中产品的集聚以及产品效果的展示等,将行业发展趋势和最新技术相关的隐性知识集中外化,产品的同场竞技使其优势与劣势得以凸显。这种对比往往存在于竞争对手或合作企业之间,对比合作企业的产品,主要为了寻找合作空间,通过合作弥补自身产品的缺陷,或达到强强联合;而对比同类产品,则是一个取长补短的过程。这种对比并不囿于参展商之间,专业观众也可以在展览会中对比同类产品,总结行业发展趋势。

此外,产品是市场需求的反映,横向比较学习亦是对参展主体的市场需求判断与市场战略知识掌握的一种补充。自身产品与同行产品的对比,有助于获取完整的市场视野,关注到曾被自己忽略却已被竞争对手发现的市场需求,从而补充自身知识基础。

4. 调研式学习

展览会中的调研式学习是有意识的行为选择,并带有较强的目的性,主要通过参展主体对新产品的观察。甚至有竞争对手伪装成客户与同行交流的方式进行。企业将展览会视作重要的市场调研机会,通常有意识地参观展馆、展台,甚至专门安排市场调研团队去展览会了解竞争对手的情况。利用同行企业在展览会中展示产品效果的契机,关注同行的新产品,以了解市场竞争概况,识别商机,学习新的技术。

调研式学习是展览会横向知识扩散中的一个特殊与重要的形式。如果调研式学习是企业内部的个人行为,其目的性相对较弱,只是对产品进行基于个人经验的判断。调研式学习的目的主要是根据展览会所呈现的市场趋势,判别市场热点与商机,然后根据市场热点进行产品改进与研发。如果企业专门派出调研团队,则目的性较强,所搜集的信息也会更加全面、细致与系统化。市场调研的开展分别针对"面"与"点"展开,"面"是宏观数据特征,通过收集竞争对手的产品详细数据,归纳整理市场数据,对企业的产品市场份额与竞争力进行评估;"点"则是针对特定产品的调研,通过针对性观察、产品目录与参数的搜集、与技术人员的沟通,全方位地了解产品,从而识别产品的设计理念与技术应用。参展主体希望通过了解同行的产品,突破技术上的瓶颈。调研团队多由研发部与市场部员工组成,分别负责技术知识与市场战略知识的获取。在技术展览会中,研发与技术人员承担调研式学习的重要任务,由于研发与技术是产品设计的核心,研发与技术人员以专业性为基础,同时关注产品的外观、结构与细节。市场人员则根据产品的功能、性能、效果判断市场趋势。综合所有调研结论形成未来产品开发的方向。

鉴于同行身份的敏感性,参展商往往对核心技术有较强的戒备心。部分企业会伪装成客户,与竞争对手进行互动交流,了解其情况及新技术,获取重要的市场战略知识与技术知识。甚至有企业专门为此成立一支专业队伍,针对感兴趣的新产品,详细地打探产品的具体参数,以判断是否具有发展前景,对展后模仿制造对方的产品以及争夺市场资源与市场份额奠定重要的知识基础。

在调研式学习中,行业龙头企业往往得到特别的关注。参展商根据自身的知识水平,特别关注行业影响力更高的企业产品。部分参展商认为行业龙头企业是参加展览会必须关注的,要专门观察与了解。他们会依据行业经验,向其特别关注的参展商学习。在展览会中的信息搜集与知识、技能学习都是有针对性的,参展商往往特别关注优于自身的企业。

除了企业获益以外,展览会的信息功能也能够对观众个体产生积极的影响。例如,提升观众的个人职业能力。无论是专业观众还是普通观众,展览会都能够提供知识学习与技能提升的机会。展览会还将特定行业的重要企业聚集在一起,举办技术研讨会及会议等活动。在这个交流和交往的特殊场域中,市场、行业前沿信息交织,并在特定行业内部传播。通过参加展览会,相关行业从业者能更新技能和知识结构,学习行业内部知识和规范。例如,贸易展也称为"学习中心",因为专业观众积累关于产品、供应商和解决方案的知识,以备日后推荐使用。同时,专业观众会更新自己的专业技能,从展览会获得产品创新的"灵感"。在展览会上触摸、观察产品,与本行业人交流、谈话,体验展览会的环境和氛围,这些都能够激发行业买家对解决工作问题的创造性思维,产生新想法和意外收获。对普通观众来说,展览会中的教育或信息研讨会为他们提供了一个增长知识、发展职业兴趣和获得实践经验的机会。例如,Bi et al.(2020)发现,如果观众出于收集健康食品信息的需求和对环境问题的担忧而参加健康食品展览会,该展会能够加强他们的健康意识和对食品安全问题、健康食品的了解,并提升食品健康相关问题的传播效果。

综上,展览会为企业与个人提供了集中了解产业多元化前沿信息的价值,得到参展商和专业观众的高度重视,对企业后续的产品研发与经营决策均产生影响。展览会的信息功能对企业发展战略决策,以及对个人的自我提升具有重要意义。

五、其他功能

休闲娱乐也是展览会的一种功能，这类价值对于普通观众而言更加明显。普通观众会被展览主题和多姿多彩的现场活动吸引而到访展会，将展览会视为一次与家人增进感情的机会、一段休闲娱乐和放松的时光。一般来说，展览会开幕式上会有精彩的表演，参展商会策划丰富多彩的活动和多样化的展示方式来宣传自身文化、彰显品牌。例如，展览会期间时尚走台、互动装置、产品试用、互动抽奖、打卡体验等活动，这些都能够为普通观众的参展体验增色。在体验经济时代，企业和组织创造具有体验价值的产品越来越重要，这一趋势在展览业中十分关键。体验价值是由认知、情感、理智、行为等维度组成的服务体验概念。要特别注意的是，尽管展览会上的某些时刻是精彩而有趣的，有时候观众却会因为展览会中过于丰富的感官体验、信息过载和身体疲劳而非常疲惫。因此，如何策划与设计观众的体验活动，并评估和管理这些体验，从而提升参展商和观众的满意度，同样值得关注。

有时，参加展览会也会作为企业对员工的一种奖励。特别是在区域展览会和专业性展览会上，企业会派遣员工参加展会作为业绩奖励，一则"可以外出去看看"，二则"去展会逛逛，也许可以遇到一些资源"。此时，展览会的价值则体现了作为一种管理工具来鼓励员工士气。

第三节　展览会对产业的价值

一、展览会的行业贸易功能

展览会服务于商贸交易，是国内外贸易的重要平台。展览会对贸易的促进作用，更体现在进出口贸易上，为企业带来了进出口贸易机会。企业与海外的客户或潜在客户的联系与沟通成本非常高，国际展览会则能有效地把高质量的目标观众带给参展商，使企业能够以低成本开拓国际市场。同时，企业在国际展览会中获取国际市场的信息更容易、更快捷、受益更大。按照企业国际化介入程度的差异，企业通过参展促进国际业务的行为可以分为三类（见图2-4）。参展是企业为开拓国际市场而进行的中间投入，企业在国际展览会上往往会争取国际订单、了解国外市场需求、寻找潜在客户、建立企业形象、搜集国际竞争信息，甚至扶持当地合作者。

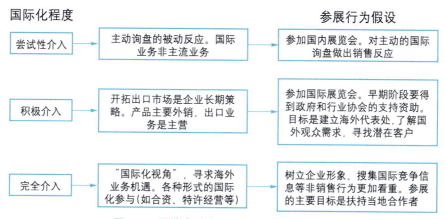

图 2-4 展览会对企业开拓国际市场的作用

资料来源：Motwani et al.（1992）。

例如，我国历史最长与规模最大的展览会——中国进出口商品交易会（广交会）就是展览会促进我国进出口贸易的典型案例。在改革开放前，广交会一直是我国出口外贸的重要窗口，随后成为我国外贸经济发展的主要平台。2000年以后，广交会的功能也逐渐发生了改变，助力我国从"中国制造"向"中国智造"的转型，成为在国际上打响中国品牌的综合平台。多年以来，通过邀请与招募国际采购商到广交会进行贸易采购，为我国出口企业的国际市场开拓与维系建立桥梁。从1957年第一届来自19个国家与地区的1 223名国际采购商，发展为2019年第126届来自214个国家与地区的186 015名国际采购商到会。广交会的举办在我国对外贸易中的地位举足轻重，是我国对外贸易腾飞的见证者。

二、展览会的行业创新功能

展览会作为临时产业集群，引爆行业创新。知识经济是当今世界经济的热点。继资本、土地等传统稀缺资源后，知识成为企业获取竞争力的关键要素。国际展览会成为全球行业知识传播的热点载体。国际旗舰展览会的举办，往往成为行业的年度盛事，吸引全球的关注，甚至引领行业的未来发展方向。例如，德国汉诺威工业博览会（Hannover Messe）是全球工业贸易的旗舰展会，被誉为世界工业发展的晴雨表。展览会中"工业4.0"与"智能工厂"（smart factory）等新概念引发了业界对产业集成趋势的关注，被业界认为在推动"第四次工业革命"中发挥了重要作用。德国杜塞尔多夫国际医院及医疗设备展览会（MEDICA）是世界医疗行业关注的著名展会之一，被誉为全球医疗行业的风向标。旗舰行业展览会已然成为行业焦点，对行业发展的影响力意义深远，引领行业发展潮流。

展览会促进产业的创新主要体现在知识沿产业链的横向与纵向扩散。在产业链中，横向关系指生产同类产品、具有竞争关系的企业关系;纵向关系指供应商—客户类型的上下游贸易关系。

(一) 纵向知识扩散引发行业创新

展览会中的全球蜂鸣与企业学习行为,推动了产业新信息与知识的上下行双向扩散。一方面,参展商根据与专业观众的沟通与交流,总结市场的产品与技术需求,推动产品的改善与创新;另一方面,专业观众通过观察参展商的产品,了解上游市场的发展情况,促进其对市场与采购做出决策。

市场需求是知识上行扩散的主要内容。第一,通过互动,归纳市场需求的一般趋势,支持与指导新产品研发相关的决策。参展商在展览会中与大量客户建立临时互动交流关系,通过与客户直接的面对面交流,以贸易为目的,了解市场需求。参展商认为大多数客户反复提及的需求,很可能就是市场未来的发展趋势。因此,参展商根据收集到的信息,归纳市场普遍需求,判断市场发展趋势,总结市场战略知识,据此确定新产品的研发方向与技术应用,这一过程对参展商的后续决策与未来的发展计划提供重要参考。同时,专业观众所提及的需求信息数量并不是归纳市场战略知识、总结市场趋势的唯一标准。企业亦会立足自身的知识基础,结合客户提出的需求,对市场进行前瞻性预判。有时候即使提出需求的客户不多,只要与企业的前瞻性判断相符,企业亦会依此进行产品开发决策。

第二,增强市场知识的流通与循环速率。在日常贸易中,市场需求从终端使用者向代理商、产品生产商、供应商层层扩散,生产商根据客户需求设计与生产产品,销售给终端使用者,市场需求沿产业链形成循环。展览会为产业链各环节企业提供直接交流的机会,参展商和专业观众间的纵向互动,加快了市场需求信息与知识在市场主体中的循环速率。

行业上游的相关信息通过专业观众对新产品的观察,以及与参展商的互动得以扩散。大部分专业观众带着采购目的,为了做出最明智的决策,他们根据自身需求观察与了解展览会中相关产品,掌握最全面的资讯,用作展会后的决策支持。在这一过程中,专业观众对上游市场某些链条环节具有更广泛的了解,同时作为产品的直接使用者,能够洞悉上游市场的技术与创新发展水平。另外,专业观众通过与参展商的交流可对行业现状判断进行补充。以推广新产品为导向,参展商往往将其产品与其他企业产品进行差异化对比,从而为专业观众提供了解上游市场的另一角度。通过观察与互动,专业观众可以对行业上游的创新发展水平有更全面的认知。

(二) 横向知识扩散引发行业创新

展览会中的横向知识扩散主要为单向知识扩散,以参展主体观察和对比新产品为主要扩散途径,以同行之间的互动为辅。横向知识扩散在展览会中主要体现在参展商之间,但也存在同行企业虽然没有参展,但是以专业观众的身份观展的情况,本节以参展商代称。

　　展览会中的横向知识扩散指实现产品设计理念的扩散,引起企业间的互相模仿与改进,市场战略知识得以扩散。具备相同知识背景与较为丰富的行业经验的同行,通过关注知识载体——产品的外观、细节以及效果,进行有针对性的观察与比较,读取产品的设计理念及背后所隐藏的市场需求,了解技术在产品中的应用情况。通过了解其他参展商的产品,参展商进行知识搜集,进一步关注自身感兴趣或符合其市场判断的产品。参展商在展览会中参观同行的展位,目的在于寻找新商机与新项目,了解具有市场发展前景的新产品,指导企业未来的产品研发方向。除模仿以外,参展商也根据展览会中获取的知识,改进其现有产品,实现产品的改善与提升。例如,将竞争对手的产品优势融入自身产品,以及借用相关产品的优势,对自身产品进行创新。部分企业会根据展览会中的新产品成立研发项目组,通过自主研发,实现相同或相似的功能,紧跟市场发展潮流,获得市场先机。

　　需要说明的是,虽然展览会中的同行交流能够促进技术知识的扩散,促进展后的研发与学习行为,但也不能实现技术知识的完全转移,尤其对于工艺、精度等决定产品质量的因素以及软件程序等复杂技术知识。这是因为技术知识的隐性程度较高,参展商难以在展览会中通过观察辨别与获取。通过观察主要能实现认知层面的普及,参展商通过关注产品的功能与效果,可以了解产品中所应用的技术。然而,新技术的实现需通过现场与同行进行交流与展后学习才能获得。在展会中与其他技术人员针对技术实现与技术难题进行面对面交流,可以了解技术的原理及其实现的工艺,了解除技术基本面以外的知识,并快速获得技术知识,缩减展后自行摸索与学习的成本。然而,行业技术在展览会中的传播也会遇到门槛,这主要取决于知识隐性程度与技术型参展主体的知识水平。在知识隐性程度方面,软件编程与产品工艺等知识隐性程度较高,同行难以通过展览会掌握。而在知识水平方面,只有具有较丰富的行业经验与技术专长的同行,如技术工程师,才有可能实现新技术的现场学习与吸收。因此,许多参展商会在展后进一步深入了解与学习新技术的相关知识。

　　展览会的横向知识扩散,引发了企业后续的一系列创新与研发。展览会的时间虽短,但是临时产业集群所引发的高强度的知识活动,同行之间的互相学习,是展览会作为行业知识中心的重要优势。展览会上大量新产品与知识载体的集聚,形成一个有力的知识集合,在企业层面上,为企业进行未来投资与战略决策提供了很好的知识支持;在行业层面上,则引致了行业的新一轮知识创新,加速行业创新的螺旋式上升。

展览会临时集聚了大量来自同一产业的人流、物流与信息流,由此形成与产业集群相似的知识扩散能力,而且还具有新的特点。技术采用人数与时间关系的"传染病"模型表明,技术扩散呈"S型"的趋势(Geroski,2000),在新技术推出初期,由于信息不对称导致技术采用者的数量增长缓慢。而展览会特殊的知识扩散机制,使其有可能成为技术扩散中的拐点,提升新技术与新知识的普及速度,促进产业创新。

第四节　展览会的不可替代性

展览会是现代服务业中的生产性服务,对促进企业销售、营销、网络建立与信息搜集具有重要的价值,同时也是促进产业贸易与创新的关键途径。这些价值与效益的发挥,基于展览会能够聚集同一产业的企业并进行高强度交流,即展览会具有临时产业集群的属性。那么,将展览会置于全球经济体系,在全球化与数字化的大背景下,展览会的不可替代性是什么? 与永久性产业集群相比有何优势? 以跨境电商为代表的互联网平台迅猛发展,线下展览会可否被替代? 本节将对这些问题进行探讨。

一、作为临时集群的展览会与永久集群

如果展览会具备了产业集群的特征,那么,展览会的临时产业集聚可否被永久产业集群替代? 当今学界与业界的共识是,企业需同时在永久与临时产业集群中获得竞争优势,两者的关系并非替代,而是互补。

(1) 临时集聚可以帮助企业汲取远距离的外部知识。展览会构建了一个临时的扁平化知识扩散网络,知识从行业龙头企业迅速向展览会中所有的参展商扩散。企业参展有助于建立更多的全球管道(global pipeline),相当于建立了更多获取外部知识的渠道。与此同时,Ramírez-Pasillas(2008)经过实证研究发现,永久产业集群与临时产业集群是知识互哺的关系,企业在展览会中获取外部知识,并通过与其所在的永久集群中的交流互动实现知识转移。这种产业集群中参加国际展览会的企业与不参加的企业之间连接形成的关系网络,被称为连接邻近(bridging proximity)(Ramícez-Pasillas,2010)。展览会上的行业信息通过参展企业流向连接邻近的当地未参展企业,最终没有参加展览会的企业也能获得展览会中的最新行业资讯。可见,永久集群与临时集群对企业的知识获取与创新,是动态互促的关系。

(2)临时集聚的创新空间"强度更大""趋向更新"。相比永久集群,临时产业集群的知识扩散有两个显著差异:一则,发生高强度的知识扩散。在展览会中,企业与现有客户、潜在客户、竞争者、现有供应商、潜在供应商进行高强度的交流与互动,发生知识的纵向与横向扩散。二则,是新知识扩散的拐点。展览会的价值在很大程度上在于对"新"的强调,这亦是展览会的重要特质,即新产品、新技术、新工艺、新解决方案、新组合,以及其引领的新趋势、新发展。Zhong et al.(2018)通过实证研究发现,诸如新产品、新工艺、新解决方案的展示外化了行业的前沿知识,展览会中大量同一行业专业人士的集聚,使其成为隐性知识扩散的平台,大量尚未编码的新知识与难以编码的行业判断,通过行业内的专有编码形式进行扩散。由此可见,展览会更多地作用于新知识与专业知识的扩散,能够提升新技术与新知识的普及速度(图2-5)。

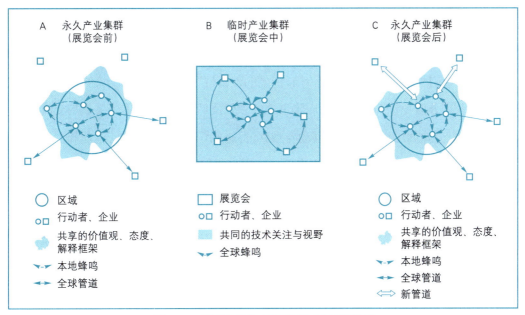

图2-5　受国际展览会影响的知识扩散模型
资料来源:Bathelt et al.(2008)。

二、线下交流的展览会与互联网平台

关于虚拟展览会的研究,早期主要讨论电子商务平台,研究发现互联网是企业买家获取信息的重要渠道,主要起到了解产品规格信息和新供应商信息的作用,但是并没有那么重要。企业更愿意在展前出于获取信息与沟通目的以及展后客户服务与支持目的而采用互联网技术。随后,可供参展商设立虚拟展台展示产品与传递信息的虚拟展会出现。研究发现获得更高的成本收益率、触达远距离新市场、收集市场信息、提升品牌知名度是企业参与虚拟展会的动机，但存在难以获得有效潜在客户、技术问题、礼仪化的沟通缺乏等问题（Gottlieb 和 Bianchi，2017）。

展览会与互联网平台最大的区别在于沟通媒介的变化。线下展览会中，企业围绕实体产品进行面对面沟通，而互联网平台中，无论产品还是企业都要经历数字化转换过程。Bathelt et al.（2010）曾对展览会与电子商务平台的沟通方式进行对比，发现线上与线下沟通各有优势。线下展览会在传递复杂信息、现场观察与焦点社区形成方面具有优势。而笔者团队则发现由企业临时形成的地理邻近（集聚在展馆的同场共现），更有利于传播显见的隐性知识。隐性知识难以远距离传播，传播成本与传播距离呈正相关关系。展览会的临时产业集群特性，使得远距离企业在展览会的空间内进行面对面的交流与互动，成为行业隐性知识扩散的有效途径（Zhong et al.，2018）。Marshall（1964）最早对地理邻近与知识扩散进行研究，提出"产业空气"（industrial atmosphere）理论。隐性知识的特点，决定了其扩散受地理距离的影响，具有空间敏感度，地理距离远，扩散成本显著提高。隐性知识一般只能在传播者与接受者之间传播，无法做到大规模传播，传播的外部性很低。面对面交流的意义在于传递复杂信息、获得及时反馈与进一步回应等迅速的多轮反馈，也是建立信任关系与交流敏感度的重要条件。企业间可通过频繁的互动与观察，促进知识的交换。此外，地理邻近有利于非正式交流。信息溢出的原因在于知识多元化与偶然性，地理邻近正好为此提供条件。无论是在展台内，还是在展馆内和周边的咖啡厅等休闲空间，这都是参展主体开展非正式交流的空间。这些高强度的产业交流，是互联网渠道难以达成的，也是展览会（尤其是线下展览会）的不可替代性之所在。

线下展览会与互联网平台的信息／知识交互系统对比如表 2-5 所示。

表 2-5　线下展览会与互联网平台的信息／知识交互系统对比

项目	线下展览会的互动特征	互联网平台的互动特征
全球共现	＋全球行业人员的高度集中 ＋独特的专业环境 ＋行业人员专注、耐心和开放 ＋避免日常工作的打扰 ＋自我反思 ±参展商的高可达性	±分散（并非同时出现） ＋容易对产品和企业形成第一印象 ＋365 天／24 小时在线 ＋对于交通不便的企业，具有高链接性 －分散／来自全球不了解的企业 －被日常工作分心／打扰的虚拟行动 －由于时差难以同时在线

项目	线下展览会的互动特征	互联网平台的互动特征
面对面交流	+ 面部表情、动作和交谈 + 传达复杂的信息和即时反馈 + 非中心化的信息流动 + 对新产品的评估与再评估 + 降低建立未来合作的风险	+ 已有的合作:高效会面/快速的信息传递 − 难以进行眼神交流/缺乏面对面互动 − 隐藏的身份/意图/计划 − 由于信息不安全,避免讨论敏感(机密)内容 − 很少可感知的关系
观察	+ 观察:查看、触摸新产品 + 观察他人的反应 + 竞争对手行为与理念的视觉化 ± 易于接近并且是差异化的	+ 观察网页及其中的内容 − 设计/产品只能想象而不能体验 − 客户的评估与企业的解释介绍是独立的过程
焦点社区	+ 多元化的交流空间 + 互补与交叉知识基础 + 高质量的专业环境 − 封闭社区依然存在	+ 随机浏览到相关/不相关领域的企业 − 很少真的有那么多企业在同一时间出现 − 接触新客户比较难
多元化会面与关系	± 与专业人员有计划与偶然相遇 + 与行业人员的紧密社交网络 + 直接/可信赖的反馈机制 + 建立第一次见面的信任感 + 从面对面交流建立的多元社交 − 协调困境:受日程表与层级关系的影响	± 强目的性 ± 两个企业代表之间的沟通有限 − 相关的企业或其代表容易被忽视 − 没有直接的反馈机制/难以过滤筛选信息

注:+ 指优势,− 指劣势。

资料来源:Bathelt et al.(2010)。

本章要点小结

• 展览会属于生产性服务业,是面向企业的需求与目标,提供产品与企业形象展示空间以及交流互动的平台;也是面向产业,促进贸易与产业创新的纽带。展览会的生产性服务特征,备受国家与地方经济发展的重视。

• 展览会是一种临时产业集群,同一产业链各类企业发生了空间上的短期集聚,可视为在短时间内将某一产业的全球(区域)市场压缩于一个特定的空间,由此发生基于产业价值链的横向与纵向知识交换。展览会这一特殊属性,是其核心功能与价值发挥的重要基础。

• 对企业而言,展览会具有多层次的功能价值,包括销售功能、营销功能、网络功能、信息功能。第一,销售功能,展览会为参展商与专业观众提供贸易匹配的平台,是促成交易与合作,是新产品推广的高效渠道。第二,营销功能,展览会有助于保持与提升企业形象,使顾客确信公司的雄厚实力,建立广泛的市场沟通。第三,网络功能,参展商不仅可以寻找新客户,还可以与老客户沟通与联络,促进客户全生命周期管理,以维持和增进商业关系。第四,信息功能。参加展览会收集市场情报和行业新趋势是企业更新行业知识的重要途径之一,并对未来的采购、研发与经营决策造成影响。企业主要通过互动、观察、横向比较、调研几种方式获取知识。

● 对产业而言,首先,展览会服务于外贸交易,为企业带来了进出口贸易机会,并更容易、更快捷、成本更低地获取国际市场信息,是国内外贸易的重要平台。其次,展览会还是一个产业创新空间,成为产业知识传播的热点载体,发生沿产业链的横向与纵向知识扩散。展览会特殊的知识扩散机制,使其有可能成为技术扩散中的拐点,提升新技术与新知识的普及速度,促进产业创新。

● 展览会具有不可替代性。相比于永久产业集群,临时集聚的创新空间"强度更大""趋向更新",可以促进产业新知识与专业知识的扩散,提升新技术与新知识的普及速度。相比互联网平台,展览会中的企业在同一实体空间面对面交流,更有利于隐性知识的扩散,具有互联网不可比拟的优势。

本章思考题

1. 展览会有什么属性? 与其他商贸服务平台相比,展览会有什么特征?

2. 请谈谈你对展览会是临时产业集群的理解。

3. 请从企业层面,阐述展览会的功能与价值,并对比不同功能之间的差异。

4. 请从产业层面,分析展览会如何促进产业的发展。

5. 展览会具有不可替代性吗? 如何理解展览会与永久产业集群、线上电商平台的差异?

 即测即评

本章参考文献

第三章 终端客户的参展需求与效益评价

学习目标

√ 了解展览会终端客户的参展动机与目的;

√ 理解展览会终端客户如何评估和选择展览会;

√·理解终端客户如何评估参展效益;

√ 了解终端客户需求与效益评价对展览会策划与组织的重要性。

本章导读

　　参展商与观众是展览会的终端客户,是展览会培育与发展的生命线。只有了解终端客户为什么要参展、如何选择展览会、如何评价展览会,才能在展览会策划与组织中进行精准策划与设计,进而形成可持续的核心竞争力。终端客户对参加展览会的考量,是一个综合多方因素考虑的过程。本章将以贸易型展览会为例,带领读者了解终端客户的需求与行为规律,关注其参展需求、参展决策、参展效益评估。重点说明终端客户如何根据企业所处的市场环境和企业自身特点确定参展需求,如何选择合适的展览会以达成目标。由此,回答企业需要什么样的展览会的问题,为组展方的展览会策划与组织奠定基础。

第一节　终端客户的参展需求

企业为什么要参加展览会？参展是一种目的性很强的行为，我们要理解企业的参展需求，进而了解其目的或目标。从营销学来看，需求指对有能力购买并愿意购买某产品的欲望。对企业而言，参展需求指终端客户根据内外部条件而产生的对参加展览会的需求。企业参展须满足需求，获得成果与产出。无论是参展商还是专业观众参展，都要耗费相当的财力、物力和人力，企业希望通过展会获得更多收益，达到发展目标。因此，大部分企业的参展是目的性较强的行为，其目的可被进一步分解与量化为参展目标。例如，企业为结识新客户参展，目标可能是在展会上初步接触100个新客户，并获得名片（或联系方式）以进行展后营销跟进。因此，企业出于特定的参展需求，要达成相应的结果与收益。了解终端客户的参展需求，对展览会选题定位、终端客户组织与服务等筹备工作至关重要。

一、参展商的参展动机及目的

参展商的参展动机可以分为销售目的与非销售目的两大类。销售目的包含结识新客户、增加销售业绩、获得新销售等。而提升企业形象、信息收集、技术引进等与获取订单没有直接关系的则为非销售目的（O'Hara et al.，1993；Tanner et al.，2016；Poorani，1996；Seringhaus et al.，1998）。展览会的本质是参展商与观众临时聚集在特定的空间内交流，参展商不仅推动产品销售，更能通过沟通、互动等达到信息收集与形象宣传的目的。例如，掌握产品最新发展趋势、行业产品定价资讯等，为未来企业进一步制定策略提供参考。参展商的参展动机是多元的，也是复合的。表3-1整理了一些国外代表性学者所总结的常见参展动机。

表3-1　国外代表性学者关于参展动机的研究

代表性研究	参展动机（或目的）
Cavanaugh（1976）	推广新产品、训练业务人员、宣传企业形象、搜集市场资讯、销售接单及为开发新产品准备
Kerin et al.（1987）	销售的目的：介绍新产品、展会现场销售、新产品测试 非销售的目的：识别潜在顾客、服务现有客户、巩固公司形象、搜集竞争者情报、提振公司士气

代表性研究	参展动机（或目的）
Barezy et al. (1989)	竞争压力：企业参展是因为其竞争对手参展 顾客期待：企业不参展可能被客户视为经营出现问题的征兆 支持协会与产业：企业参展对行业协会或产业组织表示支持 销售目的：企业进行销售或搜集潜在客户名录 与客户互动：利用参展维系与促进客户关系 推广新产品：发布新产品 建立企业形象：将展览会视为梳理或巩固企业形象的方式 提振士气：通过参展提振销售人员的士气
Hansen (1996)	销售动机：服务老客户、获利、介绍新产品与新产品市场测试、开发新客户及直接销售 非销售动机：搜集竞争对手的资讯、提振公司士气、增加客户信心、搜集市场资讯、寻找新供应商及巩固公司形象
Blythe (2002)	寻找新客户、销售新产品、争取订单、与老客户互动、推销现有产品、巩固公司形象、市场调查、找寻新经销商、了解竞争者、搜集竞争资讯
Tanner (2002)	推销型：介绍新产品、进入新市场、教育消费者、争取媒体曝光机会、搜集竞争资讯、巩固公司形象、处理顾客投诉 销售型：寻找新顾客、获得老顾客订单、获得新顾客订单、与其他参展商交流
Rice et al. (2002)	竞争与咨询活动型：了解竞争者、搜集竞争者的资讯、寻找新经销商、了解最新技术、市场调查、与老客户互动 市场开发型：巩固公司形象、识别销售前景、介绍新产品 销售型：展会现场销售

资料来源：蔡礼彬等（2016），有改动。

　　国内企业的参展目的也有相似的特征。罗秋菊（2008）曾对东莞几个品牌展会的参展企业进行调查，发现结识新客户、开拓新市场、树立维护公司形象是多数企业参展的三个主要目的。这三个目的均以专业观众为对象，意味着专业观众是展览会成功的核心主体。为了简化分析维度，按照内容一致性的标准把 25 个参展目的归纳为销售、搜集信息、建立关系、宣传形象、奖励员工共五个维度因子。从表 3-2 可见，参展企业无论是制造商还是代理商，企业对参展目的重要程度评价表现出高度一致性，参展目的重要程度排序依次为：销售、宣传形象、搜集信息、建立关系、奖励员工。

表 3-2　参展企业参展目的比较一览表

问项	数据信度 （Cronbach α 值）	制造商		代理商	
		均值	排序	均值	排序
销售	**0.720**	**3.916**		**3.839**	
拿订单		3.925	7	3.798	8
推广新产品		3.936	6	3.894	5
推销老产品		3.542	15	3.671	11
结识新客户		4.272	1	4.302	1
结识新分销商		3.596	14	3.482	15
产品打入国际市场		3.876	8	3.488	14
开拓新市场		4.264	2	4.235	2
搜集信息	**0.822**	**3.606**		**3.625**	
获取产业最新动态和信息		3.821	10	3.941	4
为新产品开发寻求新理念		3.711	11	3.643	12
听取大众对展示产品的评价		3.674	12	3.671	10
搜集竞争对手的信息		3.199	20	3.247	18
搜集供应商、顾客的有关信息		3.627	13	3.624	13
建立关系	**0.742**	**3.510**		**3.360**	
巩固老客户关系		3.836	9	3.679	9
巩固老分销商关系		3.393	17	3.106	21
把展会作为公司客户管理的平台		3.383	18	3.256	17
与其他参展商建立业务联系		3.430	16	3.400	16
宣传形象	**0.775**	**3.817**		**3.745**	
树立、维护公司形象		4.143	3	4.012	3
使顾客确信公司的雄厚实力		3.946	5	3.872	6
获取公共关系		3.214	19	3.226	19
对潜在客户进行有效信息传递		3.964	4	3.871	7
奖励员工	**0.787**	**2.938**		**2.860**	
公司奖励员工,给员工外出、旅游机会		2.496	23	2.369	23
为销售人员提供结识客户的奖励平台		3.171	21	3.082	22
培训新销售队伍		3.146	22	3.129	20

资料来源：罗秋菊（2008）。

不同类型企业的参展目的存在差异。Herbig et al.(1996)研究发现,制造商的参展目的主要是收集竞争者信息、推广/评估新产品、达成交易意向/建立新客户关系、招聘销售员/寻找代理商,而服务商的参展目的主要是完成企业的销售任务。罗秋菊(2008)的调查发现,制造商主要以销售类目的与宣传形象类为主,例如结识新客户、开拓新市场、树立与维护公司形象;而代理商除了这两类目的以外还希望获取产业最新动态与信息。

值得注意的是,参展商不一定仅仅是销售者。有时候参展商在展会中既是供应商又兼具买家角色,他们也会与其他参展商接触并进行相关采购。同样,专业观众也可能向参展商、观众销售及营销他们的产品。这种情况并不少见,一些参展企业的供应商没有购买展位,则以专业观众身份参展。研究发现大型企业更倾向于选择作为参展商参展,小型企业通常选择以专业观众身份参展。参展商与观众的双重身份,为终端客户的组织提供了拓展的空间(见表3-3)。

表3-3　展会终端客户的双重身份

参展身份	参展动机	
	卖方	买方
参展商	传统角色,参展商等同于卖方	新角色,参展商也有采购动机
观众	新角色,观众参展也具有销售动机	传统角色,观众等同于买家

资料来源:Hansen(1996)。

参展目的对参展效益存在影响,感知参展效益较好的参展商往往会设定多维目标(Tanner,2002)。美国商展管理委员会(Trade Show Bureau)曾对美国参加贸易型展览会的企业做过一项调查,55%的美国企业每次都会设定参展目标,30%的企业偶尔设定参展目标。可见,大部分企业参展时就有明确的目标。而且,可量化参展目标的制定与参展效益之间存在相关性。缺少明确的、可考核的参展目标是参展效果不佳的原因之一,将导致展前规划与管理的混乱和无力。因此,展览会的策划与组织要以满足参展企业的目的与目标为前提。

二、专业观众的观展动机及目的

与参展商相似,专业观众的观展动机也是多元的(见表3-4),同样可以分为购买目的与非购买目的两种。一方面,专业观众在展会现场查看新产品。相比其他销售场景,展览会在新产品检验方面具有显著优势,因为在展品现场实物展示时,观众可以近距离查看,而且通过产品现场操作与演示,可以直接看到效果与品质。在机械设备类展会,重要机械是在运行的状态中进行动态展示,可以直接看到其生产出来的产品质量和精度。另一方面,企业可以在展会中了解最新产业趋势,通过在现场的企业及其所展示的最新产品,归纳出相关潮流与趋势。趋势判断是非购买行为,不一定会影响其采购,但会影响其专业判断与企业销售计划等策略。观众对非购买行为的重视甚至高于购买行为。Smith et al.(2003)研究发现,专业观众最重要的两个目标是观看新产品和搜集产业趋势,确定购买决策、下单采购的关注度反而不高。专业观众并不会以采购为唯一目标,尤其经验丰富的专业观众认为展会的采购功能并没有那么重要(Sarmento et al.,2015)。

表 3-4　国外代表性学者关于观展动机的研究

代表性研究	观展动机（或目的）
Cunningham et al.(1974)	专业观众观展主要是想了解什么是新的产品与行业趋势,并为即将和未来的购买获取信息
Bello（1992）	工业技术论坛的专业观众更关心获取技术信息而不是交易信息
Park（2009）	三种专业观众:"购买搜索者""多用途搜索者"和"展会游览者"

资料来源:Sarmento et al.(2018)。

　　根据罗秋菊(2008)对东莞多个展会超过 3 000 名专业观众开展的调查,专业观众观展最重要的五个目的包括发现新产品、搜集产业发展趋势信息、寻找新供应商、搜集技术信息和进行市场调研(见表 3-5)。其中,发现新产品是大多数专业观众观展的首要目的。展览会汇集产业内大量制造商和代理商,专业观众到现场观看新产品、搜集有关新产品的信息,为企业的采购、生产、经营提供帮助。新产品也是专业观众搜集产业发展趋势信息、搜集技术信息的载体,大量新产品的同场展示与对比可以有效地反映信息与趋势。寻找新供应商也是专业观众的主要目的,在展会中与各类供应商广泛接触,寻找最佳产品、服务和价位。而下单采购这一目的排序则较为靠后。总体而言,专业观众的观展目的可以被整合为搜集信息、建立市场关系、考察奖励、采购行为四个因子。其中,搜集信息是专业观众观展的主要动机。

　　专业观众具有异质性。根据展前、展中、展后的行为偏好,专业观众可以分为高强度参观者、目标明确参观者、散逛者和实用主义者四类。根据采购计划的时间,观众可以为现实买家、潜在买家、非购买者,现实买家在短期内计划采购(一年之内),潜在买家的采购计划是长期的(超过一年才计划购买)。罗秋菊(2008)根据专业观众的观展目的进行聚类分析,得出目标模糊型、信息搜集导向型、目标多维明确型三类观众(见表 3-6)。目标模糊型专业观众没有明确和重点的参观目的；信息搜集导向型专业观众最主要的动机是搜集信息；目标多维明确型观众的参观动机是多元的，综合了多种目的。其中，目标多维明确型的专业观众数量最多，这表明专业观众的动机有多元与复合特征。

表 3-5　专业观众参展动机的因子分析结果

观展目的指标	均值	排序	因子荷载	数据信度（Cronbach α 值）	方差贡献率
搜集信息				**0.743 1**	**27.847%**
搜集产业发展趋势信息	4.02	2	0.773		
搜集技术信息	3.91	4	0.740		
了解竞争者情况	3.82	7	0.652		
进行市场调研	3.87	5	0.599		
发现新产品	4.11	1	0.514		
建立市场关系				**0.646 5**	**9.634%**
寻找合作伙伴	3.86	6	0.738		
寻找新产品进行代理	3.82	8	0.592		
寻找新供应商	3.96	3	0.529		
与其他参观商建立联系	3.75	9	0.505		
巩固老供应商的关系	3.64	12	0.446		
考察奖励				**0.638 6**	**7.577%**
公司奖励员工，给员工外出、旅游机会	2.94	16	0.745		
参加研讨会或其他特别活动	3.26	15	0.721		
为未来参展考察	3.65	11	0.555		
采购行为				**0.607 4**	**6.340%**
比较价格	3.68	10	0.764		
下单采购	3.53	14	0.703		
确认已作的购买决策是否明智	3.57	13	0.505		
累计方差贡献率					**51.398%**

资料来源：罗秋菊(2008)。

表 3-6　专业观众依据参观动机的类别分析

专业观众类型	目标模糊型 （31.33%）	信息搜集导向型 （29.46%）	目标多维明确型 （39.21%）
搜集信息	3.304	4.206	4.250
建立市场关系	3.212	3.980	4.146
考察奖励	2.707	2.770	4.087
采购行为	3.130	3.560	4.010

资料来源：罗秋菊（2008）。

第二节　终端客户选择展览会的决策过程

每年国内外举办的展览会不胜枚举，在同类型展览会中选择哪个？如何选择展览会？明确参展目的后，识别与筛选展览会是企业首先要做的决策。对企业来说，展览会并不是规模越大越好、档次越高越好，关键是能够帮助企业有效达成目的，企业应结合发展战略与参展目标选择匹配的展览会。因而，了解终端客户选择展览会的决策过程，是展览会构建核心竞争力所要重点考量的内容。

一、参展商参展决策因素

表 3-7 总结了常见的参展商选择展览会的决策因素。参展商选择展览会的决策因素涉及历届展会价值、宏微观选址，组展方以及外部因素，见表 3-7。具体而言，参展商的参展决策是对组展方、专业观众与同行参展商、举办地与其他外在因素的综合考量（见图 3-1）。

表 3-7　参展商参展决策因素一览表

维度	指标	文献来源
历届展览会价值	专业观众数量和质量评价	Dickinson（1985）
	参展商的数量评价	罗秋菊（2007）
	参展商质量评价，用龙头企业及竞争对手是否参展进行具体表述	Tanner（2002） Kijewski et al.（1993）
宏微观选址	举办区域与公司目标市场关系评价	Tanner（2002）
	举办地的市场购买力评价	罗秋菊（2007）
	展位的位置分布评价	Dickinson（1985）

维度	指标	文献来源
组展方	声誉影响评价	罗秋菊（2007）
	推广力度评价	Dickinson（1985）
	展会主题定位评价	罗秋菊（2007）
	专业化操作能力评价	罗秋菊（2007）
	媒体宣传报道量评价	罗秋菊（2007）
外部因素	交通便利性评价	Kijewski et al.（1993）
	参展费用的影响评价	Kijewski et al.（1993）
	举办时间合适性评价	罗秋菊（2007）
	举办地安全性评价	Kijewski et al.（1993）

资料来源：罗秋菊（2007）。

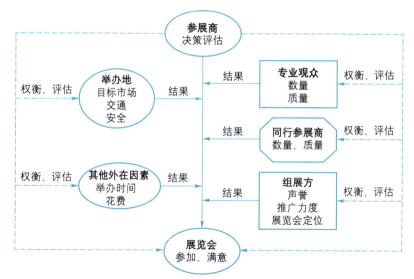

图 3-1　参展商参展决策行为特征分析示意图
资料来源：罗秋菊（2007）。

1. 对组展方的考量

在对组展方的评估中，组展方声誉、推广力度、展览会明确的定位是主要因素。其中，组展方声誉是第一要素，参展商对声誉良好的组展方在展览题材的把握以及其对参展商及专业观众的组织寄予很高的期望。对于展览会的定位，大部分参展商偏好专业性展览会，希望组展方对展览会有明确的定位。不同类型的展会聚集不同类型的观众，形成不同的交流氛围，明确的定位无论对参展商还是专业观众都是很重要的。不仅如此，参展商还会评估展览会的推广力度。展览会是重要的营销空间，组展方往往组织相应规模与高质量的专业观众和参展商,这也是企业借力展览会达成销售与非销售目的的关键。因而,参展商也会关注组展方对展览会品牌的宣传推广能力。

2. 对专业观众的考量

参展商最主要的目标是与专业观众进行沟通交流、销售、形象宣传。建立客户关系的前提条件是有足够数量和质量的专业观众来到现场。参展商接触精准潜在客户的效率,对其满意度有直接影响,因而专业观众的质量与数量以及比例是影响企业参展决策的重要因素。专业观众数量是前提,但人气旺不代表企业就可以找到满足预期的新客户或潜在客户,还需考量观众是否属于相关领域的企业代表、专业观众所在企业的规模、专业观众的决策能力(是否掌握采购决策权)等。在贸易型展览会中,普通观众并不能为参展商创造价值,甚至过多的普通观众会影响展览会的商贸氛围,对参展商实现参展目标造成干扰。因此,对参展商而言,专业观众的规模和质量非常重要。

3. 对同行参展商的考量

同行参展商的数量与质量也是参展商进行参展决策的考量因素。一方面,同行参展有助于参展商达成非销售目的。制造商参展的主要动机是展示不方便携带的产品,寻找供应商以及考察同行竞争者等。同行参展是参展商互相切磋、比较和交流的重要参考,可以为参展商提供行业最新的信息,促进产业交流与创新。另一方面,参展商的数量与质量也是展览会规模和品质的象征。行业龙头企业一般选择品牌效应高的展览会,不会盲目参展,因而行业龙头企业的选择是展览会地位与影响力的体现。同时,龙头企业是同行企业交流与学习的重要对象,是产业前沿知识的重要源头,是展览会引领产业发展的重要保障。

4. 对举办地的考量

参展商决策过程中对举办地的考量主要有:举办地是否是企业的目标市场以及是否具有通达便利的交通条件、举办地的安全情况。展览会举办地是否辐射公司的目标市场是对精准潜在客户数量的预判。举办地的地理位置也对决策有影响,尤其是是否有通达便利的交通。参展商会考量距离和时间,企业距离展览会举办地的空间距离以及企业到达场馆的交通便利性,关系企业参展的金钱成本与时间成本。企业的参展成本越高,参展决策就会越谨慎。

5. 对其他外在因素的考量

外在因素包括展览会举办的时间、花费等。这些因素虽然不会对企业参展决策和评估带来非常大的影响,但也是企业权衡的要素,尤其是举办时间。一则,展览会的年度举办次数和举办月份,是否与企业的销售节奏与计划相匹配。如果展会在产业采购与上新季节后举办,展会的吸引力就会大大下降。二则,考量展览会的布展和持续时间,例如持续天数是否过长,是否跨越周末等。企业每年均会制定营销预算,预算决定企业不能参加行业所有展览,而应有选择性。因而,参展商会结合预算与参展目标对参展成本进行考虑。曾有研究指出参展成本是影响参展商参展决策的五大因素之一。

二、专业观众观展决策因素

专业观众和普通观众的观展目的是截然不同的。专业观众参展代表的是企业的决策行为,满足其企业的参展目的与目标是基础。同样,基于有限的预算与精力,企业不可能参加所有同题材的展览会,应选择能够高效达成目标的展览会。与参展商的参展决策类似,专业观众的决策主要是对展览会内在价值、展览会外部声誉和外在因素的权衡和评估过程(见图3-2和表3-8)。

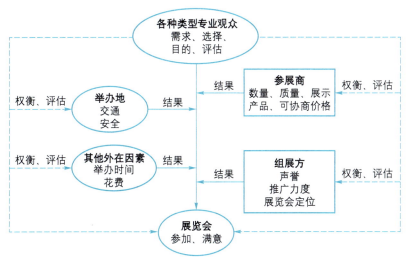

图 3-2 专业观众参观决策行为特征分析示意图
资料来源:罗秋菊(2008)。

表 3-8 专业观众观展决策的因子分析结果

项目	样本量	均值	因子载荷	方差贡献率
展览会内在价值				39.314%
历届参展商的规模	3 509	3.834	0.734	
历届展品的档次和种类	3 529	3.932	0.729	
历届是否有龙头企业参展	3 507	3.826	0.685	
展览会明确的定位	3 512	3.897	0.588	

项目	样本量	均值	因子载荷	方差贡献率
展览会外部声誉				11.169%
组展方的声誉	3 534	4.031	0.80	
展览会的影响力	3 523	3.924	0.77	
展览会所举办的区域	3 516	3.862	0.622	
外在要素				9.042%
花费	3 529	3.459	0.767	
展览会举办的时间	3 567	3.795	0.759	
举办地的安全性	3 548	3.894	0.712	

资料来源：罗秋菊等(2007a)。

1. 对展览会内在价值的评估

展览会内在价值主要包括历届展览会概况与展览会选题定位。专业观众将对展览会价值进行历史性综合评估,重点在于历届展览会的面积、参展商的数量、是否有龙头企业参展等情况。专业观众观展的主要目的是与参展商进行互动、发现新产品以及与参展商建立联系。展览面积、参展商数量、龙头企业参展及其参展频率,均是展览会在产业中影响力与品牌效应的体现。在展览会选题定位方面,大部分专业观众偏好专业性展览会,他们希望组展方对展览会的定位能做专做细。具体可以从历届展品的档次和种类、产业领域与展品的相关性进行评估,主要对企业所经营的产品是否与展品的定位相符合进行考量。如今行业分工精细化,大多数专业观众重视展览会的专业性,希望能在展览会中高效地找到目标产品与企业,因此更愿意参观相关产业链条上下游企业与符合行业各部门需求的展览会,而不愿意参加与业务领域相关性不大的展览会。

2. 对展览会外部声誉的评估

展览会外部声誉主要包括组展方的声誉、展览会的影响力、展览会所举办的区域。专业观众对展览会的了解存在信息不对称,因而对声誉良好的组展方寄予较高的期望,尤其是在展览题材的把握以及在参展商的组织方面。根据罗秋菊等(2007a)的调查,专业观众把组展方的声誉作为参观展览会最重要的决策因素,这表明对声誉良好组展方的信任和预期。而在展览会影响力方面,主要是对该展览会在行业中的知晓度、知名度、影响力等方面的评估。

3. 对外在因素的评估

外在因素主要包括展览会举办时间、举办地的安全性、交通便利性、花费等。专业观众可能会因时间、距离、花费问题而放弃观展。在展览会举办时间方面,主要考虑展览会的举办时间与企业自身的生产经营周期是否匹配。如果展览会的举办时间刚好是企业为下一阶段的生产大量采购原材料的时段,那么企业的观展意愿就会很强烈。举办地的安全性、交通便利性也关系着企业的观展意愿与成本,间接影响专业观众参观展览会的决策。在花费方面,主要考量参观展览会的成本、参观费用是否在企业的预算范围之内。

4. 不同类型专业观众的观展决策

不同类型专业观众的观展决策侧重点不同。根据展览会内在价值、展览会外部声誉评估和外在要素三个维度,专业观众可以分为尝试探测型、品质追求型、谨慎稳妥型、大众平衡型四种(见表3–9)。

表3–9 专业观众观展决策的聚类分析结果(N=3 134)

项目	尝试探测型 (15.34%)	品质追求型 (20.36%)	谨慎稳妥型 (30.73%)	大众平衡型 (33.57%)
展览会内在价值	2.94	4.12	4.49	3.62
展览会外部声誉评估	3.15	4.09	4.51	3.71
外在要素	2.83	3.14	4.39	3.89

资料来源:罗秋菊等(2007a)。

第一种:尝试探测型。这类专业观众对各个观展决策因素的关注度都较低,主要是抱着尝试的态度到展览会现场参观。他们的观展目的并不明确,只是希望能有所获益。

第二种:品质追求型。这类专业观众尤其重视展览会的内在价值,包括其历届规模和档次以及定位等内在特质。同时,他们对展览会的外部声誉影响也很看重,但对外在要素关注度比较低。可见,这类专业观众更注重展览会的品质。

第三种:谨慎稳妥型。这类观众对所有因素都非常看重。他们不仅重视展览会的影响力以及所举办的区域,还对费用、举办时间和举办地安全性等外在因素也非常关注,可见其对参观展览会的决策是谨慎与稳妥的。

第四种:大众平衡型。这类专业观众的决策点比较综合,对各个因素的关注程度表现一般。并且,他们对各个因素的重视程度相差不大,但对外在要素的关注程度相对较高。

综上所述,专业观众在进行观展决策时更关注展览会的内在价值,胜过关注声誉影响和外在要素。从单个因素的排序来看,专业观众非常重视组展方的声誉,而对费用的敏感度相对较低。

第三节　终端客户的参展效益评价

展后跟踪与绩效评估是参展管理的最后一个环节。除了跟进展览会上接触的潜在客户以及总结展览会中获得资讯以外,企业会对照参展目的与目标,系统评估直接和间接的收益、作用和影响,判断参展效益如何,参展投入是否值得,为后续参展决策与预算提供依据。提升终端客户的参展效益,对展会的品牌培育与可持续发展非常关键。只有能够满足与持续提升终端客户参展效益的展览会,才能具有可持续的生命力与成长性。

一、参展商的参展效益评价

参展商的参展效益评价主要验证展览会投入是否有回报。早期的参展效益评价关注销售绩效,主要评价所获得的销售线索(sales leads generated)、跟进客户数(followed up)、完成的销售额(successful closed)等。例如,企业会用现场销售的百分比、结识客户的数量、结识有采购决策权的专业观众百分比、完成一单销售的时长进行绩效评估。而如今,单一评价销售绩效是不全面的,参展企业对非销售行为绩效的重视远高于销售行为。企业的参展效益评价已经转变为对销售行为、信息搜集行为、形象提升行为、关系建立行为等综合因素的评价(见表3-10)。

表3-10　参展商参展效益的主要评价指标

项目	主要参展目的	相关的评价指标
销售	拿订单、推广新产品、推销老产品、结识新客户、结识新分销商、产品打入国际市场、开拓新市场	参展成交评价:是否达到销售目标、展会现场的订单合同量、成交笔数、实际成交额、与新客户的成交额、与老客户的成交额、展览期间成交额、预计后续成交额、获得客户线索量、寻找新的经销商数量等
建立关系	巩固老客户关系、巩固老分销商关系、把展会作为客户管理的平台、与其他参展商建立业务联系	接待客户评价:接待观众数量、接待观众质量、接待观众的成本效益、潜在客户名单、是否加强和现有客户的联系、是否进行客户培训、客户满意度调查和再次赢得流失的客户、支持已有老客户情况和建立合作伙伴口碑等
搜集信息	获取产业最新动态和信息、为新产品开发寻求新理念、听取大众对展示产品的评价、搜集竞争对手的信息、搜集供应商、顾客的有关信息	信息搜集评价:搜集相关信息的线索数量、了解展览会上竞争者的数量、经营实力、市场和客户信息、发现的新产品和技术分析等

项目	主要参展目的	相关的评价指标
宣传形象	树立、维护企业形象、使顾客确信企业的雄厚实力、建立公共关系、对潜在客户进行有效信息传递	媒体传播效果评价：品牌意识的建立、新品/服务市场宣传、品牌定位、开发新市场、媒体渠道吸睛、建立社交媒体的良好关系、了解行业趋势和调研产品未来预期

资料来源：Hansen（2004）。

其中，结识新客户的数量是参展商评判展览会效益的第一要素，表明参展商非常重视有效客户的数量（见表3-11）。第二是参展商的数量和质量，反映了参展商不仅重视专业观众，对参展商的规模和档次也非常关注，同台竞技是展览会的重要功能。第三是专业观众的数量，表明了人流量的重要性；第四是专业观众的质量，要在重视人流量的基础上关注专业观众的质量。需要注意的是，获得订单数量排序倒数第二，说明参展商理性地认识到在现场获取订单的难度。得到新经销商的关注排序最后，这也反映参展商利用展览会开展直接销售的意愿程度相对不高。在此基础上，参展商的参展目的明确与否与参展绩效高低存在相关关系（罗秋菊等，2007b），参展商目的越明确，其参展绩效也越高；目的越模糊，其参展绩效越低。

表3-11　参展商参展绩效评价要素排序一览表

参展绩效评价指标	样本量	均值	标准差	排序
结识新客户的数量	504	3.825	1.050	1
参展商的数量和质量	500	3.648	1.065	2
专业观众数量	503	3.640	1.134	3
专业观众质量	500	3.626	1.110	4
获取行业发展最新趋势	492	3.559	0.994	5
获得订单数量	504	3.556	1.168	6
得到新经销商的关注	495	3.418	1.071	7

资料来源：罗秋菊等（2007b）。

综上所述，参展商的参展效益评价是多维综合评价，体现了展览会功能与价值的不可替代性，是成功的展览会要重点满足的终端客户需求。

二、专业观众的观展效益评价

观展效益评价直接影响企业的再次观展决策。专业观众的效益评价侧重于对参展商及其产品、组展方的服务评价,主要包括能否查看大量展品、搜集产品信息、测试产品性能、参与同期活动、识别行业前沿趋势、接触新供应商、联络供应商、协助采购决策、现场愉悦体验等(Gottlieb et al.,2013)。专业观众观展效益的主要评价指标如表 3-12 所示。此外,不同部门与职位的专业观众的评价标准有所不同。例如,采购部门的观众更重视新产品与建立关系,设计与技术部门的观众可能更关注产业发展趋势。

表 3-12　专业观众观展效益的主要评价指标

项目	主要参观目的	相关评价指标
采购行为	下单采购	采购订单数量、采购金额、实际下单采购额、意向采购额、与新客户的采购额、与老客户的采购额、展览期间采购额、预计后续采购额等
	比较价格	实际询价企业数量、意向询价单位数量、采购价格线索的数量等
	确认已做出的购买决策是否明智	获得同类型产品价格和质量的线索数量等
建立市场关系	寻找合作伙伴、寻找新供应商、与其他参观商建立联系、巩固老供应商的关系、寻找新产品进行代理	建立或维系市场关系的数量、建立市场关系的质量、建立关系的成本效益、寻找新产品代理的数量、质量和成本效益等
搜集信息	搜集产业发展趋势信息、搜集技术信息、了解竞争者情况、进行市场调研、发现新产品	数量指标包括搜集相关信息的线索数量、了解到展览会上竞争者的数量、发现的新产品数量、完成的市场调研数量等 质量指标包括产业发展趋势和前沿技术的信息有用性、完成的竞争性分析、市场调研覆盖的重点群体、发现的新产品质量等
考察奖励	公司奖励员工的外出旅游机会、参加研讨会或其他特别活动、为未来参展考察	综合满意度等
整体评估		成本效益比等

第四节　基于终端客户的展览会策划与组织策略建议

在展览业竞争激烈的环境下,组展方须持续提升展览会质量与品牌,以吸引大量的终端客户并保持其黏度与忠诚度。为实现这一目标,了解终端客户的参展需求、参展决策与效益评价非常重要。基于以上分析,关于展览会策划与组织策略须注意如下几点:

第一,塑造品牌展览会的良好声誉。组展方良好的声誉与形象是参展商与专业观众筛选展览会的重要考量指标,这是终端客户在信息不对称情况下的理性选择。低价竞争并不可取,参展费用是绝大多数终端客户的考量因素,但并非主导因素。试图利用低价吸引企业参展的策略容易适得其反,造成参展价位较高企业的不满,影响其下一届参展意愿,并会破坏组展方的市场形象。因此,组展方应重视展会的品牌化,维护与提升展览会良好的声誉。

第二,提升展览会价值与质量。虽然终端客户的参展需求与目的不同,参展效益评价各异,但有效地、成功地吸引终端客户的基础是展览会本身的价值。终端客户的规模和质量、历届新产品的数量与层次、细分明确的主题是效益评价的通用标准。这对组展方在展览题材的选择、匹配与组织终端客户方面形成了更高的要求。

第三,有效信息的传播与引导。终端客户的参展绩效受参展目的明确性的影响,主要表现在对展览会功能认识模糊、目标单一、目标设定不明确,容易降低参展效益。这就要求组展方可以为参展企业提供充分与明确的信息,引导终端客户设定明确的、多维度的和可量化的参展目标,从而提升其参展效益与满意度。

第四,兼顾终端客户的数量、质量和结构。一般而言,参展商数量越多,组展方收入也就越高,这可能会造成组展方更重视招展的数量而非质量。但参展商的非销售动机与行为要求展览会必须重视数量和质量,激发同行之间的信息交流和竞技。不同类型的专业观众为展览会提供了不同的机遇。尝试探测型和大众平衡型的专业观众为新展览会项目和培育期项目提供了客源保证,而谨慎稳妥型和品质追求型的专业观众是展览会高质量发展的保证。新展览会项目的关键在于提升尝试探测型和大众平衡型专业观众的观展效益,使他们具有再次参观的意愿,并进行正面的口碑传播,从而吸引谨慎稳妥型和品质追求型的专业观众,进而提升展览会专业观众的质量,保证展览会的可持续发展。

第五,合理选取展览会举办地。终端客户在进行参展决策时还会综合举办地进行考量。首先是覆盖企业的目标市场,这也是展览会选址的重要决策因素。与此同时,交通便利、区域安全等城市因素集合也会影响企业的展览会选址。因此,展览会的选址是一个考虑多维度因素的综合决策过程,本书将在第五章进行详细介绍。

本章要点小结

- 终端客户的参展动机可以分为销售目的与非销售目的两大类别。销售目的围绕获取产品订单展开,参展商以结识新客户、增加销售业绩、获得新销售等为目的,专业观众以寻找新产品与供应商为目的。非销售目的与获取订单没有直接关系,典型体现为终端客户搜集产业前沿信息。

- 参展商的参展决策主要是对组展方、专业观众、同行参展商、举办地和外在因素这些指标权衡、评估的过程。综合而言,组展方声誉是参展商选择展览会考虑的第一要素。外在因素是企业参展时权衡的要素不会对企业参展决策和评估带来决定性影响。

- 专业观众进行观展决策时主要从展览会内在价值、展会外部声誉和外在因素进行考量。专业观众更关注展览会内在价值,胜于外部声誉影响和外在要素。从单个因素来看,观众非常重视组展方的声誉。根据观展决策因素,专业观众可以分为尝试探测型、品质追求型、谨慎稳妥型、大众平衡型四种类型。

- 参展商进行参展效益评价时,可以从参展目标入手。在早期以销售结果为导向,如今非销售效益的重要性已经大大提高。参展效益评价是多维度的,包括销售、建立关系、搜集信息、宣传形象,每个维度都有相应的评价指标。

- 专业观众的观展效益也是对参展目标是否达成的评价,包括采购、建立市场关系、信息搜集、综合满意度、观展成本效益比等方面的关键维度。来自不同部门与职位的专业观众的评价标准有不同的侧重点。

- 基于终端客户的参展需求与效益评价,组展方须不断提升展览会的质量与品牌,塑造品牌展览会的良好声誉,提升展览会价值与质量,有效传递信息与引导,兼顾终端客户的数量、质量和结构,合理选取展览会举办地。

本章思考题

1. 参展商和专业观众的参展目的主要有哪些?

2. 销售目的与非销售目的有何不同?两类目的对企业参展有何意义?

3. 选取一个您感兴趣的行业,搜集该行业在国内外的展会并进行对比,阐述参展商选取展会的决策思路。请注意根据企业类型与条件进行分类讨论。

4. 参展商的参展效益可以用哪些指标来衡量?组展方如何通过策划与组织提升参展商的参展效益?

5. 专业观众的观展效益可以用哪些指标来衡量？组展方如何通过策划与组织提升专业观众的观展效益？

6. 终端客户的参展目的与参展效益之间存在什么关系？为什么？

 即测即评

 本章参考文献

第四章 展览会的选题定位

学习目标

√ 理解展览会选题定位的实质；

√ 了解展览会选题的考量因素；

√ 掌握展览会选题的两种策略；

√ 理解展览会专业化定位的关键思路。

本章导读

选题定位是展览会策划与组织的首要环节，决定着展览会的成败，引领调研、策划、计划、组织与评估的整个过程。对于展览会项目，选题定位奠定了整个项目的大方向。一旦方向出现错误，再精彩的策划、再周密的计划与执行方案，均为徒劳。一个好的选题定位可以为终端客户带来可观的参展效益，亦为展览会带来巨大的成长性。展览会的品牌培育将事半功倍，并同时反哺题材产业的发展，形成良性循环。因而，展览会的选题定位是一个需要慎重进行反复论证的过程，这一点不容忽视。

本章重点解答的问题是：如何为展览会选取具有成长性的题材，并进行精准定位，从而为培育品牌展览会奠定基础？ 具体而言，本章将首先介绍展览会选题定位的实质与形成引领决策过程的原则；其次，将展览会选题定位分为题材选择与专业化定位两个环节，先梳理展览会选题的决策因素、解释重点因素、重点阐述选题的两种思路，再从终端客户感知视角剖析专业化定位的关键，帮助其进行科学决策。

第一节　展览会选题定位的实质

展览会选题定位的关键是找到有利于参展商和观众进行交易、沟通的最佳契合点，真正满足参展商和观众的参展需求，逐步形成规模效应。这样展览会才具有强劲的生命力，否则难以凸显其核心优势而被其他营销与信息渠道取代。因而，对于选题定位，首先要思考的是哪些产业需要展览会？展览会如何满足终端客户需求？即"组展方—参展商—观众"三方关系。形成三方匹配关系的关键在于通过展览会将产业临时聚集在同一空间，打破产业的沟通壁垒，提升产业贸易与交流效率，为终端客户带来多元化收益。因而，进行展览会题材选取时，要精准定位产业需求，对产业的产品属性、企业属性以及产业自身属性进行重点考量。

(1) 产品属性：现场验查与体验产品的需求。例如，贸易型展览会的基础功能是促进贸易，服务于企业间达成合作与大批量采购。那些潜在顾客难以形成清楚的认识或有较高的决策风险的产品，现场演示的需求较高。

(2) 企业属性：企业对展览会营销的需求。企业营销的途径很多，当产业的产、供、销渠道不完善，企业难以高效地找到精准客户时，对展览会的需求较大。同时，不同企业对展览会的需求也不同，例如，中小型企业、处于发展期的企业的参展需求较高，制造商没有完善的营销渠道，对展览会的需求比代理商和贸易商要大。

(3) 产业属性：产业对展览会的需求如何？产业能否为展览会提供成长空间？一般来说，产业链长、企业多、集中度低的产业更需要展览会的营销与沟通平台。而产业规模大、受国家政策扶持与重视的产业（如战略性新兴产业），则可为展览会提供较大的成长空间。因此，在选择展览会主题时，还应从政策、经济、社会等方面对行业发展的外部环境进行审视。

除了考虑产业本身，展览会举办城市及展览会题材竞争情况是选题定位的重要外部因素。

(1) 举办城市：举办城市是否具备一定的产业基础和产业需要，以支持展览会规模的发展。对于展览会选题，要考虑产业与主办城市之间的关系，具备优势产业集群、专业市场或产业需求的城市更有利于展览会的成功举办与品牌培育。

(2) 题材竞争：如果同一城市或区域有相同题材的展会，就有产生恶性竞争的风险。对终端客户而言，其参展预算有限，不会多次参加同地区同类型展会。除非展览会定位有明显差异，能够为终端客户带来差异化收益，否则同地区难以同时存在两个或以上的同题材品牌展览会。因而，进行展览会选题定位时，要了解同题材展览会的时空分布情况。

进行展览会的选题定位，须对产业发展和市场需求有充分了解，瞄准分析将参展商和观众聚集到展览会举办地的各项因素。从下一节开始，本章将重点介绍展览会选题的考量因素与策略。

第二节 展览会选题的考量因素

进行展览会选题定位时要考虑的因素，可分为产业属性（industry characteristics）、产品属性（product characteristics）、企业属性（enterprise characteristics）、举办城市情况（city conditions）、题材竞争（theme competition）五类。具体如表4-1所示。

表 4-1 展览会选题的考虑因素

维度	一级因素	二级因素	说明
产业属性	产业发展宏观环境	政策环境	国家与地方政策体现优势产业与新兴产业的发展趋势，对预判展览会题材的成长性具有重要启示
		经济环境	展览业的发展与宏观经济走向息息相关，影响某一产业企业的参展需求
		社会环境	社会环境主要包括人口结构、收入水平、消费水平、社会需求等消费市场需求信息。消费市场需求特点和趋势预示了产业的发展潜力与题材发展空间
	产业构成特征	产业性质	产业技术特点、规模经济大小、外部经济性等，有助于研判题材的成长性与增长点
		产业规模	了解该产业的生产总值、销售总额、进出口总额、从业人员数量以及产业规模未来的增减趋势，进而判断是否具有举办该产业题材展会的经济优势
		产业链长短	产业链长的产业企业多，产业链各环节的沟通交流需求大的产业，更需要展览会的平台
		产业集中度	企业数量多、品牌多元化、市场竞争激烈的产业，适宜展会营销。展览会同台竞技，既残酷又有效，如礼品、办公文具
企业属性	企业规模		中小型企业一般不具备完善的销售网络，参展需求最为强烈
	企业开办时间		处于提升发展阶段的企业，参展需求更强
	企业经营性质		相比于代理商、贸易商等中间商，制造商的销售网络不具备优势，更需要与客户直接交流，参展需求更为旺盛

维度	一级因素	二级因素	说明
产品属性	产品性质	产品标准化程度	非标准化产品需要现场演示与面对面沟通,如打样机、服装、设计服务等
		产品复杂程度	技术复杂程度高的产品,需要通过展览会的实物展示和技术演示,消除技术障碍,如机械类产品
		中间品及其应用范围	用途广泛的中间产品,需要通过现场演示扩大顾客群,提高产品认知度,如光电设备、超声波设备
	产品周期	产品生命周期	处于产品生命周期早期阶段的产品,在展览会现场展出有助于提升市场接受度与及时收集客户反馈,参展需求更大,如新能源、高端装备制造业、新材料
		产品更新周期	产品更新快,购买频率比较频繁的产品,参展需求高,如家具、服装、成品鞋、五金
	产品销售特征	产品价格	价格高的产品决策过程更谨慎,展览会提供现场检验与比较的平台,有利于降低试错成本与建立信任,如昂贵的生产机器
		产品广告效应	中间品、半成品等广告效应不强的产品,难以通过广告或新媒体等常用营销途径打开市场,企业参展需求高,如线路板、纺织面辅料、零部件、原材料
		产品销售渠道成熟度	对于产、供、销渠道并不十分通畅的产业,展览会可以提供一个产业链多环节沟通与贸易的高效平台,适合作为展览题材
举办城市情况	城市条件	城市产业基础	城市具备该题材的优势产业,利于展览会初期终端客户组织与品牌培育,并为后期展会规模化提供基础
		城市市场基础	城市消费该题材产业产品的潜在市场规模充足(即人口特性、规模、收入与消费水平达到门槛),方可为展览会提供足够的终端客户
	城市规模	城市规模	区域中心城市(一线城市、准一线城市)对展览会类型包容度较高,可依托区域内优势产业。二线及以下城市需依托城市的优势产业
题材竞争	同题材展览会数量		同一城市或周边区域无同题材展览会,防止恶性竞争
	差异化定位		具有相近题材的展览会形成差异化定位

展览会选题有两个重点考虑因素。

一、企业属性

选取参展需求大的产业题材,对终端客户的组织并形成规模效应,有事半功倍的效果。

因而,影响参展需求的企业因素至关重要。具体而言,参展需求与企业规模、企业开办时间、企业经营性质有关。

(一) 企业规模

不同规模的企业对展览会的需求不同。中小型企业的参展需求最强烈,明显高于小型企业和大型企业。小型企业的企业实力有限,对费用比较敏感。参展涉及展位租赁、人员交通住宿、物流等各类费用,小型企业做决策时更为谨慎。而且,小型企业一般对位置较佳的特装展位支付意愿较低,无法体现参展的优势。而大型企业则已经建立了比较稳固的市场地位,其品牌销售渠道相对健全,往往只选择参加大型品牌展,参加的展会数量不多。因此,中小型企业占比较大的产业,更适合作为展览会题材。

(二) 企业开办时间

企业的参展需求还与企业所处的生命周期相关,即企业的开办时间。相比处于成长初始阶段或成熟稳定阶段的企业,处于提升发展阶段的企业的参展需求明显更高。根据对多个展览会参展企业的调查,参展需求最强烈的企业是开办时间6~10年的企业,其次是开办时间11~20年的企业。处于成熟稳定阶段的企业,其市场形象、市场占有率已经比较稳定,企业参展需求相对较弱。而处于成长初始阶段的企业,其参展需求较弱,具体原因与企业实力、产品线、企业文化等方面有关。

(三) 企业经营性质

不同经营性质的企业的参展需求不同,制造商的参展需求非常旺盛。根据对多个展会的参展企业性质的调研,制造商在数量上占据参展商的绝对主体,而代理商的数量较低。造成这种结构的原因在于制造商需对其客户展示最新的产品,推动产品的销售。展览会可以在同一时间聚集相关产业的客户,是展示产品的高效方式,避免了逐一拜访与推荐的低效。而代理商的参展需求较弱,原因在于:一方面代理商是专业销售公司,人员销售是最主要的营销手段;另一方面代理商通常规模较小,对费用比较敏感。

二、产品属性

参展需求还会受产品属性的影响。产品对现场展示与交流的需求越大,就越需通过展览会促成交易与产业创新。企业产品属性与参展需求之间的关系,体现为产品性质、产品周期与产品销售三个方面。

(一) 产品性质

企业参展需求与产品标准化程度、产品复杂程度、中间品及其应用范围有关。

（1）产品标准化程度。有些产品难以按照行业统一标准或规格制造，需求比较特殊，如打样机、电子标签设备；或外观、性能与材质须通过现场视觉、触觉、听觉、味觉等进行验视，如服装、灯光、音响；或者，产品本身就是无形的、依赖人力资源的，如设计服务。这些非标准化产品需求特殊，常规营销载体无法达到产品认知的目的。展览会可以帮助企业识别目标客户，进行现场演示、面对面沟通，是企业优选的营销途径。

（2）产品复杂程度。当产品的复杂程度高时，无法用文字和图像来传达产品的信息，因此特别要借助展览会的实物展示和技术演示。机械设备是这类产品的典型例子：由于工艺复杂必须在展览会上进行展示和操作，供专业观众进行现场观察、验视，从而进行产品评估。此外，展览会也为产品复杂程度高的参展企业，提供了与潜在客户交流解决方案和技术问题的场景，观众带着技术问题和需求与企业的技术人员直接沟通，可以降低沟通成本，提升沟通效率。

（3）中间品及其应用范围。当企业生产的产品是其他产品的零部件或原料等中间品时，其潜在客户主要是制造商，因此企业难以通过广告等常见的营销方式找到客户。展览会对此类中间品的营销具有很大的价值，可以向精准的目标客户现场展示产品，提高产品认知度。同时，若产品的应用范围很广，是许多其他产品的基础组件，如光电设备、超声波设备等，通过参加展览会，可以高效接触各行业的潜在客户，以拓展市场。

（二）产品周期

企业的参展需求还与产品周期相关，主要体现为产品所处的生命周期以及产品更新周期。

（1）产品生命周期。每一种产品都有自身的产品生命周期，是产品从进入市场到被市场淘汰的整个过程，一般可以分为引入期、成长期、成熟期和衰退期四个阶段。处于产品生命周期早期阶段的产品，因产品认知度不高，产供销渠道不完善，企业寻找产品出路的需求大。展览会满足了企业对产品生命周期早期产品的现场展示需求，并集聚产业各个环节的企业代表，帮助其快速打开市场。新能源、高端装备制造业、新材料是这类产品的典型。

（2）产品更新周期。展览会是展示新产品的重要空间，在产业新产品集中上新的时段，推广新产品的参展需求相比其他时段明显更高。因此，企业的参展需求与产品更新周期密切相关。一些机械类展会两年举办一次，正是与该类型机械的更新周期有重要关系，如上海国际纺织工业展览会、意大利米兰国际木工机械展。此外，产品更新周期较快的企业参展需求也相对旺盛。其原因在于产品容易形成积压，信息的及时传递非常重要。例如，家具行业的产品式样和材料更新非常快,产品类型多样化,产品展示是最佳的营销模式。通过展览会不仅可以高效地接触大量客户,还可以低成本地搜集市场信息和行业信息。

(三) 产品销售

企业的参展需求也可以结合产品价格、广告效应、销售渠道成熟度等销售特征进行判断。

(1) 产品价格。采购是慎重的企业决策过程,尤其是对高价格的产品采购。一旦决策错误,试错成本较高。展览会可以在同一时间展示同一产业或行业内的最新产品,是进行产品对比的优质渠道。展览会可以帮助采购高价格产品的观众货比三家。此外,品牌展览会中,参展商和观众往往手握决策权。现场面对面的沟通与新产品的现场检验,可以消除不确定感,有助于缩短决策过程。相反,对于低价格的产品或小额订单,企业可以通过小额采购或寄样的方式进行低成本的产品检验,参展现场展示的需求相对较低。例如,目前生产企业在B2B的跨境电商平台,主要接获小额订单。因此,生产高价格产品的企业的参展需求比较旺盛。

(2) 产品广告效应。对于中间品与半成品等广告效应不强的产品,难以通过常规营销手段达到产品认知和品牌认知的目的。例如线路板、纺织面辅料、零部件、原材料,这类产品并非面向大众消费,而是需要面向相关产业营销,难以通过广告营销的方式进行产品推介。展览会集聚相关产业链的企业,企业进行现场展示与解说,对于提升客户对产品的认知与寻找精准客户非常重要。

(3) 产品销售渠道成熟度。产、供、销渠道并不十分通畅的产业,更适合作为展览题材。如果产品的产、供、销渠道已经非常完善,那么产品只需在已有的链条中进行推广即可。然而,有些产品的销售缺乏相应的渠道,企业寻找新客户或供应商的需求较高,那么该类型产品的参展商与观众更需要展览会来搭建贸易与交流的平台。

第三节　展览会选题的策略

展览会是生产性服务业,需聚集大量有参展需求的终端客户,并满足其参展需求。展览会选题的策略有两种:一是纵向整合选题策略,依托产业集群,整合单一产业链的全链条服务于展览题材产业的需求;二是横向整合选题策略,依托行业需求,整合围绕某一行业的多个产业。

一、展览会题材的纵向整合选题策略：以产业集群为依托

产业集群优势是展览题材选择的重要基础。产业集群指某一特定区域围绕一个核心产业，存在着大量与该产业相互关联的供应商、关联产业和专门化的机构及协会。换言之，产业集群是某一产业链的聚集，包括将原材料、机械设备、零部件和生产服务等投入供应商、销售商及其网络、客户等下游企业，同时延伸至互补产品的制造商、技能与技术培训和行业中介等相关企业、相应支撑机构。这些企业并非单纯地在同一空间共存，而是建立了千丝万缕的贸易合作、社交关系与创新网络。全球（全国）领先的产业集群，通过全球价值网络影响着某一产业的全球发展，具有强影响力。例如，德国汉诺威依托强大的工业集群优势举办全球闻名的汉诺威工业展；我国东莞依托优势家具产业集群成功地培育国际名家具（东莞）展览会暨家具机械及材料展（以下简称东莞名家具展）。

（一）产业集群赋予展览会的竞争力

任何展览会都不可能起步即形成规模，都需经过多年的积累与培育。通常情况下，以城市主导优势产业为题材的展会，更容易借力打造规模效应。一方面，主导优势产业促进展览会做大做强；另一方面，通过品牌展览会的宣传推广，城市主导优势产业得以彰显与发展，形成正循环。领先产业集群聚集同一产业链的众多企业，形成全球、全国或区域的影响力，为相关题材的展览会提供诸多优势，主要表现为丰富的终端客户资源与强区域品牌认同。

1. 丰富的终端客户资源

产业集群聚集了大量同一产业链的企业与机构，是展览会的主要客源地，有利于展览会组织足够规模的参展商和专业观众。

获得当地企业的大力支持与回应，是培育品牌展览会的第一步，能逐步扩大规模，吸引更多的外地企业参加。因而，展览会的选题定位要求本地企业的数量要多，这意味着相关行业须符合三个特征：其一，并未形成垄断；其二，形成产业集聚；其三，本地的支柱产业。以东莞名家具展为例，展览会举办地东莞厚街镇除了家具行业之外，电子、服饰等产业也很发达，但家具是最佳题材，因为厚街的家具企业已近400家，是当地的支柱产业。而且，厚街的家具生产集约化和规模化比较高，中国不少家具品牌出自这里。

对于参展企业而言，本地产业集群从原材料、零部件、设备，到成品和销售网络，再到辅助和互补产业形成了比较完善的产业网络体系。不仅产品档次齐全，配套或相关产品众多，而且产品更新速度快。对产业集群里面的企业而言，他们既是买家，又是卖家。通过展览会

既可以展示新产品,也可以观察与采购新产品。应该说,展览会为企业提供了一个非常好的平台,能满足企业的参展和观展的潜在意愿。此外,一个区域的产业集群通常会延伸到周边范围,其外围区域主要是为产业链提供相应的配套供应,他们对产业集群的市场非常看重,也是展览会非常重要的潜在客户。

对专业观众而言,具有产业特色、行业代表性强、富有号召力的区域产业的吸引力最大。选择具有产业集群特征的生产基地或者靠近生产基地的地方办展,不仅品牌云集,而且可以将观展、看厂、直销、价格优势共同作为招商策略,吸引专业观众。专业观众观展只是其采购决策的一个环节,还需要展后的比选产品与验厂环节。验厂环节对大额订单尤为重要,专业观众需到工厂实地考察企业的实力与展览会上所展示信息的真实性,以及判断企业是否有能力生产出符合采购商要求的产品。因此,依托当地优势产业集群,可以提升专业观众的观展效益,从而使展览会更具有吸引力。例如,东莞名家具展,正是依托当地支柱产业,形成"前店后厂"模式。专业观众参观完展会后,即可前往工厂验厂,这样可以更加综合地考察供应商与新产品。只有形成产业集群的行业才能获得这些优势,这些行业是展览会的上乘题材。

根据上述分析,依托产业集群为题材展览会的参展商与专业观众的地域结构分为以下几种情况:

(1)"本地参展商 + 本地专业观众":在本地内部具有产、供、销等完善体系;

(2)"本地参展商 + 周边区域专业观众":周边区域的专业观众对本地产品感兴趣;

(3)"周边区域参展商 + 本地专业观众":周边区域企业看重本地市场,欲把产品供应给本地企业;

(4)前三种的混合,参展商既有本地也有周边企业,专业观众既有本地也有周边企业。

品牌展览会的题材选取,首先是寻找能够吸引本地及其周边区域的参展商和观众的主题,其次才逐渐过渡到省外市场。品牌展览会将本地及其周边区域定位为一级市场和二级市场,依赖本地充足的终端客户,省外等远距离区域只能是机会市场。一般来说,随着时间成本和交通成本的增加,企业的预期也随之增加。过高预期下的实际满意度和体验值往往不高,从而可能制约企业下一届再次参展的意愿。

2. 强区域品牌认同

产业集群信息优势和区域品牌效应促进参展商与专业观众对展览会的认同。传统的产业集群理论认为,企业在地方上的集聚可以降低生产成本。而新的产业集群理论则强调产业集群的创新环境,企业的集聚可能产生技术溢出(技术外部性),促进产业的技术创新。正是由于技术溢出的特点,领先的产业集群往往拥有行业领先的信息,具有引领性,容易形成鲜明的区域品牌效应。在领先产业集群所在地举办展览会,为其他区域的企业提供了与产业集群企业接触的机会,有助于企业了解行业前沿信息与技术,具有吸引力。因此,如果企业对行业内知名的产业集群具有认同感,就会对产业集群所在区域也形成认同感。在知名产业集群所在区域举办展览会,可以提高终端客户对展览会产业信息交流作用和效果的期望,提高终端客户对参展效益的预期,加快参展商与专业观众的参展决策。

总之,围绕产业集群进行展览会的题材选取,是展览会可持续发展的前提。从交易角度来看,本地产业集群的企业专业化分工非常完善,集聚区内形成生产、销售和服务一条龙体系,而且集群内部存在激烈竞争和紧密合作的关系,产品档次齐全,产品更新速度快,集群内企业的交易需求比较强烈。周边区域的配套企业非常看重集聚区的市场,他们也是展览会的潜在客户。从信息交流角度来看,领先的产业集群能刺激创新。创新已成为维持企业竞争优势的重要因素,展览会满足了企业获取行业最新信息的需求,企业需利用展览会这个平台搜集产业集群的最新动态,进而调整经营发展战略。从产业链视角来看,产业集群企业数量非常多,除了核心产业之外,在核心产业周围又形成大量的辅助产业,因而展览会的规模效应能够得到保证。从市场角度来看,依托产业集群为主题的展览会,在初级阶段主要吸引本地及其周边的参展商和观众。随着规模的逐步发展壮大,集群良好的声誉和区域品牌使客源逐渐从集中走向分散,展览会的品牌效益也随之提升。

(二) 产业集群与展览会题材的关系

纵观国内外著名会展城市,展览会题材与所在城市及其周边经济和产业结构存在两种关联关系。

1. 展览会题材与城市优势产业的关联

展览会题材与该城市主导的优势产业、支柱工业存在关联。一个城市的某项产业越发达,其所对应的展览会题材就会越有优势。展览会题材与城市优势产业的关系,在非区域中心城市体现得更为明显。在过去二十多年内,在东莞、宁波、义乌这类非区域性中心城市、非综合性城市,展览业得到较快发展。这类城市之所以能够冲出中心城市的屏蔽效应,走出有别于中心城市的展览业发展路径,核心在于依托城市主导优势产业发展。从表4-2梳理的几个城市展览面积在5万平方米以上的专业展览可见,展览会题材与城市优势产业之间具有强关联关系。尤其是展览面积大于10万平方米的大型展览会,展览会题材往往是当地在全国乃至全球最具有竞争力的产业。

表 4-2　东莞、宁波、义乌展览面积为 5 万平方米以上的专业性展览会及其优势产业

城市	展览会名称	展览面积 （万 m²）	城市优势产业
东莞	2019 东莞国际名家具展览会	27	家具及家具木工机械
	2019 中国（广东）国际家具机械及材料展	5	
	2019 第十九届广东国际汽车展示交易会	14	汽车产业、机械五金业
	2019 中国国际汽车升级套件暨改装车展览会	10	
	2019 第四届中国（广东）国际印刷技术展览会	14	包装纸张印刷
	2019 第 21 届 DMP 东莞国际模具及金属加工、橡塑胶及包装展	11	铸造冶金焊接
	2019 年东莞厚街工业自动化暨机器人展会	10	电子信息业
	2019 第十一届中国加工贸易产品博览会	6	服装业、制鞋业、毛织业、电子信息业等
宁波	2019 第 18 届中国国际日用消费品博览会	12	日用消费品专业进口市场集群[1]
	第十七届中国国际家具博览会夏季展	11	家居产业[2]
	2019 第 17 届中国宁波国际家居博览会	5.8	
	2019 第三十一届、第三十二届宁波国际汽车博览会	8	汽车产业、航运服务产业
	2019 宁波特色文化产业博览会	5	文体用品行业
	2019 中国（宁波）国际灯具灯饰采购交易会暨 LED 照明展览会	5	半导体照明产业
	2019 宁波国际机床展览会暨第十五届模具之都博览会	6	模具产业[3]
义乌	2019 中国义乌国际小商品博览会	10	小商品批发业[4]
	2019 中国（义乌）多元百货展览会（3月、7月）	5	
	2019 中国国际电子商务博览会暨数字贸易博览会	5	电子商务
	2019 第十四届中国义乌文化产品交易博览会	6	文体用品行业
	2019 第十一届中国国际旅游商品博览会	5	
	2019 第 18 届中国框业与装饰画展览会	5	工艺品业
	2019 第 12 届中国义乌国际森林产品博览会	7.6	工艺品业

资料来源：中国展览经济发展报告（2019）、各地相关规划、研究与统计数据。

① 中国宁波网 . 宁波保税区崛起进口消费品专业市场集群 .

② 宁波市家居产业协会 . 宁波市家居产业协会简介 .

③ 宁波市北仑区人民政府 . 六大产业优势 .

④ 义乌市人民政府 . 义乌之最 .

以东莞市为例,东莞发达的制造业为展览会发展提供了非常重要的助力。东莞的制造业具有种类多、配套齐的特点,是国际上重要的加工制造业基地,形成了以电子及通信设备制造业、电气机械及器材制造业、服装及其他纤维制品制造业、纺织业、造纸及纸制品业、食品饮料加工制造业、电力蒸气热水生产和供应业为支柱的现代化工业体系。东莞的加工产品种类达到数万种,拥有同行业上下游产品之间、不同行业之间完善的产业体系。加之,东莞具有外向型产业结构,外资型实际投产企业数量多。虽然在过去几年遭遇复杂的外部环境重压,但自 2021 年 1 月起,东莞外贸增速止跌回升,全年进出口总额实现 15 247 亿元,比 2020 年增长 14.6%[1]。

① 资料来源:东莞市人民政府. 先进制造引领 "世界工厂" 东莞突围升级.
② 资料来源:中国东莞网.

在产业集群的优势基础上,东莞展览业起步于 20 世纪 90 年代。秉承 "产地办展" 的理念,经过近 30 年的培育和发展,东莞打造了一批具有行业影响力的展览会,其会展城市竞争力也得到了认可。东莞知名展览会的选题紧密依托当地的支柱产业。电子信息制造业、机械制造业、家具制造业、纺织服装制造业、造纸业、塑料制品业等支柱产业成为东莞成功展览会的题材。例如,香港讯通展览公司、香港世贸博览有限公司选择东莞举办机械、设备、原料展;香港线路板协会有限公司因选择东莞举办线路板及电子组装展而获得极大成功;香港雅式展览服务有限公司的鞋展也影响较大。当地的自办展更是与东莞的优势产业关联度极高,如被称为 "东莞第一展" 的东莞名家具展因为厚街镇发达的家具业而享誉全国。总之,工业类展览会能在东莞获得成功,离不开东莞的制造业奠定的产业资源基础。而且,某产业在一定区域内大量集聚意味着该产业发展程度较高,具有很突出的国内外形象,其产品在国内外市场的辐射力很强。这样既易于在本地找到参展商以及上下游产业链的专业观众,又容易组织国内外买家和经销商。例如,东莞厚街镇的家具行销全国 20 多个省、自治区、直辖市,其中 30% 以上产品出口到欧洲、美国、中东、南非及新加坡等国家和地区,年销售产值达 11.8 亿元[2]。依托家具产业集群优势,厚街镇为每年两届的名家具展览提供了强大的产业支持,赋予了名家具展持续的生命力,在厚街镇举办的东莞名家具展的成功具有必然性。

> 📑 案例思考:东莞名家具展:依托当地特色产业选题定位
> 　国际名家具(东莞)展览会起步于 1999 年 3 月,是中国家具行业久负盛名的国际性品牌大展,也是全球闻名的东莞名片之一,其规模大、业界影响力强、国际化程度高。东莞名家具展入选了 2005 年度国家商务部重点扶持的展会,也是国内第一家获得 UFI 国际认证的专业家具展。

经过二十几年的大力发展，名家具展从单品家具到软装饰品、材料辅材，再到设计选材、整装定制等全产业链集中亮相，吸引了来自全国各地家具产业基地的品牌企业参展，培育了顾家、芝华仕等一批优秀知名家具品牌，助力其开拓全国渠道市场。截至目前，全国各地七成以上的国内家具知名品牌是通过名家具展平台塑造和发展起来的。2021年，为期5天的第45届东莞名家具展接待专业观众人数达192 551人，汇聚1 500多家实力品牌、国内外知名品牌，最新潮流品牌、新技术、新趋势、新模式争奇斗艳，为家具人打造了一场超震撼的行业盛会。

东莞名家具展的举办地点在东莞厚街镇，这个并非中心城市的、名不见经传的小镇举办了高品位的专业展览会，正是依托当地特色产业选题定位的成功典范。名家具策划过程有助于揭示品牌展览会是如何依托当地支柱产业进行策划运作的。

举办展览会的初衷是满足当地企业的参展需求

20世纪80年代，由于深圳产业结构调整，原来聚集在深圳的大部分家具制造商转移到了东莞，形成了以厚街、塘夏和大岭山为基地的家具制造基地。20世纪90年代初，厚街已经有400多家家具企业，家具产品数量多，质量上乘，家具制造已成为厚街镇的支柱产业。顺德的乐从最初是厚街家具的最大卖场，随着产业的扩大，这种单一销售方式已无法满足企业产品数量和质量的需要。

当时展览会的交易展示功能吸引了不少客户主动前去洽谈生意。许多厚街家具老板每年必到广州、深圳两地参加家具展览会，展览会成为厚街家具制造企业的另一种重要的营销方式。但是当时广州和深圳的展览会展位非常紧张，根本满足不了各地家具厂商的参展要求，还有很多厚街家具企业无法参展，销售渠道制约了产业的进一步发展。有自己家具加工厂的厚街村民，希望利用建好不久的双岗家具商场开一个家具产品订货会，展示自己生产的家具样品，帮助企业渡过难关。

一个无名小镇获得了中国的"家具之都"称号

厚街集中了我国家具知名品牌，是出口量最大、家具厂商非常密集的地区。虽然是小镇，但经济发达、商业繁荣，星级酒店数量及档次、服务一流。但是，东莞缺乏高品位的品牌家具展，面积为4万平方米的双岗家具商场为展览提供了地点。基于这些已有优势，主办方邀请策划深圳家具展的王星先生加盟，推翻订货会的设想和名称，正式定位为名家具（东莞）展览会，以此塑造中国家具的品牌形象。在此基础上，鉴于厚街曾经在意大利举办的世界家具展获得了中国仅有的三块金牌，且民间资本雄厚，在政府的支持下，厚街镇通向双岗家具商城的长街被命名为家具大道，在舆论上把意大利米兰与厚街联系在一起，形成一种导向和惯性；同时，由民营企业家出资兴建"家具之都"的象征性标志竖立在107国道和家具大道相连接的丁字路口，强化人们对厚街家具制造产业的认知与认同感。

从订货会到展览会,首届东莞名家具展成功举办

1999 年,东莞有家具生产厂商和相关企业 2 000 多家,其中厚街镇就有近 400 家家具企业。家具生产是厚街镇的支柱产业,既有本地的企业,也有中国香港和中国台湾的企业。东莞的龙头企业参展带动了其他中小企业参展。东莞家具协会在产业中有巨大的号召力,行业协会会员囊括了东莞所有知名家具企业。所以首届东莞名家具展由东莞厚街镇政府和东莞家具协会共同主办,建立了由 25 人组成的名家具展览会咨询委员会,对其职责和权益做了明确的规定,囊括了东莞、香港和台湾龙头企业的重量级人物,其主要目的就是吸引家具制造的龙头企业和其他中小企业参展。

厚街拥有五六家大规模的家具商场。在这些商场的背后,一般是家具工厂,形成前店后厂。为了吸引更多的专业观众,主办方将展期定在了与广州家具展、深圳同期,并打出"生产基地、品牌云集、可以观展、还可以看厂、直销方式、价格优势"的口号,将其作为厚街名家具展特色,吸引广州和深圳家具展的专业观众。首届东莞名家具展成功举办,接待国内外客商 6.83 万。

资料来源:罗秋菊.展览会选题定位及运作模式研究.天津:南开大学出版社,2008.

思考题:东莞名家具展是如何选题定位的? 请从产业属性角度系统论证。

2. 展览会题材与城市区域辐射力的关联

展览会的选题离不开对城市区域辐射能力的考量。以一线城市为代表的区域中心城市,对城市所处产业带具有辐射能力。依托城市产业周边的其他城市发达的产业基础,可以培育品牌展会,不仅能整合众多优质参展企业资源,还能吸引更多需求多元化的专业观众,从整体上提升展会质量。

以珠江三角洲为例,广州与香港是珠江三角洲城市群的区域中心城市。珠江三角洲(以下简称珠三角)作为中国制造业基地,轻工业发达,经济外向程度高,高科技产业近几年异军突起,发展迅速。依托珠三角的制造业基础,广州举办了不少以珠三角优势产业为选题的展会。例如,广州国际照明展览会依托珠三角 LED 产业带和特色产业集群,逐步成为国内乃至国际照明行业的风向标。而中国香港在缺乏制造业产业基础的情况下,重点办展题材包括纺织服饰、珠宝钟表、电子科技、礼品家居、医疗保健等轻工业消费品。虽然香港纺织制品工业指数呈逐年下降趋势,但依旧能保持其香港纺织面料展、香港国际春季成衣及时装材料展在国内甚至是国际上的规模和品牌地位。这离不开香港强势的贸易进出口产业,地处粤港澳大湾区并具有辐射全国的影响力,相关的轻工类展览会容易成功,且逐渐做大做强,形成品牌。

综上所述,产业集群选题是展览会可持续发展的前提。对于非区域集散地的二级城市,已经形成集群的本地产业是展览会选题的合理选择,在品牌展览会的培育方面具有得天独厚的优势。产业型城市主要适宜发展与其集聚产业紧密相关的专业性展览会,应该慎重选择不具备产业优势的展览会选题。区域中心城市基于城市辐射能力可依托所在产业带的产业集群。

◆ 案例思考: 健博会选题立项失败

某医疗保健产业博览会(以下简称"健博会")创办于 21 世纪初期,但效果不佳,一再更名也未有起色。该健博会一共举办了四届,第一届展会规模达到了 1.5 万平方米,参展商 471 家,但是第二届无论是参展商数量还是展览会面积均直线下降,此后一直起色不大,规模一直徘徊在 4 000 平方米左右(见表 4-3)。

表 4-3　健博会历届情况

届数	参展商（家）	展会面积（m²）
第一届	471	15 000
第二届	156	3 000
第三届	140	4 000
第四届	174	4 000

关于健博会的立项失败,主要有以下四方面的信息:

其一,项目的定位偏差。主办方立项健博会的主要初衷是基于该市消费水平高,有钱人多,保健品应该有消费群体。这种定位有两方面不够周全,一则,没有考虑选址城市的人口社会特征。选址城市虽然人口规模不小,但外来务工人员人口居多,其中低薪务工人员遍布在各类大大小小的工厂里,这类人口不可能成为保健品的潜在消费者。所以,人口特性及规模决定了保健品市场不可能像周边大城市那样有很大的消费市场,并且其辐射效应有限,对参展商的吸引力也就有限。二则,缺乏对参展商组织工作难度的预期。由于本地及其周边区域保健品产业不发达,参展商的主要客源依赖省外区域,这给参展商的组织工作带来极大难度,尤其在品牌的培育期间更是如此。

其二,指导思想的偏差。在健博会立项之前,全国已有 600 多个类似题材的展览会,组展方却认为在市场混乱基础上容易培育品牌。另外主办方还有一个指导思想,即,目前保健品市场严重供大于求,企业数量庞大,这种状况便于招展。缺乏对风险的预期和分析,以及对企业追求参展利益最大化的本质缺乏深入了解,是该项目在指导思想方面存在的偏差。

其三,第一届的规模效应是一种假象。第一届的500多个展位与15 000平方米的展览规模看似成功,实则是在参展商信息不对称的情况下的一种客观选择。一旦参展商所期待的专业观众质量和数量未达到预期,就不会再次参展。选址城市并非消费中心,这加大了主办方组织专业观众的难度,参展商的参展效益不高也就不足为奇了。

其四,难以组织参展商及专业观众。一则本地及其周边区域缺乏产业基础,参展商依赖外省客源,距离远、成本大,营销活动难以展开。外地企业参展需要花费更多的金钱、人力、时间成本,其参展效益预期高,未知感也高。由于这两方面的因素,主办方的招展工作举步维艰。二则本地保健品消费群体有限,市场规模不大,而且当地的消费市场辐射效应不强,导致观众组织工作也难以开展。

资料来源:罗秋菊. 展览会选题定位及运作模式研究. 天津:南开大学出版社,2008.

思考题:健博会选题立项失败受哪些因素的影响? 这个案例对展览会选题定位有什么启示?

二、展览会题材的横向整合选题策略:以行业需求为依托

除了整合某一产业链全链条的选题策略外,根据某一行业的需求横向整合多条产业链,是展览会选题的另一策略。近年来,以行业需求为依托进行选题的展览会日益增多,尤其是第三产业中的行业题材,如酒店用品展、孕婴童用品展、智能建筑展等。这些行业涉及多个产业链,行业有观展采购需求,但如果参加以纵向整合单一产业链的展览会,企业需参加多个展览会才能达成目标,效率低下。因此,围绕行业需求,横向整合多个相关产业链,满足了这些行业的发展需求。以酒店用品展为例,围绕酒店行业各个部门的贸易、交流与发展需求,展览会整合了客房部门相关的酒店家具、客房用品、卫浴、清洁用具等产业链条,餐饮部门需要的酒店厨具设备用品、餐具、食品等产业链条,以及酒店场景所需的技术、软件、硬件、投资加盟服务等。酒店行业对产品与服务的需求,与家用、办公用场景有明显的区别,如果酒店采购代表到其他展览会寻找适用产品,需要参加多个展会方可达成目标,精准搜寻产品与信息的成本非常高。酒店用品展整合了具有行业针对性的产品与企业,大大降低了专业观众的有形与无形成本,精准地把握行业痛点。因而,围绕行业需求横向整合多条产业链,能为展览会的举办带来诸多优势。

(一)围绕行业需求横向整合赋予展览会的竞争力

1. 强终端客户需求

围绕行业需求进行横向整合的展览会,其题材具有综合性与统领性特征。在综合性方面,这些行业并不依赖单一产业链,各个板块或服务生产流程包含多个产业,是一个交叉领

域。主要有两种类型：一则，行业涉及多个城市部门与产业，如酒店业、旅游业；二则，围绕特定群体需求发展起来的领域，如孕婴童用品、老年用品、大健康、幼教用品等。特定群体的需求是多方面的，展览会需整合多个相关产业的子领域。例如，孕婴童展整合了服装、箱包、制鞋、餐厨用具、文体用品等儿童板块的子领域；大健康展则整合了食品、医药、医疗器械、运动器材等多个产业的绿色、保健与疗养等子领域。

在统领性方面，围绕行业需求横向整合的展会题材，也有可能是多个产业非常关注的新兴概念。例如，绿色环保这一新兴概念衍生出环境保护博览会，整合了垃圾处理、管道检修、环保工程等方面的产业。再如，创意与设计的理念，为多个产业所关注。陆续有多个城市开始举办设计周与设计展，涉及产业包括服装产业、家居产业、广告产业、传媒产业、数字动漫等，还有很多产业都需要的工业设计、时尚设计、传媒设计等。智能化是很多产业的风向，近年来相关展览会题材也蓬勃发展，如智能建筑展等。大部分新兴概念与国家战略、政策密切相关，引发大量观展需求。

具有综合性和统领性的行业或领域，从业人员对展览会贸易、社交和信息搜索有很大的需求，但参加不同行业的垂直展览会，效率低下，企业的预算也是难以支持的。因此，这些难点形成了对以产业为导向的横向一体化展览会的强烈需求，从而为展览会的规模化和成长性提供了很大的发展空间。

2. 强延展性与成长空间

围绕行业需求横向整合的展览会，具有非常强的延展性与成长空间。随着行业的发展与扩大，行业范围与需求不断与其他产业融合，展品范围与相关企业边界延伸，有利于展览会规模逐渐提升。展览会是一个围绕特定主题，聚集多元化知识储备的相关领域从业人士，开展高效信息与知识交流的场所。围绕同一行业需求的产业链聚集，将带来高强度的信息碰撞，为行业创新与发展提供了高效的场域。例如，酒店用品展随着酒店行业对数字化与智慧化运营的关注，相关智能设备与系统产业也逐渐整合至展会中，随着康养市场需求的日益增加，相关康体智能的产业链也开始在酒店用品展中出现。

值得注意的是，横向整合模式展览会将逐渐以子展的模式规模化，兼顾专业观众的信息搜寻效率与信息获取广度。例如，在上海举办的国际 CBME 孕婴童展，同期举办多个子展，包括 CBME 玩具展、CBME 童装展、CBME 孕婴童食品展、全球授权展·上海站、CBME 供应链和自有品牌展、CBME 零售展。

因此，在行业发展需求的不断变化下，横向一体化的产业领域也在不断扩展，题材也更具延展性,为展览会创造了广阔的发展空间。

① 资料来源:广东省统计信息网.2021年广东省统计年鉴.

案例思考:广州酒店用品展览会——依托广东省酒店行业需求的选题定位

广州酒店用品展览会经过多年的发展,已成为中国酒店餐饮行业规模大、影响力强的酒店用品展览会。该展览会汇聚了中国、美国、德国、法国等100多个国家的酒店用品厂商和贸易商,吸引着国外的酒店及经销商和来自国内各地的宾馆、酒店、餐饮娱乐场所的采购人员前来洽谈。

展览会立足住宿与接待业的需求,打造了一个立足国内辐射国外的酒店用品采购交流平台。展区设置围绕酒店行业的各个部门与环节的需求,整合了厨房设备、陶瓷餐具、玻璃器皿、清洁设备、客房用品、食品饮料等酒店用品门类的上下游全产业链,为酒店行业提供了一个一站式采购与贸易交流的空间。

广州酒店用品展的成功,除了立足广东酒店用品生产基地的基础,还得益于广东省酒店行业旺盛的贸易交流需求。广东省酒店行业规模领先,2020年共有宾馆(酒店)15 696家,客房96.7万间,床位145.12万张,其中广州宾馆(酒店)数量最多,达3 045家[1]。规模领先的酒店行业为广州酒店用品展提供了重要的专业观众基础。与此同时,广东省酒店住宿产品呈现出多样化与个性化,民宿等新业态也逐步发展起来,行业贸易、交流与创新的需求不断增强,行业活力突出。广州酒店用品展览会也不断整合酒店用品产业链,拓展主题展区,如参展范围新增了智能产品类别,体现了良好的成长性。

资料来源:综合广州酒店用品展览会官网与广东省统计年鉴相关资料整理。

思考题:基于酒店行业发展趋势,请提出酒店用品展未来可整合和拓宽的产业有哪些? 哪些展区最具有规模化潜力?

(二) 行业需求与展览会题材的关系

围绕行业需求,横向整合题材的展览会容易在行业需求旺盛的城市得到规模化增长。梳理《中国展览经济发展报告(2019)》中超2万平方米展会后,可以发现,横向整合下展览会题材的分布与行业需求存在关联。这些展览会即使不邻近产业集群的所在地,也邻近相关行业所在地。例如,酒店用品展在广州与上海形成了品牌展览会;文创设计展在成都萌芽;孕婴童展基于上海庞大的孕婴童产品采购需求得以规模化发展。表4-4梳理了一些具有代表性的横向整合类展览会及其举办城市的行业需求情况。

表 4-4　依托行业需求选题的代表性展览会

类型	展览会	举办城市	城市需求行业规模
酒店与旅游行业	广州酒店用品展览会	广州	大湾区酒店行业发达，国际品牌众多，不乏中高端酒店。酒店规模大，以广州为例，2020 年广州酒店数达 6 189 家，客房数超过 38 万间
	上海国际酒店工程设计与用品博览会	上海	上海酒店行业发达，2020 年酒店数达 5 491 家，客房总数超 43 万间，2019 年上海星级酒店出租率高达 65.77%
	中国(上海)国际健身、康体休闲展览会	上海	上海市印发的《上海市先进制造业发展"十四五"规划》中发展生物医药先导产业，全面打造生命健康全产业链
文化创意行业	成都创意设计周	成都	成都数字文创呈现蓬勃发展态势，城市新文创活力指数排名全国第一，具有八大优势文创产业：信息服务业、创意设计业、传媒影视业、现代时尚业、文体旅游业、教育咨询业、音乐艺术业、会展广告业。《成都市数字文化创意产业发展"十四五"规划》提出全力打造中国最适宜数字文创发展城市，推出一批形象特色鲜明、吸引力强的数字文创产业园区(基地)
孕婴童行业	国际 CBME 孕婴童展	上海	我国母婴零售企业主要集中在长三角、珠三角和环渤海经济圈，上述地区经济水平发达，消费者的消费能力强
绿色环保	中国国际智能建筑展览会	北京	《北京住房和城乡建设发展白皮书(2021)》，强调推动建筑业深化改革，推动智能建造和建筑工业化协同发展，加快促进建筑业转型升级；依托科技创新，增强质量安全管理效能，加快推进"智能建造"和"智慧工地"建设

资料来源：各地相关规划、统计数据、研究报告等。

第四节　专业化定位

在确定展览会的题材后，要进一步选定覆盖全产业或者某一／几类细分子产业，形成展览会的专业化定位。一个行业涉及的范围非常宽泛，如果展览会在有限时空内包罗各个方面，就很难做到精、专、深。细分且专业化定位的展览会已经成为世界展览业的主流。与一般展会相比，专业性展览会体现专业性和前瞻性，有明显的目标市场和目标客户，具有针对性强、观众质量高、参展效果好等特点。然而,对组展方而言,宽泛的、综合的展览主题更易于组织终端客户,有利于创造展览会的规模效应。但从展览效果来看,主题宽泛的展览会缺乏明确的目标观众,虽然观众流量较大,但观众的质量难以得到保障。此外,也缺乏可供比较和信息交流的同类参展商,专业观众和参展商的参展效益低。这也是为什么同样是依托当地的支柱产业,有的展览会品牌可培育成功,有的展览会却不尽人意的关键原因。

专业化定位的核心焦点在于划定合适的细分产业范围,满足终端客户的参展需求,提升其参展效益。相对而言,主题细分而又专业的展览会通过特定的主题汇集了该行业的上下游产业链或横向整合相关产业链,吸引特定细分行业的参展商和专业观众,终端客户效益感知良好,形成良性互动,提升了双方满意度。因而,参展商和专业观众对主题细分的展览会认可程度明显高于主题宽泛的展览会。

表4-5分别从主题明确与否、参展商数量和质量、参展产品数量和种类、专业观众数量和质量以及总体评价五个维度对主题宽泛型展览会与主题细分型展览会进行了对比。

表 4-5　主题宽泛型展览会与主题细分型展览会的特征对比

评价指标	主题宽泛型展览会	主题细分型展览会
主题明确与否	展览会门类齐全,但缺乏明确的主题	主题细分,行业的上下游产业链集聚
参展商数量和质量	同行的参展商很少,相互之间相差太大,参展商之间无法交流 参展商质量不高,知名企业太少 参展商没有过滤,与主题无关的企业也参展	行业风向标,平时很少见到的同行、朋友相聚的场合 参展商质量高,规模大,龙头企业多 专业化,客户认可
参展产品数量和种类	信息较齐全,但是具体到某一细类产品又不齐全 参展的专业产品不多 新产品不多,推新力度不够	专门针对题材行业的整个产业链,包括从原料到设备、到产品,产品线齐全,专业化程度非常高 参展的专业产品多 生产设备、技术层次比较高
专业观众数量和质量	专业观众人流不足 观众质量不高,与参展商产品相关的观众不多,没有组织采购团 向参展商推销的观众比例过大	观众人流量大、见到很多新老客户 观众质量高,平时见不到的大老板也来到展览会现场 可以接受那些向参展商推销的观众
总体评价	参展效果不明显,明年是否再次参展还未确定	参展效果好,获取了行业产业链的最新趋势,成为行业龙头企业聚会的重要平台,每年参展成为习惯

此外,展览会的专业化定位应该从哪些方面考虑呢? 参展商与观众的参展效益感知是重要视角。

一、参展商效益感知:参展商要素与观众要素

参展商对成功展览会的评判依据有两大要素,即参展商要素和观众要素(见图4-1)。参展商要素包括同行集中、知名企业参展,只有按照不同功能进行合理分区才能真正达到交流的目的。观众要素包括人流量要大、观众的质量要高。观众的质量意味着观众是与参展企业业务相关的、并且在其组织内具有一定决策权的高层领导。专业观众对于贸易型展览会而言是至关重要的,其质量和数量直接影响着参展商的满意度,但普通观众的数量并不能明显提高参展商的满意度。这也是部分展览会虽然注重观众数量,请大量普通观众或其他与参展企业相关度低的观众到场,但并不能提高参展商效益感知的原因。

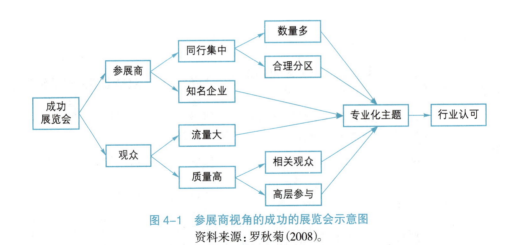

图 4-1　参展商视角的成功的展览会示意图
资料来源:罗秋菊(2008)。

参展商和观众的各个细分要素必须围绕专业化主题进行,这样才能得到行业的认可。

二、观众效益感知:参展商要素与产品要素

专业观众对成功展览会的评判依据亦有两大要素,即参展商要素和展示产品要素(见图4-2)。参展商要素主要指参展商数量要多、要有龙头企业参展;产品评价包括产品数量、产品类型、新产品推广力度。无论是参展商还是展示产品都应该围绕同一个产业的上、中、下游,或同一个行业的相关产业链,这样才能达到展览会交流、交易的目的。因而,成功的展览会实际上与选择的细分行业主题紧密相关。

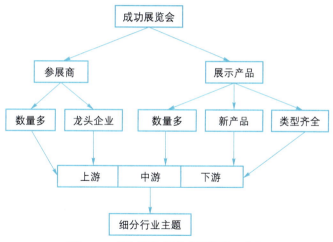

图 4-2　观众视角的成功展览会示意图

由上可见,参展商评价展览会成功与否时主要依据同行参展商的质量及数量、专业观众的流量和质量、明确的主题;观众对展览会的评价优劣集中在三个方面,即紧密相关的行业主题、参展商数量和质量、展示产品类型。事实上,细分主题是前提条件,即展览会的专业化定位,决定了参展商及其所展示的产品类型、数量和质量,也确定了参观的细分观众,它们之间的关系如图 4-3 所示。细分主题对展览会有双重作用。首先,特定的主题吸引特定的细分观众。其次,具有细分主题的展览会集聚该细分行业的各类参展企业,这些参展商展示有关的新产品、新技术、新工艺。精准的参展商和产品提升了观众的满意度,形成良性互动,创造好的口碑。口碑的传播进一步吸引该细分行业的观众,进而吸引更多的、更好的参展商。这个过程得到良性循环,展览会逐渐发展壮大。相反,主题宽泛的展览会缺乏明确的目标观众,也缺乏可供比较和信息交流的同类参展商,专业观众和参展商参展效益低,从而抑制了展览会的良性发展。

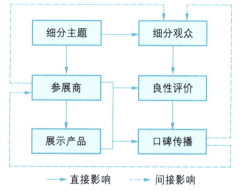

图 4-3　专业化主题与专业观众、参展商之间的关系

综上所述,展览会的专业化定位是要确定行业内的全行业或者某一／几类细分子行业作为展览会的最终定位,其实质是明确展览会选题与终端客户感知之间的关系。如何提高参展商与专业观众的展览会效益感知,是思考与决策专业化定位的关键思路。

本章要点小结

- 展览会选题定位的关键在于找到利于参展商和观众进行交易、沟通的最佳契合点,真正满足参展商和观众的参展需求,逐步形成规模效应,这样展览会才具有强劲的生命力。

- 展览会选题定位需要考虑多种因素,可以归纳为 IPECC 因素集,包括产业属性(industry characteristics)、产品属性(product characteristics)、企业属性(enterprise characteristics)、举办城市(city conditions)、题材竞争(competition)。

- 企业属性与产品属性是展览会选题的重点考虑因素。其中,对于企业属性,要考虑哪些企业更需要展览会,与企业规模、企业开办时间、企业经营性质有关。对于产品属性,要考虑什么类型的产品满足现场展示与交流的需求,包括产品性质、产品周期、产品销售三大类因素。

- 展览会选题的策略之一是纵向整合选题策略。依托产业集群,整合单一产业链的全链条服务于展览题材产业的需求。产业集群优势是展览会题材选择的重要基础,能为展览会带来丰富的终端客户资源,而且产业集群信息优势和区域品牌效应促进参展商与专业观众对集聚产业行业地位的认同,形成更大范围的影响力。

- 展览会选题的策略之二是横向整合选题策略。依托行业需求,整合围绕某一行业的多个产业。题材行业具有综合性与统领性特征,涉及多个产业链,解决了行业信息搜寻与贸易交流的痛点。同时,随着行业的发展,不断与其他产业融合,具有强延展性与成长空间。

- 专业化定位的核心焦点在于划定合适的细分产业范围,终端客户感知是重要的视角。参展商评价展览会成功与否时主要依据同行参展商的质量及数量、专业观众的流量和质量、明确的主题;专业观众对展览会的评价优劣集中在三个方面,即紧密相关的行业主题、参展商数量和质量、展示产品类型。细分主题是提高终端客户感知效益的前提条件。

本章思考题

1. 展览会选题定位的实质是什么？请简述每个影响要素的内涵。

2. 展览会选题需要考虑什么因素？请以一个品牌展览会为例阐述。

3. 请比较纵向整合与横向整合两种选题策略的异同。

4. 一、二线城市在展览会选题方面分别有哪些优势和劣势？

5. 如何判别一个展览会专业化定位的合理性？请以一个品牌展览会为例阐述。

 即测即评   **本章参考文献**

第五章　展览会的选址因素与策略

学习目标

√ 理解展览会选址的实质；

√ 了解展览会选址的主要考量因素；

√ 了解影响展览会选址的组合因素；

√ 理解城市推动会展业发展的典型模式。

本章导读

　　展览会选址对展览会的举办至关重要，影响展览会的品牌效应与终端客户的组织。展览会选址是一个为达成展览会目标，综合考虑多方因素的决策过程。本章将系统梳理展览会选址的因素与策略，重点帮助读者理解如何通过科学选址，助力展览会的规模化与品牌化。本章首先介绍展览会选址的实质，梳理组展方选址的思路以及其决策会关注哪些问题。其次，从影响展览会选址的因素入手，综合归纳影响组展方决策的主要因素；再次，从组态的思想出发，通过会展城市组合多种选址考量因素，介绍推进会展业高质量发展的组态类型，说明展览会选址是一个须综合考虑多种因素的决策过程；最后，从城市服务如何影响展览会选址的角度，进一步理解城市选址的考量因素，重点介绍以软环境建设为主导的上海模式、以资金类政策为引擎的深圳模式、以政府机构培育品牌展会的成都模式。由此，综合考虑因素、重点维度(城市服务因素)、组态类型(考量因素的组合)，阐明展览会选址的策略与模式。

第一节　展览会选址的实质

展览会选址可以分为两个层面：一是展览会举办城市的选择，亦称宏观选址；二是场馆的选择，如何对比选择同一城市中的多类型场馆，亦称微观选址。城市选址是场馆选址的基础，本章将针对城市选址进行重点说明。

展览会策划与组织的关键在于满足终端客户的需求，提高终端客户的参展效益。"组展方—参展商—观众"的三角关系，亦是展览会选址的基础逻辑。一个好的选址，有助于展览会吸引更多匹配的参展商与观众，从而逐步实现展览会的规模化与品牌化。这一三角关系的协调互促，需要得到展览会所在城市的支持、保障与促进。可以说，展览会选址的实质是，考量城市与展馆对"组展方—参展商—观众"之间三角关系的支持、保障与促进，如图5-1所示。

基于以上关系，组展方从四个方面综合进行选址决策（见图5-2）。

其一，展览会的成长性，即城市能否满足展览会的需求，并可以为展览会提供多少发展空间。品牌展览会的培育需追求规模效应与品牌效应，展览会成长性是以聚集更多精准匹配的参展商与观众为基础的。因此，城市能够聚集多大规模的参展商与观众，能够为参展商与观众带来什么收益非常重要。由于大部分展览会的终端客户来自本地市场与周边地区，城市综合经济水平与产业基础是首要考虑因素。此外，无论是消费展还是贸易展，都是一种商业活动，需要城市生产性服务业（如金融、保险等）、人力资源、创新环境的支持。

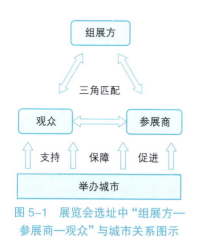

图5-1　展览会选址中"组展方—参展商—观众"与城市关系图示

图5-2　展览会选址考量的四个方面

其二，办展成本，即在城市办展需要多少成本，能否降低办展成本。举办展览会需要一定的成本，而且新展需要经历培育期方可逐步盈利，因而成本是组展方着重考虑的因素。出于办展成本的考虑，展馆租金低、城市物价低，以及有充足的资金补贴的城市，更容易受组展方的青睐。其中,资金类政策(如新展补贴、品牌展补贴、国际机构认证奖励、租金补贴等)因操作简易、吸引眼球,已经成为国内城市吸引品牌展览会、培育本地新展的主要方式。

其三,行业硬环境,即城市是否具备支持展览会举办的硬件条件与设施。会展行业环境包括"硬环境"和"软环境"。其中,"硬环境"指与展览会相关的展馆、配套服务等一系列硬件条件。展馆能力决定可以承接的展览会规模、题材类型、能否满足同期活动需求等,是组展方选址的重点考虑因素。围绕终端客户的出行与参展动机,城市的交通与物流条件、保税仓等服务决定城市的可达性与便利性;城市的消费性服务能力(餐饮、住宿业、娱乐休闲等)将影响终端客户的商务旅途体验,而大型企业与品牌企业往往对服务质量的要求较高。

其四,行业软环境,即城市的会展业是否受到重视,是否有良好的行业秩序。"软环境"指整个市场下的行业受重视程度、行业秩序与氛围。展览会的题材在同一城市相互竞争,同题材同期竞争将导致客户的分流,损害终端客户的参展效益,不利于组展方的知识产权保护。尤其是对品牌展而言,无序竞争等行业负面口碑,将阻碍展览会的选址决策。如今,部分城市已关注到这一问题,通过出台行业规范等手段,设立展期保护规范行业行为,例如举办与区域内重要品牌展同题材的展会,其举办时间与该品牌展的间隔时间应不少于3个月。

第二节　展览会选址的考量因素

组展方在进行展览城市选址的过程中要考虑众多因素,再综合评价最后做出选址决策。从展会成长性、行业硬环境、行业软环境、办展成本四个角度出发,具体的考量因素如表5-1所示。

表5-1　展览会选址的影响因素

维度	影响因素	说明
展览会成长性因素	城市经济与产业	城市综合经济发展水平较高(如城市GDP、城市功能、外贸依存度等),或城市优势产业与展览题材相匹配,具备相关产业集群或专业市场,可为展会提供充足的终端客户,为展览会的品牌化奠定良好基础。同时也可借助城市经济辐射力,或在产业中的优势地位形成品牌效应,吸引外地的终端客户 例如,以北上广深为代表的一线城市,城市综合经济发展水平高,能够有效聚集终端客户;以东莞、义乌为代表的城市,产业集群与专业市场为展览会提供了充足的终端客户资源

维度	影响因素	说明
展览会成长性因素	城市生产性服务能力	展览会是商业活动，需要金融服务等生产性服务的支持，能够促进展览会的销售功能、营销功能与网络功能。同时，金融等生产性服务也是城市通过展览会吸引外来投资与优势企业合作平台作用的基础 例如，北京、上海、广州、深圳、香港的生产性服务业发达，对展览会形成吸引力
	城市创新环境	展览会汇聚新产品与新信息，城市的创新环境是产业创新的基础之一，对品牌展览的培育具有重要作用 例如，深圳以高新科技与设计创意为优势，城市创新氛围浓厚，对相关题材的展览会形成吸引力，同时创新的城市形象赋能展会的品牌化
	城市人力资源	展览会的专业化依赖会展及相关行业的人力资源，人力资源决定了城市会展业的服务水平，以及会展企业可以可持续获得多层次专业人力资源的可能性。例如，展览会策划要求具备专业知识与产业社会资源，需要专业人才；展览会现场是劳动密集型服务，需要大量的施工人员、服务人员与志愿者
	地区稳定	展览会最为核心的特征是人与人在同聚一个空间互动，因而对地区的经济、政治与卫生等稳定性具有较高要求。地区时局的动荡会对展览会参与主体的安全造成极大影响，因此需要避免相关风险
行业硬环境	场馆能力	场馆能力包括可供展览面积、展馆建设参数、展馆配套功能等。可供展览面积决定了可承接展览会的最大规模，展览会选址首先根据规模选择合适的场馆。承重、层高、布局等建设参数限制了展品类型，例如大型机械展需选择地面有足够承重力，并方便大型机械进出的单排式展馆。展馆是否配备充足与合理的会议设施，将限制展会同期活动（会议、论坛、颁奖礼等）的举行
	城市交通物流条件	展览会是人流与物流的高度集聚，对交通与物流条件具有较高要求。国际展览会更涉及国际航空线路、港口运输条件、保税仓等配套服务，这些直接影响参展人员与产品的入境便利性 例如，北京、上海、广州、深圳、香港等城市，国际航线多，港口运输条件佳，具备承办国际展优势。其中，我国香港免关税，为国际展品的出入境提供了便利，优势明显
	城市消费性服务能力	大型展览会对展馆周边配套设施有较高要求。在交通配套方面需要考虑快速疏导大量人流的能力，如临近双线地铁、多种公共交通完善。同时，周边完善的商务、娱乐、住宿、餐饮等服务也将提升终端客户的参展体验，也为终端客户提供了多元化的非正式交流空间，间接提升参展效益 例如，上海新国际博览中心（SNIEC）周边五星级酒店、5A甲级办公楼、酒店式公寓、文化艺术中心、餐饮、购物、银行、邮局、电影院等多种类商业和休闲娱乐配套设施

维度	影响因素	说明
行业软环境	专项政策	会展业专项政策对展览会的选址具有吸引力,包括资金类政策、规范类政策、宣传及软环境建设类政策。会展业专项政策体现了城市对会展业的重视程度,增强行业信心,对组展方形成吸引力 例如,上海、深圳、成都、澳门等城市均针对会展业出台了强力度的会展促进办法,有力促进当地的会展业发展
	政务服务	展览会组织涉及多个交通、物流、安保等多个城市部门的程序与手续,政务服务效率体现了对会展业发展的服务水平,高效的政务服务可有效降低企业的交易成本与时间成本 例如,上海、深圳等国内领先会展城市陆续推出一站式办展服务
	行业秩序	展览会的品牌化与规模化需要良好的行业秩序,包括题材保护、行业自律、知识产权保护制度等。其中,同题材展览会的无序竞争将严重损害展览会的品牌培育。上海、深圳等国内领先城市均实行展会题材保护政策,要求在一定时间内不得同时举办同题材展会 同时,城市展馆的空间分布和竞争博弈关系也会影响展览会的选址。展馆聚集区域的竞争与合作交织紧密,有终端客户分流与竞争的风险
办展成本	场地租金	场地租金是展览会策划与组织的重要成本构成,组展方根据成本预算选取租金价格合适的展馆。展馆根据淡旺季、展厅类型等调节租金价格,同时也会通过租金优惠吸引组展方签约 例如,二线城市的展馆租金普遍低于一线城市
	城市物价	展览会策划与组织涉及城市消费性服务业与生产性服务业,选择在高物价城市举办将提高办展成本,因而城市物价也是展览会组展方选址的考量因素之一
	政府资金政策	随着会展业的经济带动效应受到重视,越来越多的城市制定资金类政策,对新展、品牌展等符合条件的展览会发放奖励或场租补贴,以促进会展业发展。一些对成本敏感的展览会,可能优先选择有资金奖励的城市 例如,深圳与澳门出台丰厚的资金奖励计划,有效吸引了一批重视办展成本的展览会

第三节　展览会选址的组合因素

组展方的选址决策由多因素的组合决定,并不是一个单一因素决策。组展方在综合衡量多因素的情况下做出判断,形成不同的因素组合。这一组合的思想,可以从城市会展业发展水平的差异中体现。制度组态理论认为,一个城市的会展业发展水平是由多种前因条件共同引发的,但不同于强调单一主导逻辑或者影响要素的累加,而是一个多元逻辑系统。本节将以政府效率、展馆面积、人力资源、金融服务、市场环境和创新环境六项因素为例(见图5-3),探索会展业环境影响会展业质量水平的因果复杂问题,识别城市会展业发展的四种因素组合类型,帮助理解组合多种因素的展览会决策过程。

图 5-3　城市会展业多因素组合效应对会展业高质量发展的影响

一、多种资源与展馆建设驱动型

多种资源与展馆建设驱动型组合因素(H1a)以人力资源、金融服务和展馆面积为核心条件提升会展业发展水平,但缺乏良好的市场环境和创新环境。在此因素组合下,政府主要通过优化人力资源环境、提高金融服务效率和大力投资兴建会展场馆,提升城市会展业发展质量,典型案例为廊坊、乌鲁木齐和南宁。据资料统计,廊坊、乌鲁木齐和南宁三个城市人力资源供给充沛,金融服务效率较高,但在其他营商环境方面表现不足。廊坊的展馆总共有三个,总面积达到 7 万平方米以上。南宁和乌鲁木齐的展馆面积都在 9 万平方米以上。以南宁为例,截至 2019 年年底南宁市的金融业增加值高于全国均值的 2.2%,位列西部 12 个省会(首府)城市及直辖市中第一。2019 年,南宁上线"中国—东盟(南宁)金融服务中心",成为东盟博览会金融服务平台建设的延伸。可见,市场环境不佳时,政府通过与金融服务、人力资源环境和场馆良性耦合,可以有效促进城市会展业高质量发展。

二、创新环境与展馆建设驱动型

这一组合因素(H1b)以人力资源、金融服务和展馆面积为核心条件助推会展业发展,同时市场环境和创新环境佳。建设大规模展馆面积、提高金融服务效率,改善人力资源环境和提高创新环境条件,可提高城市的会展业环境承载力和知识创新需求,从而促进会展业高质量发展。此类典型案例城市包括上海、北京、广州、重庆、天津、深圳、成都、青岛、厦门等。以厦门市为例,厦门市至 2021 年已连续三年营商环境全省第一,2021 年至 2022 年厦门共有高等学校 16 所,在校生大约 17.8 万人,具有良好的人力资源基础,为企业发展提供了良好的环境。在会展业方面,厦门多次荣获"中国十大魅力会展城市"称号,厦门国际会展中心展览面积达到 16 万平方米。2019 年,政府出台一系列扶持奖励政策大力发展会议和展览业,主动扶持调动展览业策展、办展积极性,培育出展览业完整配套企业组织 400 余家。总之,厦门在城市金融服务、人力资源环境和展览馆基础设施方面具有较好的条件,对展览会发展形成良好支持。

三、依托创新与金融的人力资源驱动型

这一组合因素(H2)以政府效率、人力资源驱动,同时金融服务和创新环境佳,但市场环境欠佳。在市场环境欠佳的城市,市场环境不足将约束会展业资源配置效率和资源获取,需要通过政府与金融服务提高效率,提升人力资源环境和创新环境形成对会展业的支持。典型案例城市包括金华、沈阳、太原和温州等。以温州为例,温州市注重提高政府服务效率,打造一流营商环境,建设全国民营经济示范城市。温州专业化市场多,从事相关行业人力资源丰富,且 2020 年发布《关于打造千万级常住人口城市的若干意见》,将重点提升人口规模,优化人口结构,尤其是提升年轻人比例、劳动年龄人口受过高等教育的比例、高技能人才劳动者比例以及人才发展国际化水平。这一系列基础与政策,体现出温州的高政府效率和人力资源的吸引力。在会展业方面,政府积极打造时尚会展中心,重点建设政府主办的三个具有国际知名度的展览会。可见,政府通过提升服务效率与金融服务、人力资源环境和创新环境良性耦合,可以吸引和培育品牌展览会,从而有效地促进城市会展业高质量发展。

四、依托展馆的金融服务驱动型

这一组合因素(H3)以政府效率、金融服务驱动,展馆面积充足,但市场环境和创新环境不足。在市场环境欠佳、创新环境不足的城市,知识创新不足对会展业项目投资具有约束作用。在这种情况下,通过政府提高效率,提高金融服务效率,增加展馆面积来提升公共服务水平,可以促进城市会展业高质量发展。典型城市有临沂和乌鲁木齐。以临沂为例,城市打造鲁南苏北区域性会展中心城市,设立支持会展业发展专项资金,用以奖励会展项目的落

地。2019 年临沂市在中国城市会展业发展综合指数中排第 23 位。可见,当市场环境不佳时,政府通过提升服务效率与金融服务和场馆良性耦合,可以有效促进城市会展业高质量发展。

与此同时,有六种组合因素会导致城市对会展业发展乏力,对展览会选址的吸引力不高。具体内容如下。

组合因素(L1a)显示,在缺乏金融服务和缺乏展馆面积的情况下,即使有较好的市场环境和创新环境,城市会展业依然是低水平发展,难以吸引和培育品牌展览会。

组合因素(L1b)显示,在缺乏金融服务和缺乏展馆面积的情况下,再加上低吸引力的人力资源、欠佳的市场环境和创新环境,会导致城市会展业的低水平发展。

组合因素(L2a)显示,在缺乏政府效率、金融服务和缺乏创新环境的情况下,再加上展馆面积不足,会导致城市会展业低水平发展。

组合因素(L2b)显示,在缺乏政府效率、金融服务和创新环境的情况下,再加上低吸引力的人力资源、市场环境,会导致城市会展业低水平发展。

组合因素(L3)显示,在缺乏政府效率、人力资源和缺乏展馆面积的情况下,再加上欠佳的创新环境、市场环境,会引发城市会展业低水平发展。

组合因素(L4)显示,在缺乏政府效率、金融服务和创新环境的情况下,即使有强的人力资源吸引力和强市场环境,城市会展业依然难以高质量发展。

以上引发城市会展业高质量与非高质量发展的组合因素如表 5-2 所示,反映出展览会选址对不同因素组合的考量。提高政府效率,充分发挥政府的主导作用仍然是建设会展业发展环境的重要途径,这体现了政府服务对展览会选址的吸引力。与此同时,政府效率与金融服务是核心因素,在政府效率和金融服务欠佳的城市,即使其他因素表现较佳,也难以吸引优质展览会与提升会展业发展质量。因而,越来越多的城市建立会展业联席会议与一站式会展服务,整合多部门力量为会展业高质量发展提供支持。

表 5-2　引发城市会展业高与非高质量组态

条件	城市会展业高质量				城市会展业非高质量					
	H1a	H1b	H2	H3	L1a	L1b	L2a	L2b	L3	L4
政府效率			●	●			⊗	⊗	⊗	⊗
人力资源	●	●	●			⊗		⊗	⊗	·
金融服务	●	●	·	●	⊗	⊗	⊗	⊗		⊗

	城市会展业高质量				城市会展业非高质量					
市场环境	⊗	•	⊗	⊗	•	⊗		⊗	⊗	•
展馆面积	●	●		•	⊗	⊗	⊗		⊗	
创新环境	⊗	•	•	⊗	•	⊗	⊗	⊗	⊗	⊗
一致性	0.970	0.988	0.965	0.971	0.968	0.965	0.964	0.964	0.969	0.972
原始覆盖度	0.149	0.608	0.206	0.139	0.214	0.545	0.550	0.558	0.478	0.160
唯一覆盖度	0.009	0.448	0.045	0.010	0.072	0.053	0.028	0.076	0.005	0.008
总体一致性	0.975 6				0.942 3					
总体覆盖度	0.689 6				0.796 7					

注:●为核心条件存在;⊗为核心条件缺失;•为边缘条件存在;⊗为边缘条件缺失。

资料来源:吴培钦等(工作论文)。

第四节 城市促进会展业发展的典型模式

如今,会展业对经济发展的带动作用已得到广泛重视。多地纷纷出台会展业专项发展措施,培育本地新展与品牌展览会,并积极引入国内外领先会展企业与品牌,提升会展业竞争力。不同城市的会展业发展策略有所差异,其中三种模式引人关注,分别为注重软环境建设的"上海模式"、以资金支持见长的"深圳模式"、以政府主导会展产业链构建的"成都模式"。

一、上海模式:以软环境建设为主导

一个城市的会展业软环境是展览会选址决策的重要维度,对组展方选址落户项目的吸引力日益提升。行业软环境包括出台针对会展业的专项政策、提升办展效率的政务服务,以及会展业的行业竞争规范,这些都是展览会组展方选址重点考量的因素。例如,上海的城市整体经济环境赋予了大部分展览会高成长性,因而其对会展业的建设更着重于软环境建设,服务品牌展览会实现进一步的品牌效应与规模效应。在此策略下,上海明确了相关政府机构的服务角色与职责,积极推出一系列优化会展业营商环境的政策,吸引展览会在上海选址落户。

(一)明确政府机构的服务角色与职责

上海明确规定政府的服务角色,为主办方提供市场化与规范化的办展环境。2005年颁

布的《上海市展览业管理办法》(已废止)中明确规定:除国家有关部门或者市人民政府批准外,各级行政管理部门不得主办或者承办经营性展览,各级行政管理部门不得违背企业意愿,采取或者变相采取行政干预手段要求企业参展。在替代该管理办法的《上海会展业条例》中,政府被定位为服务角色,强调政府职能而非政府作为主体主导展览会。

相应地,上海市成立了会展业的专业机构部门,主要包括上海市会展业促进中心(现上海市商务行政服务中心/上海市会展业促进中心)和上海市会展行业协会。上海市会展业促进中心于2012年5月23日挂牌成立,为上海市商务委员会直属部门,该中心主要职责为:受市商务委委托,承担本市会展产业促进及协调工作;对外宣传、推介本市会展业发展环境;参与制定本市会展业发展规划及会展促进政策;推进本市会展业标准制定等。下设管理协调部和政策研究部,管理协调部主要负责本市会展业纠纷协调、档期协调、现场评估等工作。政策研究部主要受市商务委员会委托,组织新展可行性评估会、参与会展业政策法规制定等工作。上海市会展行业协会于2002年4月成立,协助政府有关职能部门从事行业管理,提高行业整体素质,规范行业设计,加强行业自律。此外,上海市会展协会承担评估工作,包括上海市品牌展会、上海市优秀展会评估、展示工程企业资质等级评定、上海市会展行业展览主(承)办机构资质评定①。两个组织的成立与运营服务会展业的发展,给予了组展方很强的信心与支持。

(二) 推动会展业营商环境建设

在办展便利性上,上海在政务服务"一网通办"平台搭建起会展统一服务窗口,用规范化的服务优化政务流程。2021年颁布的《上海市会展活动备案暂行管理办法》规定,市商务部门在收到齐全的备案材料后应当在一个工作日内予以备案,政务服务优势突出。另外,上海市相关政策为国际展提供了诸多支持。根据《上海会展业条例》,上海市举办的会展活动可以向海关、商务等部门申请给予展品进境通关便利,明确海关应优化会展活动展品的通关手续和监管流程,在延长展品暂时进境期限、允许境外暂时进境展品进入海关特殊监管区域和保税场所等方面予以支持,出入境管理部门应为信用良好的会展活动各方主体相关人员提供入境便利。

为了健全会展业管理体制、规范招展与办展等经营行为、加强行政监管与协调,营造公开、公平、公正的市场氛围,上海市政府法制办公室会同原上海市外经贸委,在广泛征求各方意见的基础上于 2005 年 5 月 1 日起正式颁布实施了《上海市展览业管理办法》(现已废止)。这是国内第一个专门针对会展业的地方性法律规范,标志着上海在会展业法制规范方面走在全国前列。同时,上海还推动行业自律建设,出台了《上海会展业自律公约(试行)》,规定了遵纪守法、树立形象,团结合作、规范服务,严于律己、公平竞争,保护品牌、保障权益,务实创新、走向国际,道德规范、诚信经营的要求。上海市会展行业协会于 2005 年、2007 年分别制定了《上海市会展业组展机构依法办展、诚信服务公约》和《上海市会展业反腐倡廉自律公约》。

特别地,为加强展览会专利保护,上海在 2005 年 5 月颁布了《加强展览会专利保护实施细则》,就合同条款、法律咨询、投诉材料、投诉处理等方面做出了详细的规定。知识产权问题在《上海市会展业条例》中也受到高度重视,《上海市会展业条例》在第三章指出加强会展活动知识产权司法保护,设立会展活动知识产权投诉机构,完善会展活动知识产权保护机制,并在第四章明确规定参展单位不得展示侵犯他人知识产权的展品,举办单位不得明知参展单位侵犯他人知识产权而不作处理。展览会是准公共品,同题材竞争与搭便车行为都将对行业秩序产生负面影响。上海市对会展业知识产权保护的重视,有效保护了展览会品牌,创造了良好的会展业营商环境。

(三) 顶层设计聚焦展览业国际化

在良好的软环境建设基础上,上海积极引进国际知名展览企业与展览会,同时推动本土品牌的国际化进程。2016 年上海市人民政府印发《关于促进本市展览业改革发展的实施意见》,2018 年上海市商务委员会印发《上海市建设国际会展之都专项行动计划(2018—2020年)》,2020 年上海市第十五届人民代表大会常务委员会第十八次会议表决通过全国首个会展业地方性法规《上海市会展业条例》。一方面,提出本市支持境外机构在特定会展场馆独立举办对外经济技术展会,建立国际会展活动引进和申办联动机制,积极引进国际知名会展行业组织和国际知名会展活动,为世界展览走进上海提供支持。另一方面,鼓励上海市会展企业、单位加入国际知名会展行业组织,积极培育境外自办展览项目,提升境外组展办展能力,引导上海展览走向世界。

总之,上海以软环境建设作为抓手,营造良好的营商环境,积极引入国际展览会,带动国内品牌展培育。构建了上海市商务委员会、上海市会展业促进中心、上海市会展行业协会三个机构组成的会展业管理体系。管理体系机构通过制定会展业发展战略与政策,提供一站式办展服务,建立多类型评估体系,引导行业向国际化、专业化、品牌化发展。

二、深圳模式：以资金类政策为引擎

近年来资金类政策广受我国多城市关注，成为吸引品牌展览会落户的重要手段。深圳是我国最早推出资金类政策的城市之一，被认为是会展业政策的领头羊。早在2006年，深圳就出台了《深圳市会展业及国内参展财政资助资金管理暂行办法》，决定在2005—2007年每年为会展业提供2 000万元专项资金扶持，对单个展会最高不超过200万元的资助。资金类政策容易操作和敏感度高，经常被视为政府对城市会展业的态度而备受重视。深圳以丰厚的资金激励为抓手，吸引了一批对办展成本敏感的品牌展览会，加上品牌展览会认定办法，提高了展览会的数量从而带动了质量发展。

(一) 资金政策刺激品牌化升级

深圳持续出台系列资金类政策，加大对品牌展会的引入和培育。2007年，深圳率先编制《深圳市会展业发展"十一五"规划》，提出以市场化、专业化、国际化为导向，强化政府对会展业发展的引导和扶持，完善会展业管理体制，营造优良的会展业发展环境，依托深圳区位优势和产业优势，大力培育、引进品牌展会，提升会展业整体规模和综合竞争力。2010年7月5日，《深圳市会展业财政资助专项资金管理办法》对在深举办的培育期展览会与高成长性展会予以宣传推广支持，包括：在深圳原创且展览面积4 500平方米以上，资助不超过5届；不在深圳原创首次到深圳举办且展览面积在20 000平方米以上，资助期不超过3年；已过培育期，展览面积比上届扩大20%以上，或展览面积超过20 000平方米且比上届扩大4 500平方米以上。该管理办法在2014年进行更新，采用资助、奖励等方式，对展览会、国际会议的场地租金、宣传推广、认证等费用和重大活动给予资助；对品牌展览会等给予奖励。

随后，深圳陆续出台《深圳市商务局专业展会场租补贴计划操作规程(试行)》等多个细类政策，并在市级补贴的基础上，南山区、宝安区等深圳行政区皆出台了对展览会的补贴政策。在新冠疫情期间，深圳市商务局统筹制定了深圳会展业相关惠企政策，例如，减免原定在深圳会展中心、深圳国际会展中心举办但因疫情缩减面积或取消的展览会及会展相关商铺租金。这些资金类政策给予展览会强有力的经济支持，亦是一种政府信号，增强了展会落户深圳的意愿。

(二) 以认定指标引导品牌化发展

深圳的资金类政策主要针对品牌展及其培育，基础是品牌展的认定，制定了一系列完善的品牌展认定指标体系。通过品牌展的认定办法，政府引导主办方的办展行为，促进展览会的高质量发展。

《深圳市品牌展会认定办法》出台,深圳市经济贸易和信息化委员会负责认定。深圳品牌展会原则上每两年认定一次,须在深圳市举办,且展期不超过两周,定期举办超过两届(第三届)可以开始申请,并且国际展境外参展商数量占总参展商比例为 10%,或境外观众数量占总观众比例为 5%。国内展参展商广东以外地区比例为 40%,或国内观众数量广东以外地区比例为 20%。品牌认定方法根据深圳会展业发展需要,不定期进行修订。2020 年,深圳市商务局根据《深圳市加快会展业发展三年行动计划(2020—2022 年)》有关部署,对深圳市品牌展认定进行修订,建立从展览规模、参展商、专业观众、品牌建设、城市贡献度、信息化、其他七个维度共 38 个二级指标的指标体系(见表 5-3)。例如在新冠疫情暴发后,加入了信息化指标,鼓励主办方推进展会数字化,如同时举办线上展览、运用信息化手段管理展商和观众、设立网站、App、小程序等。同时新增知识产权管理、城市贡献度等指标。经认定为深圳市品牌展会的展会项目,在深圳市会展业各有关宣传推介中予以重点宣传,并按照《深圳市会展业财政资助专项资金管理办法》的规定给予资助。企业在对外宣传时可冠名使用深圳市品牌展会称号,并享受国家、省、市其他各有关扶持和优惠政策。

表 5-3　深圳市品牌展会认定指标体系

一级指标	权重	二级指标	权重	分值计算
展览规模	0.20	展览总面积	0.20	40 000 平方米开始计分,每增加 5 000 平方米增加 2 分
		展览净面积	0.30	15 000 平方米开始计分,每增加 2 500 平方米增加 2 分
		境外参展商展览净面积	0.30（二选一）	750 平方米开始计分,每增加 300 平方米增加 3 分
		境外参展商展览净面积比例		所占的比例为 5% 开始计分,每增加 2% 增加 3 分
		特装展览面积比例	0.10	所占的比例为 30% 开始计分,每增加 5% 增加 3 分
		展览会营业收入	0.10	2 000 万元开始计分,每增加 100 万元增加 1 分

一级指标	权重	二级指标	权重	分值计算
参展商	0.15	参展商总数量	0.25	300 个展商开始计分，每增加 100 个增加 2 分
		境外参展商的数量	0.15（二选一）	境外参展商的数量 10 个开始计分，每增加 10 个增加 3 分
		境外参展商的数量比例		境外参展商的数量占总数 1% 开始计分，每增加 1% 增加 3 分
		境外参展商所代表的地区数量	0.15	参展商所代表的国家及港澳台数，从 1 个开始计分，每增加 1 个增加 1 分
		境内参展商所代表的地区数量	0.15	境内参展商所代表的地区数，从 1 个开始计分，每增加 1 个增加 1 分
		龙头企业数量	0.15	1 个开始计分，每增加 1 个世界 500 强企业增加 2.5 分；每增加一个中国 500 强企业增加 1.5 分；每增加 1 个广东省 500 强企业增加 1 分；每增加 1 个上市公司增加 1 分
		最近三届展览会连续参展比例	0.15	40% 开始计分，每增加 10% 增加 3 分
专业观众	0.15	专业观众数量	0.20	3 000 个专业观众开始计分，每增加 3 000 个增加 2 分
		观众密度	0.15	0.5 人 / 平方米开始计分，每增加 1% 增加 2 分
		深圳之外专业观众比例	0.10	深圳之外专业观众比例 2.5% 开始计分，每增加 2.5% 增加 2 分
		境外专业观众数量	0.15（二选一）	100 个开始计分，每增加 5 个增加 3 分
		境外专业观众数量比例		境外观众比例占总数 0.5% 开始计分，每增加 0.5% 增加 3 分
		境外专业观众所代表国家数量	0.15	境外专业观众所代表的国家及港澳台数，从 1 个开始计分，每增加 2 个增加 1 分
		境内专业观众所代表地区数量	0.10	境内专业观众所代表的地区数，从 1 个开始计分，每增加 2 个增加 1 分
		最近三届连续观展比例	0.15	40% 开始计分，每增加 10% 增加 2 分
品牌建设	0.15	行业排名（前 5）	0.30	世界排名 3~15 分，亚洲 2~10 分，中国 1~5 分（以企业申报，评审专家认定，择优选一项评分标准）

一级指标	权重	二级指标	权重	分值计算
品牌建设	0.15	UFI认证	0.10	已认证计3分,未认证不计分
		到场媒体数	0.10	媒体的数量从2个开始计分,每增加2个,加1分
		产业匹配度	0.20	1~5分,评审专家参照《深圳市产业结构调整优化和产业导向目录》进行评定
		专业论坛数量	0.20	展览中进行与展览主题一致的专业论坛每一个计1分(以评审专家认定为准)
		其他相关活动数量	0.10	展览中进行与展览主题相关的活动数量达3个开始计分,每增加1个,加1分(以评审专家认定为准)
城市贡献度	0.15	在深圳连续办展届数	0.50	1届开始计分,每增加1届,加1分
		申请企业在深圳纳税年限	0.25	纳税超过1年开始计分,每增加一年,加1分
		深圳企业参展比例	0.25	深圳参展商占总参展商比例5%开始计分,每增加5%,加2分
信息化	0.10	同期举办线上展览	0.50	有则计3分,无则不计分
		运用信息化手段服务展商和观众	0.25	有则计2分,无则不计分
		设立网站、App、小程序、公众号等	0.25	有则计2分,无则不计分
其他	0.10	绿色展装鼓励支持政策	0.20	申请人已制定并实施绿色展装鼓励支持政策,此项计5分。未制定,此项不计分。已制定的绿色展装鼓励支持政策是否符合绿色要求,以评审专家多数意见认定为准
		展台销售均价	0.20	800元/每平方米开始计分,每增加100元/每平方米,加1分
		赞助商数量	0.20	1个赞助商开始计分,每增1个,加1分
		设立应急预案	0.20	有则计5分,无则不计分
		与参展商签署《知识产权不侵权承诺书》	0.20	有则计5分,无则不计分

资料来源:深圳市商务局官网。

2021 年,深圳市商务局起草《深圳市加快商贸高质量发展建设国际会展之都的若干措施(公开征求意见稿)》(本节内简称《措施》),提出深圳高标准建设会展基础设施、汇聚国内外顶级会议展览、培育国际一流的会展龙头企业等发展方向,寻求深圳会展业在国内甚至世界范围内的"高定位"。《措施》对新引进的世界商展百强给予最高不超过 500 万元的一次性奖励,对获评最高等级的深圳本土展会给予 300 万元的一次性奖励,对优秀场馆运营方给予最高不超过 600 万元的奖励,通过高额资金奖励激励发展高质量会展活动、会展场馆、会展企业探索建立会展备案制度。2020 年深圳市商务局印发《深圳市加快会展业发展三年行动计划(2020—2022 年)》提出深圳会展智慧化、绿色化、国际化、市场化的发展方向。此外,《措施》提出构建多元公共服务体系和会展业发展促进体系,并强化会展业人才支撑,推动深圳会展行业的整体发展。

(三) 多部门协调机制构建全方位保障

除资金类政策,深圳为会展业设立专职管理机构,包括深圳会展业管理处与深圳市会议展览业协会,建立深圳市会展业发展协调联席会议,并提供一站式展会行政服务,采取多项政策推动会展业高质量发展。

(1) 成立深圳会展业管理处(现名为服务贸易处),隶属于深圳市商务局。管理会展业是服务贸易处的职责之一,负责深圳市会展业的统筹管理工作,包括加快行业立法,促进行业开放、良性竞争,整合行业上下游资源,加强行业人才引进培育等。由于深圳商务局主管服务贸易、商贸服务等,会展业管理处可以较好地发挥统筹决策作用。

(2) 成立深圳市会展业发展协调联席会议。2010 年 6 月 20 日,深圳市人民政府批准的《关于进一步优化办展环境促进我市会展业发展的若干措施》明确提出,成立深圳会展业发展协调联席会议,联席会议办事机构设在市深圳市科技工贸和信息化委员会(2012 年拆分为深圳市经济贸易和信息化委员会和深圳市科技创新委员会),现由深圳市经济贸易和信息化委员会作为办事机构),召集 30 多个部门,共同协调推进深圳市会展环境统一规划和配套服务体系建设;协调各会展行政管理和服务部门,简化管理审批程序,优化办展环境;协调展会期间的安全、交通、停车等问题,保障重要展会活动顺利举办。

(3) 一站式展会行政服务。2010 年 6 月 20 日,深圳市人民政府批准的《关于进一步优化办展环境促进我市会展业发展的若干措施》明确提出对在深圳会展中心举办的展会、活动,由市公安局福田分局统一受理所有展会的治安报备文件,并根据展会实际情况分类上报审批,在 7 个工作日内回复办理结果;展会相关消防申报材料由市公安局福田分局一并受理。建立一站式展会治安消防报批服务,建设深圳市行政服务大厅。2004 年 5 月 31 日,深圳市行政服务大厅对外开展业务,主要受理单位在生产经营和社会管理过程中须向市本级政府部门申报的、适宜集中办理的行政审批办证服务。深圳市行政服务大厅信息化系统实现了与进驻单位的多套计算机应用系统的连通,实现在统一的数据交换平台上相互数据的基本同步交换和集成;具体审批项目的受理条件、申报材料、办理时限、审批依据等与系统设计规范相衔接,符合办理条件的自动打印受理回执,压缩工作人员的自由裁量权;对每天进入行政服务大厅的人员和各窗口、各单位受理业务情况自动统计,并按不同时段(天、周、季度、年)或受理单位、事项类型等进行分类统计和分析,大大便捷了审批报备过程。

(4) 建立行业管理规范。2004 年 7 月 20 日,《深圳市人民政府印发关于发展深圳会展业意见的通知》(深府〔2004〕66 号)表明,人民政府通过《关于发展深圳会展业的意见》,就如何整合会展资源并建立统一规范的会展管理运行体制提出意见,并就加快会展业发展提出有效措施。2005 年,深圳市贸易工商局下发《关于实行品牌展会排期保护的通知》,对深圳市 2014 年展览面积在 2 万平方米以上的品牌展会予以保护,率先保护 16 个品牌展会,在会展中心、高交互馆办展享有排期优先选择权,其举办前 60 日和举办后 45 日内,不得安排与其名称、内容相同或类似的其他展会,除非得到主办方或承办方的书面同意。2010 年 6 月 12 日,深圳市人民政府办公厅印发《关于进一步优化办展环境促进我市会展业发展若干措施》的通知(深府办〔2010〕48 号)表明,人民政府通过《关于进一步优化办展环境促进我市会展业发展的若干措施》提出成立深圳会展业发展协调联席会议,加大会展业宣传推介,大力引进培育大型展会,完善服务措施,实行减免展会商品展销等级办理手续,实行一站式治安消防报批服务,延长展会车辆布撤展通行证有效期限,提高进出口展品保管速度,优先办理国际性展会的报检手续,提高服务质量,创新体制机制 11 项优化深圳办展环境的措施。

总之,深圳模式以资金类政策引发高度关注,并配以评估指标体系引导展会品牌化,多部门联动协作构建保障。深圳会展业管理处负责深圳市会展业的统筹工作,深圳市会展业发展协调联席会议机制可以协调各会展行政管理和服务部门,简化管理审批程序,优化办展环境,深圳市品牌展会的评定和资助政策和制度完善,资助力度大。《深圳市商务发展"十四五"规划》明确提出,努力建设服务湾区、享誉世界的国际会展之都。深圳将以建设会展城市的高度,持续提升支持会展业发展的服务能力和水平。

三、成都模式:政府主导会展产业链构建

成都是全国第一个成立也是目前唯一保留博览局的城市,成立了成都博览局。成都博览局也是中国国际贸易促进委员会成都市委员会,是四川省贸促会的分支机构,负责组织管

理和推动全市会展业的发展,组织起草本市会展业发展规划和年度工作计划,并承担举办各种重要会展活动、申办国际国内会展活动等职能。2022 年,成都以产业链为突破口,提出会展产业建圈强链十大行动,引领了政府机构构建会展产业链的新模式。

(一) 成都市博览局开展顶层设计

一方面,成都市博览局对会展业进行顶层设计,包括发展规划与资金奖励。2019 年,成都市人民政府办公厅印发《关于促进会展产业新经济形态发展的实施意见》(后文简称《实施意见》),指示成都市博览局会同其他部门共同完成 “创意融合,推进会展价值链跃升” 等六大重点工作。2022 年,编制完成会展业第三个五年规划《成都市 “十四五” 国际会展之都建设规划》。此外,2017 年,成都市财政局和成都市博览局联合印发《成都市会展业发展专项资金管理办法》(后文简称《办法》),成都市博览局负责会展业发展专项资金的预算管理与分配、资金申请、绩效管理、监督检查等工作。

另一方面,作为成都会展业的管理服务协调机构,成都市博览局主动整合公安、工商、卫生、交通等 30 多个政府部门行政资源,大大提高了办会办展的便利性和承接大型会展活动的能力。在综合服务上,成都在资金筹措、出入境服务、服务窗口设立、知识产权保护上采取了与上海类似的政策。特别地,成都支持土地、劳动力、资金、技术、数据等要素资源的集聚,培育名展、名馆、名企、名业。在打造成都 “一站式” 会展业中,成都市博览局发挥了重要作用。

(二) 建圈强链推动产业链升级

2022 年,成都从培育会展产业链的角度,创新性地提出会展产业建圈强链行动,将以 “建链、强链、补链” 为导向,推动会展业高质量发展。该策略以政府机构为主导,通过系列措施,加速会展企业在成都的集聚,构建产业链、创新链、供应链、价值链,形成发展共同体。因此,针对会展业的不同主体,给予不同的支持。

针对本地会展企业,成都政府培育本土会展企业的品牌文化。鼓励和支持领军企业申办重大项目、开展国际合作、争取上市以及冲刺全球会展 50 强和国内会展 30 强。例如,成都博览局积极为本地品牌展拓展平台与资源。以成都品牌展会中国(成都)建筑及装饰材料博览会为例(简称成都建博会),该展会是成都市博览局、成都市经济与信息化局重点打造的成都品牌展会。成都市博览局在过程中起到重要的推动作用,积极穿针引线,引进知名会展企业与成都建博会谋求合作,开拓国际资源。2017 年 5 月,英国英富曼会展集团正式合资成都建博会,随着英富曼会展集团国际资源和专业管理的导入,合资后首次举办的 2018 成都建博会,更是以 9 个展馆、10 万平方米展出面积华丽蜕变。2021 年英富曼集团融入国际优势资源及集团旗下建材家居类展览项目的资源,强势助阵成都建博会。进一步推动成都建博会国际化、品牌化、专业化发展步伐,为中国最具生机与潜力的中西部地区建材市场提供更加全面的商业平台。由此,成都市博览局积极扶持成都建博会的进一步发展,导入资源打造本土会展新名片。

针对外来品牌企业与展会,如国际知名会展企业总部、境内外专业组展机构,成都政府实施重点招引,包括选聘行业领军人才、资源网络重要人物担任"成都会展大使",成立专业招引团队,引入具有较强行业影响力的品牌展会、企业及上下游相关企业入驻。

针对城市会展业整体影响力,成都政府积极与国际机构合作,承办重要会议创造影响力。例如,成都博览局积极与国际展览组织合作。2013年,成都市博览局加入国际大会及会议协会(ICCA),是中西部首个加入ICCA的政府机构。今后也将持续深化与ICCA、国际展览联盟(UFI)、国际展览和项目协会(IAEE)等国际机构的合作,进一步推动成都会展业的品牌化发展,培育品牌展会。以打造"国际会展之都"为核心,从品牌培育、市场营销、氛围营造等方面着手,打造"城市—企业—产品"的品牌产业体系。同时,还将举行"中国会展城市的行业合作高峰论坛"和"国际会展业CEO高峰论坛",持续发布《中国会展城市竞争力指数》《全球会议目的地竞争力指数》。

可见,与上海模式和深圳模式不同,成都模式呈现较强的政府主导特征。从会展产业链的层面,政府积极介入产业链的构建、完善与升级。成都博览局作为成都会展业的专设机构,除了通过政策促进会展业发展,还通过政府主导品牌展培育助推产业。

本章要点小结

- 展览会选址是一个受多因素影响的系统决策过程。组展方主要从展览会成长性、行业硬环境、行业软环境和办展成本四个方面,对举办城市进行综合考量,体现了展览会成功举办需联动城市多个产业部门的行业特质。

- 影响展览会选址的因素是多元的,组展方须在综合衡量多方因素的情况下做出判断,所以"组合"的思想是不容忽视的。城市不同的资源与优势组合,可以为展览会提供不同的支持,对展会选址产生差异化吸引力。目前城市推动会展业发展组合因素包括多种资源与展馆建设驱动型、创新环境与展馆建设驱动型、依托创新与金融的人力资源驱动型、依托展馆的金融服务驱动型。

- 随着会展业的价值日益得到重视,多地出台政策促进会展业高质量发展。产业政策是一个城市对展会的信任和态度,将对展会的选址决策构成重要的吸引力。

● 上海模式、深圳模式与成都模式是三种城市服务模式的典型案例,分别为注重软环境建设的"上海模式"、以资金支持见长的"深圳模式"、以政府主导会展产业链构建的"成都模式"。

本章思考题

1. 评估城市展览选址因素的维度有哪些? 考量因素如何影响展览会的选址?

2. 相比一线城市,国内二、三线城市选址的优势和劣势有哪些?

3. 对比说明上海模式、深圳模式和成都模式的重点和效果。

 即测即评

本章参考文献

第六章　展览会终端客户组织与管理

学习目标

√ 了解终端客户组织与管理的原则；

√ 理解终端客户组织的模式及其利弊与原因；

√ 了解展览会的营销方式与趋势；

√ 了解展览会客户关系管理的重要性与策略。

本章导读

　　展览会的核心功能价值之一是连接参展商与观众，为二者提供一个展示、交易、沟通的综合平台。参展商与观众是展览会的终端客户，终端客户组织是组展方运用适当的方式组织参展商与观众到展览会现场参展的过程，是品牌展览会培育的关键环节，也是展览会能够成功的重要基石。实现和最大限度地提高终端客户的参展效益，是提升其对展览会品牌忠诚度的关键。随着展览市场的竞争加剧，参展商越来越注重展览会的效益判断，选择余地也越来越大，"展览会成功的关键在于观众组织"这一观点逐渐被认同。因而，展览会的终端客户组织是一个有针对性、选择性和技巧性的工作，需组织某一行业的规模相当的、精准匹配的参展商与观众并促成贸易与交流，方能达成效果。本章将首先介绍展览会终端客户组织的原则；其次介绍组织合作模式，并从利益相关者的视角分析不同合作模式的优劣；再次介绍常用的展览会营销方式，最后介绍展览会客户关系管理的要点。

第一节　展览会终端客户组织的原则

展览会要实现规模效应,必须告别单打独斗,通过多方合作整合与撬动资源,获得可持续的发展。资源整合、精准匹配、规模效应是实现高质且高效的展览会终端客户组织的三个原则。首先,达成终端客户组织的目标需整合资源,与多元利益相关者合作,达到"1+1＞2"的效果。组展方须选准内外部合作伙伴,建立合理的终端客户组织合作模式,进而调动合作伙伴的资源及其撬动行业资源的能力。其次,展览会还需充分利用营销渠道开展精准营销,触达目标市场客户。在对合作模式进行补充的同时,亦提升展览会的品牌形象与知名度。再次,展览会通过招展与招商聚集各地客户,形成规模可观的客户资产。最后,高质量的客户关系管理与维系、提升其参展活跃度与对展览会品牌的忠诚度是决定展览会品牌竞争力和可持续发展的关键。维系与存量客户的关系不容忽视。

一、资源整合

展览会作为临时性产业集群,其核心功能价值之一是在特定时间和空间聚集某一或相近产业链的企业,整合行业上下游资源。而这一目标的实现,并非组展方凭一己之力可以完成。组展方往往需联动内外部利益相关者,充分整合自身与利益相关者在题材产业中的社会资本。外部资源主要来自政府相关部门、行业协会、行业意见领袖、中介机构、重要参展企业以及专业观众,内部资源则为合作者和员工。此外,共赢是合作的出发点,难点则在于利益分配。因此,进行资源整合时须选择和建立合理的合作模式,并使之制度化。这样既能充分调动各个合作方的积极性,又能避免冲突和矛盾,从而达到终端客户组织的目标,并提高展览会的品牌价值。

二、精准匹配

组展方、参展商、观众三大主体之间的关系匹配是展览会终端客户组织的基本原则。展览会在有限的时间内聚集了产业链的不同环节,让参展商和观众在最短时间内精准地找到其目标客户,从而提升参展商和观众之间的匹配效率与合作质量,这是满足终端客户期望从而增强展览会效益的关键。因此,参展商与观众的数量匹配、质量匹配和目标匹配,是终端客户组织与管理的重点。需根据终端客户的特质、目的与需求和决策过程,选取相应的策略与方法精准触达,实现高质量与高效率的招展与观众组织。展览会上具有针对性的参观指引和各种洽谈活动是提升参展商与观众匹配效率的重要举措。然而,事实上,展览会前期的组织策略指定和需求调研以及展览会后的客户调查与反馈,对提升展览会的匹配效果同样具有重要意义。展览会的精准匹配原则体现在展览会举办的前、中、后期全过程,也是将重要终端客户纳入展览会价值管理的重要体现。

三、规模效应

展览会只有能够在同一时间聚集足够规模的终端客户,才能满足终端客户的参展效益,实现展览会的可持续发展。因此,终端客户组织的首要目标是达成数量目标,即网络用语中的 "吸粉",以形成足够大的流量。然而,若只有流量却无匹配质量,展览会则难以持续发展。因此,规模效应不仅局限于数量规模,更强调在资源整合与精准匹配的基础上实现高质量、可持续的规模效应。而实现这一目标的关键在于构建高质量客户关系管理体系,以及针对由此产生的私域流量的客户关系管理。这也是本书将展览会客户关系管理纳入展览会终端客户组织与管理的重要原因。

第二节　展览会终端客户组织的合作模式

一、合作模式的衡量与决策:利益相关者视角

终端客户组织的合作模式选取的基础在于利益相关者的关系。组展方的常见合作对象包括员工、行业协会、贸易商、代理商、合股者、政府和参展商,他们是主要利益相关者,如图 6-1 所示。展览项目中各主要利益相关者为追求各自的利益而走到一起,但又可能因为利益取向的不同而发生冲突,他们之间的利益关系是复杂的。为了顺利组织终端客户,组展方须充分了解与利益相关者之间的关系,进行合理的制度化,形成合力并避免冲突。

在利益相关者关系的分析中,可以根据潜在威胁程度和合作潜力两个维度,将利益相关者分为 4 种类型:支持型利益相关者、边缘型利益相关者、不支持型利益相关者、混合型利益相关者(见图 6-2)。不同类型的利益相关者,与组展方之间形成不同的利益点与冲突点,需采用不同的合作策略整合资源。

图 6-1　展览会利益相关者构成

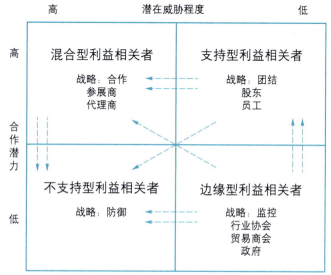

说明：虚线箭头表示利益相关者可能发生的类型改变。

图 6-2　展览会主要利益相关者诊断分类

资料来源：根据 G.Sabage et al(1991):65.转引自：约瑟夫·W.韦斯.符彩霞,译,2005:38.

1. 支持型利益相关者

该类型潜在威胁小而合作潜力大,股东、员工属于此类型。通过合股方式建立合作的机构,合股者的利益点在于获得投资回报。因此,组展方及时与他们沟通项目进展等真实信息,可以提升其对投资收益的确定感,也有利于暴露冲突和分歧并得到及时解决,增强合股者对展览会项目的支持。此外,不同于传统产业,员工是组展方最宝贵和最为稀缺的资源,组展方的利润主要来源于员工的策划、组织、实施。因而,构建有效的招展与招商员工激励体系,创造良好的企业文化,提升员工的被认可感和职业成就感尤为重要。对支持型利益相关者应该采取团结战略,调动其积极性促进终端客户组织的目标达成。

2. 边缘型利益相关者

该类型潜在威胁程度低，但合作潜力较小，行业协会、贸易商会、政府属于该类型。这类利益相关者往往可以接触较多行业内的企业或机构，具有丰富的客户资源，是组织有参展需求的精准客户的重要途径。但是，此类利益相关者不一定对项目的合作上心，关心程度不够，也存在自办同类展览会的可能。因此，可以采取监控战略，在最小化资源支出与寻找利益合作点的同时，持续观察，直到他们转向混合型、支持型或不支持型后调整合作策略。值得注意的是，不要把展览会的成功寄希望于行业协会、贸易商会、政府，也不要把主要力量用于这些利益相关者的攻坚上。互惠互利是得到这类利益相关者支持的基本原则，组织方可以挖掘双方的共同利益点，将之转化为合作伙伴或 VIP 客户。

3. 不支持型利益相关者

该类型潜在威胁大而合作潜力小。对此类利益相关者主要采取防御战略，捍卫展览会的利益，瓦解其支持力量，对他们予以坚决反击。在终端客户组织中，没有直接的不支持型利益相关者。但是，如果处理不好合作与冲突的关系，支持型、混合型、边缘型的利益相关者都可能转化为不支持型。这也凸显了选取合理的终端客户组织合作模式、充分了解不同利益相关者的关系以及制定有效策略的重要性。

4. 混合型利益相关者

该类型潜在威胁程度高，但合作潜力也大，参展商和代理商就属于该类型，应该采取合作的策略。获得参展效益是企业参展的主要目的。因而，提供真实信息、感知需求、真心地创造为他们获利的平台方，赢得信赖和合作，展览会也会逐渐扩大规模。否则一旦失信，参展商马上会成为问题源，甚至危机源。他们将传播负面口碑毁损展览会的声誉。代理商的目的是获取佣金、行业经验和行业资源等，合作顺利是对组展方极大的帮助。而一旦监控不力，代理商的机会主义将对参展商造成极大损失，威胁也由此而生。因而，选取代理商首先是对诚信的考察，其次才是对能力的考虑。此外，对过程的监控和沟通也非常重要。

值得关注的是，随着利害关系的变化，利益相关者会沿着四个象限移动改变类型。例如，支持型利益相关者因不能正确处理好冲突和矛盾而转变为混合型或者不支持型；边缘型利益相关者因理解合作的益处而转变为支持型或混合型。总之，策略的最终目标是达到双赢，其过程与结果同等重要，不可急于求成，只追求结果而忽略过程。

表 6-1 列出了以组展方为核心的利益相关者利益和冲突分析。在终端客户组织的合作中，既要看到利益相关者之间复杂的利益冲突，又不能忽视共同的利益带来合作的可能性。促成利益相关者之间合作和信任的基础是找到最佳的合作条款，同时满足他们利益最

大化的目标。在产生了冲突的情况下，参与各方都必须以积极的态度对待冲突，并愿意就面临的问题与冲突交换意见，寻求最优解决方案，这就需要一个良好的合作环境。

表 6-1　以组织方为核心的利益相关者利益和冲突分析

利益相关者	利益点	冲突点
股东	投资回报	投资未来收益的不确定性，公司与股东之间的利益关系在收益获取之前很难确定，因此双方在费用、决策、操作、沟通方面产生矛盾
代理商	佣金	监控成本大、信息不对称诱使一方采取机会主义行为
行业协会	提升影响力、获取利益	能力、商业伦理的冲突
贸易商会	提升地区和行业影响力	合作信任的模糊性，难于形成忠诚契约关系
员工	职业成就、个人认可	责权利不对等、分配的不公平
参展商	结识客户，获取良好参展效益	信息失真，承诺与实际的差距
政府	区域发展、政绩	搭便车行为损害政府形象

二、终端客户组织的常见合作模式

根据利益相关者的类型，展览会终端客户组织模式有三种，分别是：支持型利益相关者赋权、混合型利益相关者合作、边缘型利益相关者联合。本节将对各模式进行逐一介绍，并分析每种模式的优势与劣势。

（一）支持型利益相关者赋权

组展方识别支持型利益相关者，并予以相应的赋权。以组展方或其分支机构的员工开展终端观众组织，或寻找合作方进行合股这两种方式为主。

1. 组展方及分支机构进行组织

这一模式是由组展方或其分支机构成立招展与招商部门，负责制定并实施展览会方案和计划。通过激励方案的制定，充分调动员工积极性，利用已有的或者收集来的客户信息招募终端客户。由负责部门统筹整个区域的客户组织策划，用项目组组织队伍，确定每个招展人员所负责的区域及重点潜在客户，并进行招展、招商的具体工作。其中，还要制定各招展人员之间的信息沟通和资料共享办法等。例如，广东鸿威会展集团有限公司(简称鸿威会展集团)建立了项目合伙人计划，会展企业、组织和部分个人(主要是企业项目经理及员工)通过与鸿威签约，成为鸿威会展项目合伙人。共同投资、利润共享是鸿威会展集团合伙人计划的核心内容和亮点。通过合作新项目，合伙人和鸿威会展集团可以共同投资共同占股，享受高利润回报,大大提升了员工的积极性①。

这种模式的优势在于可以将权力牢牢掌握在组展方的手中,通过直接与参展商沟通,直接开展面向观众的宣传推广,降低监督和控制的成本和风险。然而,这一模式也存在缺点和弊端。一方面,组展方可能没有接触目标客户的渠道与方式;另一方面,鉴于市场情况、客户信息的复杂性和多变性,组展方或分支机构欠缺专业性和权威性,容易出现一系列技术或操作上的难题,导致耗时较长或效果不佳等问题。

2. 寻找合作方进行合股

合股指实行股份制运作展览会项目。合股的方式有两种:一种方式是双方共同出资,成本共担,利益共享;另一种方式是一方以客户资源或者场馆资源入股,另一方承担项目发生的各项成本,项目实行股份制合作。合股运作展览会项目是目前比较常见的方式,通常以第二种合作方式居多。关于合股的利弊,业内人士有着不同的看法。有的人不主张合股,认为存在综合风险,很难规避;而有的人则认为合股运作简单、明晰,风险小。

> **案例思考:车交会与名鞋展的合股模式**
>
> 广东国际汽车展示交易会(简称东交会)、东莞汽车博览会(简称东博会)是东莞的两大车展,但车展"撞车"导致了客源、参展商和利润分流。基于市场与东莞车展未来的考虑,在中汽对外经济技术合作公司和东莞市经贸局的积极撮合下,车交会与车博会在各自分别举办了3届之后于2004年两展合一,共同举办了第四届、第五届东莞车展。采用股份制的运作和分成模式,一个公司一套人马运作,实行秘书处对股东统一负责制,名称统一用广东国际汽车展示交易会,标志仍沿用以前"车博会"的徽标。车博会与车交会的整合,实行股份合作制得到了人们的一致赞誉,业界普遍认为"两大车展合二为一是成功整合的典范,这种合作模式值得推广"。自从合股之后,第四届车交会的展览面积达到2.5万平方米,2005年达到2.7万平方米,该项目已经作为东莞的品牌展进行培育。
>
> 另一个合股成功的范例是名鞋展,"现在看来合股成功的是名鞋展,至少从现在看""像名鞋展找濠畔合股,就是考虑到濠畔在行业内的优势、资源,濠畔做鞋几十年,有自己的品牌,还有专业市场"等赞誉之词,这是广东现代展览中心中高层员工对名鞋展股份合作的评价。名鞋展项目是广东现代展览中心与东莞市厚街濠畔鞋材广场合股运作。具体运作方式为双方按照股份比例投入成本250万元左右,利润也按比例分成。展览会具体事宜濠畔不参与,大事双方共同商议决策。名鞋展第一届的展示面积达到1.16万平方米,参展商260家,专业观众达到2万人;第二届名鞋展的规模比第一届提升不少,其展示面积达到了1.5万平方米,参展商308家,

专业观众 1.3 万人。该项目是广东现代展览中心有限公司极力培育的项目,他们希望名鞋展能成为名家具展之后的另一品牌展览会。

① 资料来源:鸿威会展集团官网。

车交会与名鞋展股份具体比例情况如表 6-2 所示。

表 6-2 车交会、名鞋展股份比例情况

项目名称	股份比例
车交会	广东现代展览中心 11.6%,中汽对外经济技术合作公司 26%,项目经理个人持股 8.5%,东莞市汽车博览中心、东莞市纵横经济策划有限公司合占 53.9%
名鞋展	广东现代展览中心 55% 股份,东莞市厚街濠畔鞋材广场 45% 股份

资料来源:罗秋菊(2008)。

思考题:车交会与名鞋展股份合作模式的成功,主要原因是什么?

(二) 混合型利益相关者合作

组展方可以与混合利益相关者合作,通过委托代理或鼓励参展商邀请客户,高效地组织终端客户。

1. 委托代理

委托代理指展览项目组委会委托团体或个人以组委会的名义,在一定范围内以一定的价格招揽参展商。对代理商的回报有两种方式,一则按所招展位的价格进行提成;二则按成本价给代理商,由代理商自行决定价格浮动范围,通常情况下,组委会在合同中规定价格的上限。寻找代理是目前展览界比较常见的招展方式之一,很多规模小的展览公司及个人依靠代理从中获取利益而得以生存。

委托代理的优势在于推动展览会的规模扩张,但条件是选择信誉好负责任的代理方以及组展方经常跟进,避免相关风险。这一模式的风险也非常明显,主要风险体现在难以监控以及代理方对参展商不切实际的承诺,导致终端客户满意度的急剧下降,口碑变差,展览会的负面影响扩散。而且,组展方与参展商无法直接沟通,需通过代理方传递。在代理方对展览知识了解有限的情况下,如果组展方与代理方沟通不到位或存在障碍,将直接影响终端客户的参展效益。

2. 鼓励参展商邀请客户

鼓励参展商邀请客户参展是组展方组织高质量专业观众的重要方式,也被普遍运用于展览会观众组织中。组展方可鼓励参展商向其客户、合作伙伴或潜在目标客户发送邀请函,邀请专业观众观展。这样的组织方式,可以最大限度地降低参展企业和专业观众之间的匹配成本,节约双方的信息筛选时间,增加展览会的预期交易量。同时,展览会也会成为参展商与其客户重要的会面与洽谈平台,提高参展商与专业观众对展览会的黏性。然而,由于展览会聚集同行,对依赖价格优势、产品可复制性高的企业而言,存在客户转而与其他参展商合作的风险,因此部分参展商并不愿意邀请重要客户观展。但总体而言,参展商邀请客户的模式可推进展览会组展方、参展商与专业观众的良性互动,推进展览会与产业链条的进步。

(三)边缘型利益相关者联合

组展方可以寻找与边缘型利益相关者之间的互惠互利点,将边缘型利益相关者转变为支持型利益相关者,利用边缘型利益相关者在行业中的号召力,组织行业上具有影响力的企业。

1. 与行业协会或权威机构协作

"政府＋协会＋组展商"三位一体的协作,如果运营得当将是一种有效的终端客户组织方式。在展览会培育过程中,政府承担着启动、召集、政策倾斜的角色,行业协会利用对本行业发展趋势的了解与行业号召力,充当会员企业与展览项目的中间人,然后再以组展方的名义对展览的招展、宣传、操作等事宜实行市场化操作。

这一模式的优势在于,可以协同各方的独特资源与优势能力,即发挥政府的宏观支持和调控作用和行业协会的桥梁纽带作用,带动企业的参展积极性。然而,这一模式对政府的号召力、行业协会的专业能力、主动性和责任感具有较高的要求。若地方政府号召力有限,组展方缺乏对行业的深入了解,或是行业协会组织不用心,都将无法满足会员企业多样化的需求,更无法谈及真正为会员企业提供各类服务,增加他们的信任感和归属感。因而,只有在行业中具有地位并获得认同的行业协会,才能获得更多的企业支持,吸引更多的企业参加展会。如果只将行业协会和展览会进行简单的捆绑,其作用就会大打折扣。

案例思考:国际名家具(东莞)展览会的终端客户组织模式

国际名家具(东莞)展览会(以下简称:名家具展)由厚街镇人民政府、具有行业协会性质的名家具俱乐部及广东现代展览中心集团公司共同主办。参展商与专业观众的组织采用政府、协会、公司三位一体的运作机构。在名家具展培育过程中,厚街镇政府承担着启动、召集、政策倾斜的角色,协会利用本身在行业内的号召力,以公司的名义在展览的招展、宣传、操作等事宜方面实行市场化操作。

值得注意的是,名家具展成立行业协会组织配合展览会的招展、招商。东莞市家具协会曾参与相关工作,但在第一届展览会之后便退出。随后,主办方开始着手成立带有行业协会性质的东莞名家具俱乐部,以取代东莞市家具协会的角色,利用行业协会的声望招展、招商。1999年6月,在第二届名家具展览会筹备期间,东莞名家具俱乐部正式成立,取代了东莞家具协会的主办地位。自此,名家具俱乐部与名家具展相互依存、共同成长,在行业内逐渐确立地位和名气。与此同时,随着俱乐部会员的增加及俱乐部行业号召力提升,展览会不仅得到资深会员的支持及参与,也吸引了一些富有潜力的新秀,促进了展览会品牌家具企业的聚集,形成良性循环。

另外,名家具展也与外地协会、商会合作,鼓励联合组团参展,使名家具展览会的档次和规模发生了质的飞跃。温州家具商会、浙江省家具协会、浙江玉环家具协会、国际家私装饰业(香港)协会组团加盟不仅扩大了名家具展的规模和影响力,也极大地提升了参展商和展示品的档次,凸显了名家具展的品牌效应。

思考题:名家具展成立行业协会组织终端客户参展,其成功的关键因素是什么?

2. 行业协会或权威机构组团参展

组团参展指组展方与商会、行业协会、有关政府、外国驻华机构、国际组织或专业团体签订合作协议，由合作方集体参展。作为回报，组展方不仅给予组团方价格折扣，而且会对组团内的参展商再次给予价格折扣。另外，在展览会现场辟出专区宣传组团单位。

从表面上看，组团参展与委托代理有些类似，但两者之间存在区别（见表6-3）。从主体上看，一般组团的主体都是当地的协会、商会，组团规模大，实力较强；而代理通常都是个人代理或小展览公司，有时也有协会。从价格角度来看，组团是两次委托关系，但代理招展只有一次折扣，比如招到一个展位返点30%。从现场宣传来看，对参展的组团配合现场宣传，如统一标识、专门辟出地方做特装，宣传地区，宣传组团单位，还会赠送展位给组团单位；代理招展都是单个企业参展，参展商之间并不属于某个团体，没有现场宣传。从规模来看，组团规模更大，而代理招展可能只有一个或两个。

表 6-3 组团参展与委托代理的区别

项目	组团参展	代理招展
主体	当地的协会、商会	个人代理或小展览公司
价格	两次委托关系	一次折扣
现场宣传	对参展的组团配合现场宣传，如统一标识、专门辟出地方做特装，宣传地区，宣传组团单位，赠送展位给组团单位	单个企业参展，参展商之间并不属于某个团体，没有现场宣传
规模	较大	不限定

资料来源：罗秋菊（2008）。

关于组团参展的利弊，业内人士有着不同的评价。

观点一：组团参展与展览会有专业化矛盾，但对培育中的展览会作用较大。组团方组织参展商，参展商还会组织相应的客户参观展览会。

观点二：组团利大于弊，优点是不仅保证了展览会的规模和质量，而且是一种社会资源的再配置。缺点是难以形成展览会的忠实客户群，而且同类展览会可能为了争取组团参展而进行价格竞争，同类展览会之间会进行价格竞争。另外，组团合作不稳定，组团方负责人的换届将直接影响展览会的规模和质量。

观点三：组团是最好的方式，无论对组展方还是组团主体都是双赢，是一种比较好的合作方式。对组展方而言，可以借助组团方的力量扩大展览会规模、提升展览会的质量及展览会的影响力;对组团方而言,通过展览会的宣传和营销可以提升组团方在行业内的地位和形象。

(四)终端客户组织的其他方法

除了以上方法,组展方还可以充分调动当地及周边专业市场的商户、借用同类展览会客商,以此借力开展终端客户的组织工作。

(1)组织当地及周边专业市场商户。一般而言,邻近产业集群或市场需求地的展览会更容易得到当地及周边专业市场商户的支持,因此,对展览会终端客户组织十分重要。例如,中国(阳江)国际五金刀剪博览会(简称刀博会)立足阳江这一全国最大的刀剪生产基地、出口基地和五金刀剪全球采购基地,充分发挥了阳江地方刀剪产业集群优势,获得当地及周边专业市场商户的支持,至今已成功举办了 20 届,成为全国刀剪产业唯一连续举办超过 10 届的展览会。展览会利用当地及其周边专业市场贸易商、制造商比较集中的优势,提前开展具有针对性的招展与招商工作,与当地及周边专业市场商户建立长期、可持续的联动与合作模式。此外,在开展期间,可以安排工作人员到专业市场派发资料等宣传,并安排穿梭巴士免费接送,提升当地企业对展览会的关注度。

(2)借用同类展览会客商。同类型展览会或类似题材展览会具有相似的展客商类型与结构,是展览会组织终端客户的渠道之一。一些组展方会收集相似题材或上下游产业题材展会的参展商目录,甚至租用展位进行现场宣传。与此同时,也有组展方会聘请工作人员,在展览会现场或周边派发自身展会的宣传资料,让更多潜在客户了解展览会。

(五)终端客户组织的多种模式对比

终端客户组织合作模式的利弊对比如表 6-4 所示。值得注意的是,为了充分拓展终端客户组织的能力,组展方会根据实际情况综合运用多种合作模式,而较少采取单一策略。

表 6-4　终端客户组织合作模式的利弊对比

合作模式	组织方式	优势	劣势
支持型利益相关者赋权	组展方及分支机构组织	掌握招展的主动权,且经济效益较高	不能充分利用其他社会机构的资源,对某些行业缺乏深入了解,招展较为困难
	合股	运作简单、明晰,风险小	存在综合风险,很难规避

合作模式	组织方式	优势	劣势
混合型利益相关者合作	委托代理	便于展览会的规模扩张,但条件是选择信誉好、负责任的代理方及组展方并经常跟进	难以监控代理方对参展商不切实际的承诺,由此导致参展商满意度的急剧下降,展览会的负面影响扩散;在代理方对展览了解有限和与组展方沟通不到位的情况下,组展方与参展商之间的沟通存在很大障碍,直接影响参展商的参展效益
	鼓励参展商邀请客户	以最小的成本极大提升参展商与专业观众的匹配度	部分参展商担心有关键客户转而与其他参展商合作的风险,对邀请客户观展的配合度较低;展览会依赖参展商已有客户,不利于拓展新的产业交流与满足参展商建立新合作关系的需求
边缘型利益相关者联合	行业协会或权威机构协作	协同各方的独特资源与优势能力:发挥政府的宏观支持和调控作用,行业协会的桥梁纽带作用,带动企业参展积极性	对政府的号召力、行业协会的组织能力和服务能力要求较高
	行业协会或权威机构组团参展	观点一:对培育中的展览会作用较大 观点二:保证了展览会的规模和质量,是一种社会资源的再配置 观点三:组团是比较好的方式,无论对组展方还是组团主体都是双赢	组团参展与展览会的专业化发生矛盾;难以形成展览会的忠实客户群;同类展览会之间易发生价格竞争;合作不稳定,组团方负责人的换届将直接影响展览会的规模和质量

◇ 案例思考:展览会的终端客户组织结构

　　某展会是首个由国际知名展览集团在国外举办的展览会,已经成功举办了十余届,成为我国与举办国的高效商务对接平台。这一展会的成功举办,得益于其不断适应环境与克服境外办展困难,调整组织架构提升终端客户组织能力。起初,展览会由 A 机构主办、B 公司承办,自负盈亏;历经不同省市 A 机构所属系统的陆续加盟及隐退,发展至今形成了众多相关单位加盟的强大阵容。其中,主承办方的主体既有政府单位,也有事业单位、商业行业协会、专业展览公司,几乎涵盖了展览会经营主体的所有类别。这一展会的组织结构经历了三个阶段的演变。

第一阶段:A机构与企业合作办展,基本实现市场化运作。在首届展览会举办之时,A机构与承办公司B作为办展主体,成为展览会的主导机构;A机构与所在系统的兄弟单位、商协会、展览公司签署代理协议,增强招展力量;在获得中国驻举办地总领事馆的支持前提下,A机构与几个当地产业协会与商会签署合作备忘录,成为支持单位为招商工作铺路。

第二阶段:A机构与地方分会、相关系统、商协会合作,推动横向发展(见表6-5)。在前一阶段的组织架构上,展会同意增设D机构与E机构为协办单位,招展力量进一步增强。在第三届展会举办前,A机构、B公司与C机构签署三方合作协议,成立展会组委会,展会的核心组织发生变化。经组委会协商,A机构与F机构签署合作协议,让其成为F地区独家代理,并增设其作为某展会的联合主办单位。自此,展览会主导机构内部与组织结构规模都进一步扩大,某展览会的组织结构基本成型。几年后,A机构邀请上级单位G加盟共享平台,签署合作办展备忘录。主导机构通过增减合作方,转变合作模式,显著提升了展览会规模。

表6-5　某展览会主要合作方的合作方式

合作方	合作名义	合作协议
D机构	协办方	1. 协办机构主要负责本地区的招展工作、企业出访安排及当地资金扶持 2. 给予协办机构名义上的确认,即通过宣传资料、开幕式等公开确认其作为协办方的资格 3. 利益分配方面,协办机构按照代理协议标准根据招募摊位数量提取固定佣金
G机构	联合主办方	1. G机构支付所有的费用原则均按其占用面积占总面积的比例来摊分,包括了场租、水电费、开幕式安排、展位搭建装修、广告宣传等 2. G机构招募重点对象为中西部、东北地区享受贸促会优惠展位政策的企业,拥有自主品牌的生产企业和年出口额在1 500万美元以上的出口企业 3. G机构办展一贯带补贴性质,每个项目均设置补贴上限。总会收取企业的摊位费时按照直接抵扣了补贴的价格收取,展品运输也是象征性收费(设运输的体积上限),其控制招募摊位数量遵循本项目的补贴额度全部抵扣原则 4. 通过G机构引荐报名企业,组委会给予一定的优惠

合作方	合作名义	合作协议
F 机构	联合主办方	1. 负责 F 地区的展位招募及企业展团安排 2. 费用结算方式：① 按大会统一标准向参展企业收取所有展览相关费用；② F 机构单独组织 20 个展位以上，甲乙双方采取分摊筹展公共成本方式进行结算，甲方负责于招展结束后提供场地、搭建、装修、宣传推广等公共分摊费用的预算方案供乙方参考，并于展览结束后按实际发生额与乙方结算。预算、结算差额将控制 10% 以内；③ F 单独组织不足 20 个展位，组委会按以下方式向 F 机构支付展位提成：1~9 个，提成展位费 15%；10~19 个，提成展位费 20% 3. F 地区企业的出展扶持资金由 F 机构自行负责
H 机构	联合主办方	1. H 机构招募摊位承诺保底 2. H 机构支付所有费用均按以下方法计算：将所有参展净面积的总平方米数除以 9，得出本届展览会的总标准摊位数 M；将 H 机构所使用净面积数除以 9 得出其标准摊位数 N；按照 N/M 的比率乘以前款费用的总额得到 H 机构应分摊的总额；需要支付的费用包括：场地租金；宣传推广及买家招募费用；会刊印制；公共布展装饰费用；在举办地申请办展手续的费用；其他有关费用 3. H 机构可在 H 地区招募 H 地区企业参展，也可招募在 H 地区资本在其他地区的企业参展 4. 双方签署合作备忘录，不涉及具体操作事宜

第三阶段：中方承办机构成功转型。在第十一届展会举办之际，主导机构之一 B 的性质发生转变，与国外知名会展企业合作转型为合资企业。B 公司的转型没有改变展览会合作模式，但从侧面反映了 B 公司的实力提升与被认可。

从该展会的三个阶段演变来看，A 机构与承办公司 B 作为该展览项目的主导机构，通过授权招展代理，通过与兄弟单位、相关系统机构、商协会签署合作协议，搭建了一个有利于集众人之力把项目做大的合作结构，不断扩大组织方规模。主导机构通过积极邀请其他机构加盟，不断创新合作模式，展会规模逐步扩大，品牌效应提升，形成良好的利益相关者互动。

在该展览会的组织结构演变过程中，主导机构对项目拥有绝对的主导权与经营权，能够平衡各加盟机构的利益关系。主导机构在寻求合作的过程中，需面对各种交换条件。在保证展览会不出现亏损的前提下，经济利益、摊位数、名誉、影响力都可以成为潜在的交换条件。例如，与 F 机构的合作是以一定摊位数为合作基础，以促进展览会规模的扩大；G 机构是主管各地分支机构，其加盟无疑是对系统内单位工作的支持，是展会在系统内扩大影响力的有效捷径。在展览会长远发展和短期利益的问题上，主导机构必须在其之间找到一个平衡点，推动项目的可持续发展。因此,在各种局部利益的平衡中,经济利益并非主导机构的单一目标。

最终,合作力量构成影响参展企业的结构。某展览会的合作力量主要来自各地合作单位或行业商协会,组织结构职能式与区域式结构混合,参展企业也反映出组展单位的区域性或者行业性质。例如,来自I地区的企业主要通过I机构报名,且体现当地优势产业;J机构组织的企业都是来自该机构所在产业。

思考题:该展览会运用了哪些终端客户组织合作模式? 如何平衡利益相关者之间的关系?

第三节　展览会营销管理

扩大终端客户对展览会的关注,全面提升展览会的品牌与综合影响力,还需开展有计划的市场营销。展览会营销具有主体多元化、需求异质化的特征,要注重对市场进行细致的分析,并将各种不同的营销手段进行全方位的整合。

在营销主体多元化方面,展览会的营销不仅限于项目本身,还需要举办城市层面的综合营销,实现城市与项目品牌的叠加效应。因此,展览会营销的主体还包括政府部门和行业协会,以及二者之间充分地协作。例如,政府负责对当地会展行业、系列会展项目、城市形象进行整体营销,吸引更多的外地或境外参展商、专业观众到举办城市参加展览会。城市知名度与会展形象的提升,将对单个项目的营销带来助力。这也是很多组展方希望地方政府加强整体营销的原因。

在营销对象需求异质化方面,展览会的营销对象是异质化的,包括参展商、专业观众、公众。对贸易型展览会而言,参展商与专业观众是展览会项目组展方的主要营销对象,其质量直接决定展览会项目的成败。参展商与专业观众是 B2B(Business to Business)的关系,需要重点关注其商贸、营销、信息搜寻等参展需求。普通公众无法有效提升参展商的参展效益,过多公众参与反而降低贸易展的沟通效率,并不利于展览会项目利润率提升。相应地,参展商与专业观众具有专业性,普通广告与网络宣传难以触达,需精准定位目标市场及其营销渠道与方式。如目标市场涉及境外,需通过脸书、推特、领英等全球社交媒体平台的宣传和推广,并建立英文版官网,以带来国际客户和扩大全球知名度。对于消费型与混合型展览会,公众则是重要的营销对象,因此,要重点提升展览会项目在公众群体的知名度、形象、口碑、美誉度。公众的关注点与专业观众具有明显差异,以购买、兴趣、娱乐、休闲等目的为主,要选取合适的大众媒体,策划可引发大众关注度的内容,引爆市场。组展方需针对不同受众,有针对性地选择立体化营销渠道和营销方式,才能有效开展展览会营销工作,满足营销受众的异质化诉求。

当前,随着互联网技术的迅猛发展,产业营销与大众营销线上化,线上营销已经成为展览会营销的主导方式,呈现线上与线下融合(O2O)营销模式。展览会常见营销方式如表6-6所示,本节将重点介绍一些有代表性的营销方式,为展览会的营销渠道选择和组合提供参考。

表 6-6　常见的展览会营销方式

营销方式类型	营销方式	相关说明
线下营销模式	广告宣传	(1)专业媒体广告:展览会题材所在行业的专业报纸与杂志等媒体 (2)大众媒体广告:电视广告、报纸广告、杂志广告、户外广告、交通媒体、电梯广告等
	电话营销	对展览会目标客户进行电话拜访
	人员拜访	到展览会的重点参展商与专业观众企业拜访
	直邮营销	对展览会目标客户邮寄展览会资料
	传单宣传	到展览会目标客户聚集的场所派发传单
	活动营销	采用路演、新闻发布会、核心用户招待会、推介会、庆祝会等公关性营销活动来推广展览会
	同类展览会宣传	到同类展览会现场进行宣传,因有相近的参展企业与观众
线上营销模式	互联网广告	综合门户网站、社交媒体、电商平台等进行广告宣传
	电子邮件营销	通过电子邮件向目标客户发送展览会信息与资料
	官方网站	建设展览会官方网站,提供展览会信息与服务
	搜索引擎排名优化	运用策略优化展览会官网及相关网页的搜索引擎排名位置
	链接交换	与同类展览会有直接或者间接关系的公司、组织、机构或个人交换展示彼此的网站链接
	社交媒体营销	通过微信、微博、抖音、知乎、脸书、推特、领英等社交媒体平台开展营销
	大数据营销	对大数据进行收集与挖掘,开展精准营销
	圈层营销	针对展览会目标客户的圈层开展有针对性的营销,例如群聊、话题小组、论坛网站用户社区等均属于文化圈层

一、电话营销

电话营销是最传统的展览会营销方式之一，即通过电话拜访的方式，有计划、有组织、高效地触达展览会的目标客户。虽然这种方式显得传统，但电话营销依然是当前展览会营销中十分重要的手段，可以精准地触达目标客户，并及时传递信息与获得反馈。如果在开展电话营销前，已经通过广告与电子邮件等方式让目标客户了解展览会的基本信息，电话营销人员与客户之间的沟通就会更加高效。在电话营销的具体实施上，为提升专业化与降低成本，部分组展方会将电话营销外包给专业机构。

二、广告宣传

广告宣传是提高展览会知名度与客户认知度的重要方式。广告宣传覆盖面广，可以覆盖已有的和潜在的客户，触达直接联络所遗漏的目标客户。但广告宣传的成本高，因此需要明确广告宣传的目标及受众，确定合理的预算与投放方式，谨慎选择广告媒体。通常，展览会的广告宣传主要分为专业媒体广告与大众媒体广告两大类。

(一) 专业媒体广告

专业媒体指展览会题材所在行业的专业报纸、杂志等其他媒介，是贸易型与专业型展览会针对专业观众营销的主要选择。强调专业媒体的原因在于，如今大部分展览会是专注于某一题材或相关题材的专业展览会，专业媒体受众通常都是该行业的从业人士或者相关者。因此，精准地触达目标市场是营销的关键所在。专业媒体广告优势在于可以精准地触达特定群体，无论是由业缘还是趣缘连接的群体。组展方面向展览会题材的专业媒体投放广告，一般能够起到较好的营销效果。另外，专业媒体在行业内有一定的权威性和影响力，这也从侧面增加了展览会的可信度与影响力。

(二) 大众媒体广告

大众媒体广告包括电视、报纸、户外广告、交通媒体等，主要面向社会公众。对于贸易型展览会，在大众媒体投放广告的目的，一方面在于提升展览会的整体知名度与塑造会展品牌形象；另一方面是能在目标客户聚集地的曝光机会，例如在展览会题材的专业市场、产业集群或周边区域投放电梯广告、户外广告，可以向专业观众传递信息。对于消费型展览会，大众媒体则是吸引普通观众参与展会活动，提升展览会社会知名度、引爆市场的重要手段。它的优势在于覆盖面十分广泛，能让大量受众获取关于该会展的信息，时效性强。

三、活动营销

活动营销（event marketing）指采用路演、新闻发布会、核心用户招待会、推介会、庆祝会等公关营销活动来推广展览会。通过一系列活动来撬动展览会的认知度，加强与目标客户的互动，促进目标客户对组展方以及展览会的了解，从而达到组织终端客户参加展会的根本目的。例如，广州国际旅游展览会每年在开展前，均携同重要参展商在全国多地开展推介会。在宣传展会的同时，也为重要参展商提供了营销的机会。在开展营销活动的时候，要重点邀请与吸引目标客户参加，精心策划活动的时间、地点、邀请的嘉宾、媒体单位、发布会的内容和程序。其中尤其重要的是活动的内容，要突出推广会展项目的特色。消费型展览会要让营销活动具备新闻价值点，成为媒体和公众的聚焦点，形成更大的影响力。

除此以外，展览会现场活动也对观众具有吸引力。为了吸引观众到场与引导观众参观，组展方策划高峰论坛、专业会议、现场表演、礼品领取、积攒印章等现场活动。参展商在展览会中的促销活动，对吸引普通观众的参与也有重要作用，如折扣、抽奖、竞赛等。尤其在消费型展会中，参展商促销的宣传作用越来越大，如车展、家装建材展、婚博会、房交会，普通观众会为了买到物美价廉的产品而到展览会现场消费。

四、电子邮件营销

电子邮件营销是企业最常用的营销推广方式之一。一般而言，采用电子邮件营销需要具备三个条件。一则，展览会要建设健全的客户信息管理系统。在征得用户同意的情况下，组展方获得足够多的电子邮件地址资源，建立完备的客户信息管理系统，以便有针对性地导入客户资料，并发送有效的营销邮件。二则，数据挖掘与分析的能力。客户信息数据库是展览会的宝贵资源，如何在数据库中挖掘出用户画像与用户行为，进行用户细分从而展开有针对性的营销，将深刻地影响电子邮件营销效果。三则，制定有效的邮件发送方案，包括内容设计与投放策略。符合终端客户需求和目标的邮件内容才有价值，方能提升邮件的转化率。组展方可以基于大数据或机器学习分析，制定有针对性的发送方案。

五、社交媒体营销

社交媒体是普通大众发布消息并进行互动的媒体总称。随着自媒体的兴起，展览会营销已从以电话营销、纸媒主导的传统模式，转向社交媒体和数据为驱动的营销模式。

社交媒体对传统媒体的革新在于扁平化与去中心化，优势主要表现为传播渠道层次减少、权威性和等级性弱化,组展方与终端客户可以直接互动,无须经过其他代理或媒体机构。展览会可以建立自己的公众号、视频号、官方号等,获得自有的粉丝群形成私域流量,开展具有针对性的服务。如今,大部分展览会都会自建微信公众号,提供参展商和观众注册与现场信息指引等基础服务。从公众号获得的粉丝是展览会直接开展营销与客户关系维护的重要基础。但是,社交媒体营销能达到效果的前提是有足够的流量,即吸粉与固粉。因此,组展方需通过多种策略提升粉丝数量,例如在公众号提供注册等服务功能、策划营销活动、利用地推等方式,将已有与潜在的终端客户转化为自己账号的粉丝,并通过良好的内容策划留存用户与提升用户黏性。

与此同时,组展方须在充分了解不同社交媒体平台优势和目标市场的前提下制定营销策略,并构建立体化的社交媒体营销矩阵。表 6-7 总结了我国常见的社交媒体类型,不同的社交媒体有不同的用户群与互动规则。例如,微信平台的社交互动更强,并且图片、文字、视频等信息综合运用,更适合传播具有深度的长篇幅内容,容易聚集专业观众;同时,小程序、H5 页面与公众号的服务承载功能较强,可以在此基础上构建轻量服务体系。而短视频类的社交媒体则更娱乐化,对消费型展览会面向公众的传播更有优势。社交媒体营销亦不可依赖单一渠道,而需建立矩阵思想,覆盖不同目标市场的客户,建立展览会的形象,有效地传递不同类型的信息与品牌价值。

表 6-7 国内常见的社交媒体类型

微信平台	微博平台	问答平台	视频平台		论坛平台	其他自媒体平台
微信公众号 微信群 微信视频号	企业官博 微博"大V" 微博超话 微博热搜	知乎 百度问答 360 问答 搜狗问答	优酷 爱奇艺 腾讯视频 哔哩哔哩	抖音 快手 秒拍 美拍	豆瓣 百度贴吧 天涯论坛	小红书 头条号 搜狐号 百家号

如今,社交媒体营销已是市场营销不可或缺的方式,关键在于目标市场流量的获取、留存与转化。AARRR 模型阐释了社交媒体营销的用户运营链路,从获取用户(acquisition)、激活用户(activation)、提高留存(retention)到用户推荐(referral)、产品变现(revenue)①,形成增量闭环。其中,用户的获取是难点,展览会往往需要精心策划的病毒营销、活动营销、情感

营销、知识营销等策略。

六、圈层营销

展览会的成功举办需聚集同一领域的相关人群。圈层社群是有特定关系或关注点的人的聚集，在展览会营销中逐渐引发关注。"圈层"是人类社会中经分类形成的动态场域。曾经，亲缘、地缘、业缘决定了圈层的构建，但如今趣缘逐渐引发关注，互联网传播媒介在其中扮演着重要角色。

圈层营销能够让展览会快速触达精准客群，从而减少单纯靠自身力量获取用户流量的成本与时间。展览会圈层营销对终端客户组织的作用主要在于：① 拓宽行业覆盖，获取更多资源：展览会的跨圈层营销是双方或多方领域间的一次合作，是基于某一契合点对不同领域进行创造性的组合，有利于打破单一领域的局限，实现资金、资产、人脉等行业资源的整合，带动发掘更多合作机会，优化资源的配置与利用效率，从而创造更多价值；② 接触更多客户，扩大市场规模：打通多方市场，乃至催生对融合领域有兴趣的新市场，扩大了触达终端客户的渠道，为客户拓展和产业融合注入活力；③ 提升知名度，增强影响力："出圈"意味着将不同领域的代表性元素有创意地结合起来，并凭借其新颖性引起媒体和社会公众的广泛关注。在网络效应的加持下，展览会的品牌知名度将通过病毒式传播大幅提升，同时也将与多数同行形成差异化竞争，更可能获得高曝光率、行业话语权和社会影响力。

圈层营销在动漫展等面向年轻人的展览会营销中非常有优势。文化圈层具有文化主题突出、关系较强、活跃度高、原创或二次创作能力强的特点，且在一定程度上表现出高忠诚度带来的封闭性。在网络空间中，群聊、话题小组、论坛网站用户社区等均属于文化圈层的体现，甚至衍生出临时或固定的线下圈层集聚。近年来，常见的文化圈层有"追星""二次元""游戏电竞""国风""盲盒潮玩""体育运动"等。

粉丝经济也是文化圈层的一种体现。对组展方而言，运用粉丝经济可以快速提升展会现场人气。例如，邀请名人（展览会题材领域的意见领袖、偶像或大咖等）在展前和展中举办倒计时、直播、论坛、签售等活动，利用名人的吸引力与号召力，为展览会引流、造势。再如，整合内容IP的影响力，与知名IP合作融入营销，如文案语言、视觉图案、标志性集体仪式等。这类合作常见于动漫展、游戏展的布展设计与活动策划，既能够直接吸引IP的粉丝群体，也能带动粉丝群体内部的意见领袖自发进行互动性更强、更有针对性的二次宣传。

七、大数据营销

在数字化时代,会展业也受到社会、经济与技术变革的影响。如今,展览会营销已从销售驱动的模式,转变为营销驱动与观众导向,逐渐走向以内容、社群为主导的未来。随着AI、大数据分析等技术的发展,大数据技术与应用成为展览会的重要资产与能力。

大数据技术应用于会展业有以下几个优势。第一,精准识别展览会目标客户的特征。通过跨平台采集数据,然后基于跨平台关联运算,能够精确刻画展览会目标客户群体画像,有利于组展方筛选重点客户,有针对性地制定展会营销策略,并精准投放营销广告。第二,有利于精准信息推送。精准信息推送要首先明确目标受众的特征和群体属性等信息,大数据基于跨平台的关联性运算,能精确描述展览会目标受众的特征和属性信息,为组展方的精准营销提供可能。第三,有效管理展览会客户关系群体。大数据可以帮助分析活跃粉丝与展览会项目的互动内容,针对不同参展商或专业观众画像设定各种规则,关联潜在组展方与参展商、专业观众、粉丝等数据,筛选目标群体进行精准营销,进而可以使传统客户关系管理结合社会化数据,用不同维度的标签丰富客户画像,并可动态更新展览会项目的生命周期数据,保持信息时效性。第四,为展览会项目的市场预测、决策分析提供支持。市场预测与决策分析是展览会营销策略的制定基础。由于大数据具有数据来源规模大及数据类型多的特点,能够对数据分析与数据挖掘提出更全面、更及时的新要求,这些改变必然会为市场预测及决策分析提供更好的支撑。

然而,会展业作为重视数据的行业之一,在从一般数据向大数据过渡的过程中仍处在探索的初级阶段。目前,基于传统数据库通过因果分析实现精准营销和精细化运营仍然是会展业的主要操作方式。其中一个重要阻碍是缺乏大数据挖掘与分析的专业能力。即便在技术手段上可以实现海量数据的收集,没有专业的数据分析人员,也无法完成对大数据的分析解读。大数据关于样本等于全部、重关联不求因果的理念,更多的是基于海量数据才能实现。大数据的采集范围广、类型多样等特征,使传统会展企业既具备精细化营销的可能性,又面临如何挖掘最有价值的营销数据的挑战。

第四节　展览会客户关系管理

客户关系管理的理念拓展了展览会终端客户组织的范畴。除了通过组织模式与营销方式获得客户,并将客户吸引到现场,还需要基于客户生命周期维护与促进和客户的互动。换言之,除了吸引新客户以外,还要留住老客户,将客户转化为忠诚客户。对于展览会客户关系管理,要重点关注三方匹配原则,并根据客户类型进行有针对性的匹配,最终识别重要客户进行分级管理与维护。

一、组展方、参展商与观众的三方匹配

展览会招展与观众组织的基本原则,是形成组展方、参展商与观众的三方匹配关系。展览会的三个关键主体的匹配,是展览会达成三方目的、推动展览会可持续发展的关键。本节将以贸易型展览会展开阐述。

(一) 参展商与观众的匹配

展览会为参展商与专业观众提供了贸易匹配平台,因此招展与观众组织的关键在于匹配参展商与专业观众,使双方在展会中能遇到正确的人,并进行充分的沟通与交流。参展商与专业观众的匹配需达成数量匹配和目的匹配。

1. 参展商与专业观众的数量匹配

专业观众在决定是否参观之前,须搜集、整理和分析有关参展商数量规模的信息。当信息搜索成本高于专业观众的预期收益时,专业观众就不再收集更多的信息了。信息搜集成本决定了专业观众不可能完全了解参展商的真实数量。专业观众在根据有限的信息进行参观决策时,只能根据平均值作为判断标准。这时,如果组展方利用专业观众缺乏完整信息而蒙混过关,则招展不力,较少的参展商数量将严重影响专业观众的参观意愿,专业观众数量随之不断下降。同理,对参展商而言也是如此。当参展商与专业观众数量下降到一定程度,展览会就办不下去了。

2. 参展商与专业观众的目的匹配

参展商与专业观众的目的匹配产生偏差将影响参展商的参展效益。引导参展商设定以专业观众为导向的多维目标,使双方都能充分利用展览会的综合功能,达到参展效益最大化尤为重要。同时,专业观众在决定是否参观之前,需搜集、整理和分析有关参展商质量和类型的信息,从而判断参展商的实际质量和参展目的。实际参展时,如果参展商良莠不齐,专业观众将逐步失去参观意愿。对于参展商,如果低质量和高质量的参展商面对的都是质量同样参差不齐的专业观众,此时对低质量的参展商而言是鼓励,而对高质量的参展商而言则是打击。参展商与专业观众的目的难以有效地匹配,展览会的质量也随之不断下降。

罗秋菊(2008)曾对东莞市多个展览会的参展商和专业观众的参展目的进行调研,将排序前十位的参展目的进行比较分析,发现两者之间存在较大差异,偏差主要体现如图6-3所示。组展方在招展和组织观众时,要考虑参展商和专业观众的参展目的之间的匹配,以达到最佳效果。

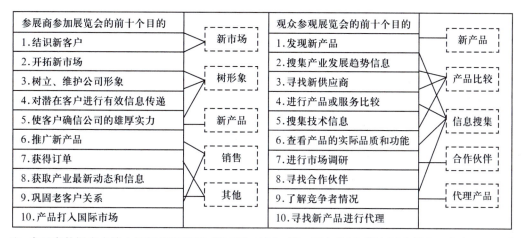

注:参展商数据来自第十四届名家具展、第四届工博会、第二届名鞋展、第七届电博会四个产业型展览会参展商问卷调查的统计分析;专业观众数据来自第十四届名家具展、第四届工博会、第四届华南国际印制电路及组装技术展览会、第二届名鞋展、第七届电博会五个产业型展览会专业观众的问卷调查。

图6-3 排序前十位的参展商与专业观众参展目的比较

(1)重视程度的差异。专业观众首先将发现新产品视为参观展会的首要目的,其次是搜集产业发展信息,再次是寻找新供应商、进行产品或服务比较;而参展商参展目的排在第一的是结识新客户,第二是开拓新市场,第三是树立、维护公司形象。值得注意的是参展商把推广新产品排在第六,这说明参展商对推广新产品的重视程度与观众的实际需求并不平衡,专业观众在新产品不多或者新产品介绍方式不鲜明的情况下,其参展满意度与效益感知下降,进一步对展会中的采购、信息搜集等行为产生影响。

(2)从参展目的的多样化来看,把参展商和专业观众排序在前十位的目的进行归纳综合,参展商的综合目的是开拓新市场、树形象、推广新产品、销售行为以及其他,实质上参展商目的相对单一,主要侧重营销目的及销售目的;专业观众的综合目的是发现新产品、比较产品、搜集信息、寻找合作伙伴、代理产品等,由此看出专业观众的需求更多样化,既有采购及代理目的、信息搜集目的,又有寻找合作伙伴的目的,其中非常重要的一个前提条件是能够发现新产品、新趋势、新技术。

(二) 组展方与参展商、观众的匹配

组展方作为中介机构为参展商与专业观众搭建沟通、交易的桥梁,通过组展方的招展和专业观众组织,可以促进参展商与专业观众的有效匹配,充分发挥展览会的综合平台功能。组展方、参展商与专业观众之间往往存在严重的信息不对称,参展商无法获得专业观众的对称信息,专业观众也无法得知参展商的实际情况,导致二者的目的匹配失衡。一方面,如果参展商按照组展方提供的观众质量和数量准备参展产品、资料,配备人员,带着很高的期望参展,现实与宣传的落差不仅会直接导致满意度下降造成投入的浪费,还会影响其下一届的参展意愿。另一方面,依照组展方宣传的展览会规模,如果专业观众带着高期望来到展览会现场,那么,后果可能就是下次不再观展,还会产生负面口碑。因此,组展方、参展商与专业观众的匹配关系尤为重要。

第一,组展方要充分认识参展商与专业观众不匹配产生的不良影响,尽力克服"劣币驱逐良币"现象的发生,努力达到参展商与专业观众数量上的匹配,促进良性循环。在提高参展商和专业观众参展效果的基础上,组展方的市场价值和办展效益才能得到相应提高,这样的运作模式才具有可持续性。

第二,相对于专业观众组织,组展方往往更加重视招展,因为参展商是组展方的主体收入来源。但参展商与专业观众的数量匹配在客观上要求组展方必须重视对专业观众的组织,否则参展商与专业观众的数量匹配将陷入恶性循环,最终导致参展商的参展数量和参展效果不断下降,并直接影响组展方的市场价值和办展效益。

第三,组展方要努力做到参展商与专业观众的质量类型和参展目的的匹配,促进参展商与专业观众目的匹配的良性循环,从而提高参展效果。对招展的质量而言,组展方更加重视招展的数量。参展商数量越多,组展方收入越多。但目的匹配在客观上要求组展方必须重视参展商的质量类型和真实的参展目的,否则参展商与专业观众的目的匹配将陷入恶性循环,最终导致参展商的参展质量和参展效果不断下降,并直接影响组展方的市场价值和办展效益。

第四,参展商与专业观众彼此之间越了解,各自的参展目的也就越明确,参展商与专业观众的参展目的就越能得到有效的匹配,参展商与专业观众也就可以达到预期的参展绩效。因此,组展方在招展和招商的过程中,要尽可能地采取各种措施促进参展商与专业观众之间增进了解,提高参展商和专业观众的参展效果。组展方需切实地朝着有利于参展商和专业观众利益最大化的方向来决策招展和专业观众组织的实际进度和具体安排,真实地披露市场的变化情况,并根据真实变化来调整招展和观众组织。从长期来看,组展方积极推进终端客户组织,提高展览会的办展效果,方能改进和提高自身在展览会市场上的声誉。

二、根据客户类型进行针对性匹配

(一)合理配置专业观众的结构配比

专业观众目的包括多种类型,而参展商在与不同类型观众的互动中能获取价值不等的利益。因此,在进行专业观众组织时不应该拘泥于传统的专业买家及搜集信息的同行,而应拓宽视野,扩大范围。一则应针对中下游企业重点专攻核心层专业观众。核心层观众包括下游企业的直接采购、专业销售、辅助配套,是最受参展商欢迎的观众,这也是参展商判断专业观众质量的重要指标。因此,应把这层观众作为重点专攻目标。二则应依据产业集群链广泛组织次层和外层观众。除了核心层观众之外,对次层观众和外层观众的组织在提升企业的参展效益中起着重要作用,由此展览会的综合平台功能才得以显现。依据产业集群链可以广泛组织同行企业、配套和互补企业、下游供应商以及上、下游的各类配套相关企业。概述之,观众的组织范围应该包含整个产业链,不仅要考虑参展商的上中下游,还应考虑配套、互补、辅助企业以及观众可能涉及的各类配套企业。

组展方应合理地组织核心层、次层、外层的专业观众,形成合理的数量比例。专业观众组织人员需依据产业链重点组织核心层观众,在保证一定比例的核心层专业观众基础上,再组织适当比例的次层与外层专业观众(见表6-8)。罗秋菊(2008)所调研的香港迅通有限公司主办的机械展,其专业观众的比例为核心层占30%,次层占35%,外层占35%,该比例搭配是比较合理的。如果核心层专业观众占比太低,次层及外层专业观众占比过高,就会导致专业观众质量不高的认知;相反,在保证一定比例的核心层专业观众的基础上,又有适当比例的次层及外层专业观众,整个展览会的人流量和质量便都能得到体现,展览会就会朝着良性循环的趋势发展。这便要求组展方非常深入地了解该行业,熟悉该行业的产业网络体系,明晰网络体系之间的产业关联。此外,员工还应掌握参展商需求,这样才能有针对性地组织和邀请对口观众。因此,展览公司应成立专门的观众组织小组,配备专业人员充分地调研,分层次、有计划地组织和邀请不同类型的观众。

表6-8 专业观众类型及建议比例

类型	比例	参观目标	展览会利用特质	参观需求	参展商获益处
核心层	30%	直接采购、寻找代理、寻找产品的配套辅助产品并与参展商建立联系	货比三家、价格公开、报价实在、易于识别公司实力	参加大型品牌展	识别潜在客户、销售产品、建立有益产品销售的长期联系

类型	比例	参观目标	展览会利用特质	参观需求	参展商获益处
次层	35%	获取技术信息 作为供应商或配套产品提供商与参展商建立联系	参展商汇集，信息搜集成本低，容易积累客户资源，拒访率低	经常参加本地相关展览会，以大型为主	对未来销售具有推荐作用 获取差价；进行沟通，建立联系
外层	35%	与其他观众建立联系 调研、考察、闲逛	观众人流量大、易于识别专业人士 信息量大，成本低	有些经常全职参展	形象宣传、口碑扩散、对未来采购具有间接作用

资料来源：根据罗秋菊(2008)整理。

(二) 根据不同类型观众进行展会匹配

不同类型专业观众具有不同的观展决策，罗秋菊等(2007)将展览会专业观众分为尝试探测型、品质追求型、谨慎稳妥型以及大众平衡型四种类型。占比最大的组别是大众平衡型，其次是谨慎稳妥型，最小的是尝试探测型。在新的展览和品牌推广活动中，尝试探测型和大众平衡型专业观众是展览会的重要客源保障，而谨慎稳妥型和品质追求型专业观众则是展览会高质量的保证。

对组展方而言，由于不同类型专业观众目的不一，判别标准各异。这就要求组展方在展览题材的选择、匹配参展商方面非常用心，合理组织决策过程中的尝试探测型、品质追求型、谨慎稳妥型、大众平衡型专业观众。对新展览项目而言，关键在于提升尝试探测型和大众平衡型专业观众的参观效益，使其具有再次参观意愿，并进行正面口碑传播。谨慎稳妥型和品质追求型专业观众可提升展览会专业观众的质量，以保证展览会的持续发展。

三、重要客户管理与维护

更好地实现采购商与参展商需求的匹配，保持旺盛的参加需求与持续的参展意愿，一直是展览会客户关系管理的重点与难点之所在，也是展览会品牌价值的核心体现。因此，通过数据和技术手段准确地识别客户，进行有效的客户管理，要从客户数据管理、筛选高价值客户、提高客户黏性三个方面入手。

(一) 客户数据管理：建立数据库

建立展览会客户数据库，优化客户数据管理，是展览会重要客户关系管理的基础。建立数据库收集与管理展览会客户数据,制定数据获取的规则,为客户制定标签体系,将不同地区、不同类型、不同需求的参展商和客户进行数据整合,为客户进行数据挖掘奠定基础。数据库建设可帮助展览会组展方精准识别重要客户、明确客户需求,并基于此实现对重要客户的靶向营销。同时数据库建设也将带来展览会运营以及展览业的产业升级与创新。尤其在展览业数字化进程加快发展的当下,线上与线下展览会的融合是未来的发展趋势。在此背景下,数据库建设的重要性得以凸显。

(二) 筛选高价值客户: 客户价值评价

1. 界定展览会客户价值的重要性

企业对客户实施差异化管理是客户关系管理的一个重要前提。客户价值可分为两个维度,一是客户终身价值,二是客户与企业的战略匹配度。客户终身价值是客户购买、客户口碑、客户信息、客户知识、客户交易五种价值的总和。客户与企业的战略匹配度是定位匹配、能力匹配、价值观匹配三个匹配度的总和。展览会客户规模庞大且差异化大,因此界定客户价值评价体系,筛选高价值客户,是构建展会大数据库并进行精准化营销的重要前提。

以专业观众为例,展览会客户组成可分为两个部分:一是企业类型专业观众。绝大多数专业观众是以企业代表的形式参会。这些观众代表其所在企业的实力和未来的发展需求,对自己企业的采购意愿具有一定程度的决策权,以采购产品、建立联系、获取信息等为参展目的。展览会平台促成了专业观众和参展商之间的合作与交流,对企业代表类专业观众的重要性评估十分迫切。参展商关注的是专业观众的决策能力和他们所代表的企业的不同性质。同一个企业每年派出的专业观众有一定的不确定性,但都是对其所在企业能力和需求的代表。专业观众所属企业的各种属性相对稳定,且不同企业之间具有优劣之分。二是特殊采购商。除企业专业观众外,行业协会代表、商会代表、代表团负责人等组成了数量有限但较为特殊的专业观众。尽管这类专业观众不一定直接参与采购活动,但具有较大的行业与社会影响力,对展览会发展的积极作用是不能忽视的,也应对其重要性加以重视。

上述两类专业观众在属性、特征、需求等方面存在较大差异,难以采用一套评估体系予以评估。企业代表类的专业观众数量最大,行为决策以经济为导向,具有较为稳定的企业特征。采用客观的方法对这类专业观众的重要性进行评估具有科学性、可操作性和准确性。由行业协会、商会等组成的特殊专业观众缺少相似的属性或特征,行为决策以合作发展或建立社交网络为导向,且数量较为有限。对这类特殊的专业观众,一方面难以采用客观的评估体系进行重要性评估,另一方面客观评估的可操作性和有效性较为有限。因此,有必要引入附加列表的形式对这类特殊的专业观众进行管理和评估,以体现展会数据库管理与客户关系管理的灵活性。

2. 构建展览会客户价值评价体系

如果数据库建立是客户关系管理的基石,那么客户价值评价体系的建立就是发挥数据库功能价值最大化的有效工具。数据库的建立实现了大体量展览会数据的融合与对接,而客户价值评价体系的构建才能赋予数据意义与价值。对展览会而言,甄别高价值客户是维系客户资产与品牌价值的前提。而展览会的目标定位不同,其对客户价值的评价也存在差异。通常而言,识别客户价值,建立展览会客户价值评价体系可遵循以下思路。

第一,根据展览会定位对重要客户进行定义。建立展览会客户价值评价体系的第一步是回答"何为重要客户"的问题。对客户价值的评价应紧紧围绕展览会的核心定位与发展战略展开。需注意的是,对客户价值的评价不应仅从其购买能力或参展次数决定,还应从未来发展、社会效益等综合因素考量。

第二,全面评估展览会客户价值。展览会终端客户分布广、需求多元。为更好地实现采购商与参展商需求的匹配,提升采购商宣传与服务,发挥展览会平台功能,须以各方利益相关主体的需求和认识为出发点,提炼系统性、综合性的展览会客户价值评价维度。因此,要从不同的利益相关者视角出发,以紧贴行业发展的专业观众、参展商及商会为代表,理解其对展览会客户价值的不同维度和认识。

第三,构建复合型指标体系。展览会客户的复杂性与多元化决定了其客户价值评价不应从单一指标衡量,而应建立复合型指标体系。对国际展会而言,在宏观尺度上,应考虑客户的来源国因素以此判断两国经济贸易发展趋势,包括经济发展水平、人口规模、市场规模。在中观尺度上,无论是综合性展会还是专业性展会,都应考虑客户所在行业因素从而判断客户的行业价值,包括行业发展水平、行业成长性等。微观尺度评价指标包括企业经营模式、规模、影响力等因素。表6-9是展览会客户价值评价指标示例。但要注意的是,每个展览会具有独特性,对重要客户的界定不同,应根据展览会目标与实际情况构建指标体系。

表6-9 展览会客户价值评价指标示例

衡量尺度	一级指标	二级指标
宏观尺度	来源国因素	经济发展水平 人口规模 市场规模 汇率变化
	双边因素	双边政治经贸关系

衡量尺度	一级指标	二级指标
中观尺度	行业因素	行业成长性 行业规模
微观尺度	终端客户的客观 因素	企业经营模式 企业规模 企业黏性 影响力
	终端客户的主观 因素	合作能力 专业性 商业联系 信息共享 与展览会关系

第四,识别评估维度的重要性,构建指标权重。结合展览会发展定位与各利益相关者的理解,赋予客户价值评价体系以指标权重。可通过利益相关者访谈、问卷调查等手段识别重要维度,测算指标权重。该指标权重可根据展览会发展与市场变化进行动态调整。

(三) 提高客户黏性:客户社群化维护管理

识别重要客户及其结构后,在展览会举办期外也需维持长期的互动,才能将客户资产转化为展览会品牌资产。特别是核心客户,包括买家和参展商,都是展览会的重要资产,也是客户关系管理的重点。通常而言,在非开展期展览会可以通过以下方式维护与客户的关系:

(1) 专业社群。展览会的核心功能价值之一是信息与知识扩散。展览会专业社群的建立不仅构建了展览会与客户的虚拟网络,同时也是行业信息扩散的重要渠道。行业杂志、网站社区、微信公众号等媒体平台等都是展览会建立专业社群、提供专业资讯、建立行业交流的重要渠道。尤其在社交媒体发达的当今,组展方可以通过微信公众号、小程序、视频号、微博账号等社交媒体平台,建立与参展商、专业观众、媒体、公众之间的连接,提供高质量内容保持客户对展览会的关注与黏性。基于展览会客户数据库,可以形成高质量的专业社群,提升展览会专业社群成员的客户黏性。

(2) 垂直电商。展览会的举办时间与地点是有限的、固定的,展览会客户互动交流也局限在这一时空内。为了延伸线下展览会的影响力,一些专业展览会通过整合行业资源,搭建行业电商平台,为客户提供持续的平台服务,使展览会的功能价值最大化。例如,广州国际照明展览会(光亚展)基于照明展览会和互联网运营的独特基因,整合完整的照明产业生态圈和平台资源,建立照明行业电商平台阿拉丁照明网。但值得注意的是,尽管垂直电商、线上展会等模式突破了线下展览会的局限,但仍无法完全替代线下展览会的面对面互动。换言之,虽然垂直电商可以辅助与拓展线下展览会的发展,但却无法取代展览会的功能。

(3)专业推荐。除了展览会的核心功能价值服务,个性化、有针对性的专业沟通既可体现展览会组展方的专业服务能力,也是提升客户满意度与忠诚度的重要手段。展览会在短短几日内聚集了全球各地的参展企业与专业观众,尤其对国际展览会而言,展览会前期的专业信息对接与服务,对其终端客户的参展体验与效率十分重要。组展方可以根据展览会的大数据库,依据客户的需求,以电子邮件等方式为展览会提供准确的采购推荐和展览会所在地的资讯服务,从而提高参展企业在展览会全过程中的体验,提高展览会的专业服务价值。

本章要点小结

- 展览会需组织规模相当、质量匹配的参展商与观众,促成贸易与交流。这一目标的实现需通过外部合作达到"1+1 > 2"的效果,须遵循规模效应、精准匹配、合作共赢三大原则。

- 展览会终端客户组织模式主要有五种:组展方及分支机构进行组织、与行业协会或行业权威机构协作、代理合作、组团招展、合股。每种模式皆存在利弊,须根据实际情况科学决策。

- 组展方、股东、员工、参展商、行业协会、贸易商会、代理商和政府是展览会招展的核心利益相关者。分析每种利益相关者的冲突点与利益点,从潜在威胁程度与合作潜力两个维度分析展览会与利益相关者的关系,制定相应战略,是有效决策的思路。

- 展览会营销具有营销主体多元化与营销对象需求异质化的特点。为提升展览会的品牌效应与影响力,展览会营销强调在详细的市场分析基础上,综合运用多种营销媒介的立体化营销能力。

- 展览会常见的营销方式有广告宣传、电话营销、人员拜访、直邮营销、传单营销、活动营销、同类展会宣传、互联网广告、电子邮件营销、官方网站、搜索引擎排名优化、链接交换、社交媒体推广、大数据营销、互联网广告、电子邮件营销、官方网站、搜索引擎排名优化、社交媒体营销、圈层营销等。如今,展览会营销呈现线上与线下结合的特点,线上营销已经成为主导。

- 展览会客户关系管理的基础是建立客户数据库,并依据展览会功能定位构建复合型客户价值评价指标体系,筛选高价值客户,从而实现精细化、专业化、个性化的客户关系管理,提高客户黏性。

本章思考题

1. 展览会终端客户组织的合作模式有哪些？请评价不同模式的优缺点。

2. 如何选择终端客户组织模式？如何分析？

3. 展览会的营销策略和渠道有哪些？每种方式的优缺点是什么？

4. 展览会营销呈现什么趋势？选取一个品牌展览会作为案例,阐述预判思路。

5. 选取一个品牌展览会,为其构建重要参展商的评价体系,哪些指标将纳入评价体系？为什么？

 即测即评

 本章参考文献

第七章　展览会现场运营管理

学习目标

√ 了解展览会现场服务的基本内容和管理模式；

√ 了解展览会的主要成本和收益结构；

√ 理解展览会风险管理的重要性；

√ 了解展览会的风险识别、评估与应对策略。

本章导读

　　现场运营管理是展览会落地执行的关键环节，直接影响终端客户对展览会的满意度。广义上讲，现场管理是组展方对展览会现场实施的总体管理，时间是从布展开始直至撤展结束，内容主要包括展览会的现场服务管理，例如展台搭建的管理、展位展品运输的管理、参展商布展管理、现场保洁与安保等工作，还包括展览会的现场活动管理，例如各类会议、成果展示、表演等活动。现场运营管理并不局限于展览会举办期间，而是覆盖展览会前期、中期和后期的全过程。展览会在短时间内聚集大量人流、物流、信息流，服务需求在展览会期间急剧上升，由此造成了巨大的不确定性。因此，风险管理的思维与方法也必不可少。本章首先介绍展览会现场服务与活动的类型与运营关键要点，其次梳理展览会的成本与收益主要构成、模式与发展趋势，最后为读者提供展览会现场运营管理的风险分析与应对思路。

第一节　展览会现场服务管理

展览会的现场工作是组展方与终端客户最直接的面对面交流，事务多、协调主体多，任何工作细节的疏忽或失误都可能对展览会的落地执行造成严重影响。展览会的现场组织与服务有以下特点：

第一，专业化。展览会现场组织与服务呈专业化趋向：其一，服务内容专业化，组展方越来越重视目标市场的细分以及服务设计、规划，根据服务策略和标准分类顾客需求，丰富服务内涵，延长服务链，提升客户的满意度。其二，服务供应商专业化，从过去由其他行业兼营展览会服务，转变为以展览会服务为主营业务的企业不断增多。以展位搭建服务为例，以往多由装饰公司与设计公司承接，如今专业的展示设计公司已获得市场肯定，市场占有率持续加大。其三，服务外包专业化。组展方通过服务外包引进专业服务，以提升展会服务的质量，也逐步优化对外包服务的组织管理及质量监督。其四，服务管理专业化。展览会运营管理、服务质量管理、服务评价等环节将逐步专业化，构成体系。

第二，集约化。展览会的举办使得大量的人、物品、信息在同一时间、空间内集聚。展览会现场是陈列展品、构建形象、负载信息的空间，人流、物流和信息流在短时间内迅速达到顶峰，这使得集约化成为展览会现场组织与服务应对集聚性的重要途径。集约化指提高服务效率，并获取更多的服务效益。展览会的现场服务具备集约化特点，主要体现在四个方面：一是通过服务设计和能力规划，优化展览会服务的流程；二是通过信息化技术拓宽管理空间；三是通过资源配置优化，提高服务效益；四是顺应顾客需求，实现服务创新。

第三，精细化。由于展览会服务对象人数多、主客体多元化且具备显著的文化差异，这使得展览会现场管理、控制和协调内容十分庞杂，事无巨细。如果处理不当，任何小事都可能发展成大问题，继而影响整个展览会的效果。精细化服务首先在于"细致"。展览会的服务设计与服务传递流程将更为细致地分解，更加关注细枝末节的"小事"。例如，由于展览会客户来自全国甚至全球各地，除展馆现场的标识系统外，组展方还可为终端客户提供电子查询服务等信息化指引，减少终端客户的适应时间，为其提供更加细致的服务。此外，精细化服务在于"精准"。例如，组展方可以通过手机应用等服务平台，在开展前1天至2天向终端客户推送交通情况、住宿信息等，体现人性化服务。

第四，数据化。进入信息化时代，信息技术与展览会服务的融合逐步增大，数据化成为服务水平持续提高的依据与基础。展览业与信息技术的融合主要体现在服务管理、数据库建立、提供服务便利三个方面。在服务管理方面,通过定制服务管理软件,高效处理展览会筹备期间各项信息与事项,科学化、便捷化管理客户资料,实现实时动态管理。例如,运用服务系统及时完善参会人员信息。在数据库建立方面,不局限于客户资源的积累,而是利用展览会客商数据与反馈来建立行为模型,分析服务现状与客商偏好,为展览会服务的整体质量提高提供重要依据。定量化、标准化、数据化分析,协助企业进行精准判断,进行有针对性的改进与优化,将是展览会服务发展的重要趋势。在提供服务便利方面,数据挖掘技术有助于跟踪和分析用户的操作习惯、历史记录、决策偏好以及数据中的隐性关联,并以此为基础为客户提供个性化服务。例如,分析客户的参展记录,为其推荐更合适的展会、住宿、交通路线等;另外,还可以根据客户的使用记录,自动为客户填充表单,节省客户时间。近年来,微博、微信、手机应用等移动平台的技术突破,为展览会服务的便利性提供了支持。

一、展览会现场服务的分类

展览会涉及的服务部门很多,包括主办方、承办方、场馆方,以及展商登记、观众注册、金融服务、交通服务、住宿服务、餐饮服务等多种提供专业服务的展会服务商;以展品为例,在展品运送、现场展示、展品回运这一过程中,涉及物流、报关、质检、展示设计、展位搭建等服务的配套。由于服务主体的多元化和服务内容的多样化,为了更好地梳理展览会现场服务,本节依据展览会现场服务的重要性和必要性,将其分为核心服务、保障服务和辅助服务三类,并整理出展览会现场服务模型图(见图7-1)。

核心服务主要指各类展览会必备的并且相对重要的服务,主要包括展位搭建服务、物流服务、观众登记服务等。保障服务主要指为了使展览会顺利进行,场馆方或组展方在各方面提供的配套服务,包括安保、保洁、交通、广告、商务、通信、知识产权保护和法律服务、媒体接待、餐饮等。辅助服务指为了解决参展商或观众在展览会之外的日常所需,组展方联合相关服务企业提供的服务,包括住宿接待、旅游及票务、金融、邮政服务等。

不少展览会服务是由场馆方和组展方共同提供。比如,场馆方需要协助组展方制定参展指南,组织召开由组展方和服务商参加的展前协调会;协助组展方、布展工程公司、参展商查看场地,并帮助组展方制定进馆、撤馆计划;协助组展方办理公安、消防等部门的报批手续;协助协调现场问题等。根据《展览场馆运营服务规范》(SB/T 10852-2012),展览场馆的现场管理包括组展方进场、施工单位进场、布展工程、开展、撤展、交通管理、现场保洁管理、现场安全管理几个部分；展览场馆的配套服务包括信息咨询服务、物品寄存或保管服务、餐饮服务、投诉与意见反馈、网络和信息服务。

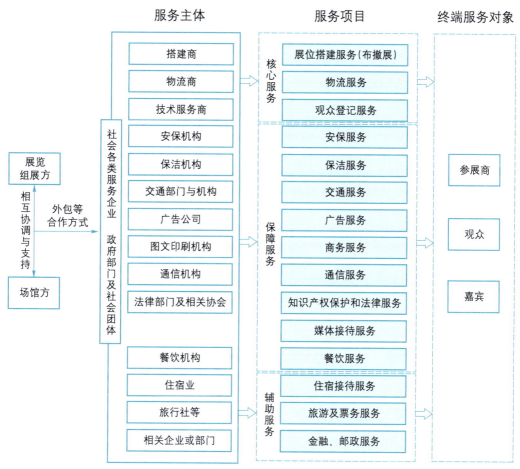

图 7-1　展览会现场服务的总体分类框架

　　随着展览会服务难度和复杂性的增加，加上在成本压力和核心竞争力的驱动下，很多场馆方选择将非核心服务项目以外包等方式与其他企业合作。在一些规模大、级别高的展览会，政府与公共服务机构一起为展客商与公众提供服务，如地铁服务、交通秩序维护、治安维护、城市服务、志愿者维护等。对于在展览会现场由第三方企业（以下称"供应商"）提供的服务，组展方可以采取以下三种管理策略(张玉明，2016)：

　　（1）控制策略。可以通过建立绩效和服务质量挂钩的机制，以度量服务质量为条件给予供应商报酬或奖励。使用控制策略的主办方一般具有较强的影响力，拥有大量高忠诚度的客户，或其他形式的经济权利，才可能通过较强的控制手段要求供应商提供高质量的展览会服务。

（2）授权策略。灵活授权给供应商，让供应商自行判断并根据相应的服务经验提供展览会服务，不必完全服从于组展方。使用授权策略时，组展方需提供信息及相应的支持系统来帮助供应商更好地完成服务。

（3）合伙策略。主办方与供应商合作，共同建立展览会服务标准、了解终端客户需求、改善服务。采取合伙策略时，组展方对供应商的控制更小，只有利用双方各自的优势，才能建立稳固的信任基础和合作关系。

二、重点服务组织管理

（一）展位搭建服务

一般而言，展位搭建服务包括布展和撤展两个环节。布展指展览会开幕前的现场布置与筹备工作，包括对展览会现场环境进行整体规划，对参展商、搭建商、运输商等相关工作进行协调和管理。参展商须凭合同及其他有关证明到展览现场报到，付清各种款项，领取相关证件，在办理入场手续以后，在组展方规定的时间内布置与搭建自己的展位。一般情况下，展览会的布展时间为1~4天。展览会的规模越大，布展时间越长。不同题材展览会的布展时间长短不同，展品越复杂，布展时间越长，如汽车和大型机械设备展览会可能需要一个星期的布展时间，而消费品展览会的布展时间通常只需要一两天。

展馆的清场、退场又称撤展。撤展不仅仅是拆除展台，还包括参展商对所有展品进行重新打包和转运离馆，组展方和参展商的场地清理、组展方和场馆方的场地检查等多项工作。一般认为，撤展时间大致相当于布展时间的一半。撤展主要包括以下内容：制定撤展工作计划、维护撤展现场秩序、提供撤展便利服务、进行撤展物品管理和押金退还服务。

展位搭建主要包括标准展位搭建和特装展位搭建两类。前者由组展方按统一样式和尺寸，采用统一材料搭建。后者一般由参展商雇佣展览设计及工程公司进行展位的设计和搭建，组展方一般只提供场地给参展商，但不提供展位所需的水、电、展具等设备设施。一般情况下，展览会设置主场承建商，以统筹组织展位搭建服务及其他相关服务。展位搭建服务各主体的具体职责如表7-1所示。

表 7-1　展位搭建服务的主要内容

时间段	负责单位	主要流程和内容
布展	组展方	制定展位搭建服务管理方案 选择主场承建商 与主场承建商签署合同
	主场承建商	标准展位及展览环境设计、搭建及维护服务 展具租赁服务 水、电、气等设备的配送、维护服务 协助其他现场服务事项(如加班管理、紧急事件处理等)
	组展方或主场承建商	收集参展商的展位需求(选择标准展位或光地、水、电等设备需求) 审图
	其他搭建商(参展商自选)	根据参展商要求负责特装展位的搭建
展中	主场承建商	现场展位搭建服务维护
撤展	主场承建商	展位拆卸
	组展方或主场承建商	交场验收

资料来源：根据陆莹(2015)整理修改。

(二) 物流服务

展览会的物流服务指在参展商所在地和展览会举办地之间，对展览会中所需的展览物品进行物流操作的一系列活动和控制的过程，主要包括报关报检、展品装箱、国内外运输、展品装卸与搬运、展品仓储、展品回运等关键流程。展览会的物流服务组织模式主要有三种：

(1) 分散物流模式，即参展商各自寻找物流服务商来完成全部参展物流工作。通常组展方会事先收集参展商的展品信息，然后与场馆方协商确定展品的进馆时间。展品进馆时间确定以后，组展方会通知参展商，再由参展商委托物流服务商开展相关物流服务。在这种模式下，信息的传递发生在组展方、场馆方以及众多的参展商和各自的物流服务商之间，信息链相对较多、较长，容易出现信息偏差和协调困难。另外，由于参展商各自选择物流服务商，单个参展商的展品物流量较少，难以形成规模效应，整体物流成本较高。

(2) 集中物流模式，即由组展方指定本次展览会唯一的物流服务商完成全部展览会物流工作。各参展商将展品信息告知组展方，组展方与物流服务商、场馆方初步商定展品的进馆时间后，组展方再将展品进馆时间及物流服务商信息通知参展商，由参展商和物流服务商协商完成相应的物流活动。在这种模式下，信息链相对较少较短，即使出现问题，也较为容易沟通解决。此外，由于整个展览会的所有物流活动集中由唯一的物流服务商负责，有利于实现物流体系的整体优化,达到规模效应,降低物流成本;同时也可以减少物流服务商之间的矛盾冲突,增强协调性。展览会指定的物流服务商规模一般较大、网络分布广、服务水平高,能够保障参展商和组展方的物流需求。

（3）主场承运商模式,即组展方指定一家或多家物流服务商作为主场承运商,负责展馆内部的物流工作;展馆外围的物流服务完全市场化运作,参展商可自由选择。主场承运商作为展览会的物流枢纽:对内,面向组展方和场馆方;对外,面向其他物流服务商。分散物流模式缺乏有序组织,效率较低;集中物流模式虽然可以克服分散模式的弊端,有助于降低成本和提高服务水平,但对指定物流服务商的要求太高,并且容易带来垄断的负面影响。主场承运商模式则综合了两者的优点,既可以整合多个物流服务商的物流能力,又有主场承运商作为统一的管理接口,便于总体协调和优化,是目前较为流行的一种解决方案。

随着物联网技术的成熟,物联网在不久的将来也将运用于会展物流服务。射频识别（RFID）、红外感应器、全球定位系统、激光扫描器、气体感应器等信息传感设备,将物品与互联网连接,进行信息交换与通信。物联网技术的运用,将极大地提升展览会的物流效率,引领展览会物流迈向新时代。

（三）观众管理

观众管理包括观众预注册、观众现场登记、观众入场管理、观众来源统计等内容。科学的观众管理,不仅能保证观众迅速入场,还有利于建立营销数据库。具体来讲,观众管理包含以下几个内容:

1. 观众预注册

展览会一般在网站上专门设置观众预注册网页,观众在展览会开始前可以自助完成个人信息登记,预注册信息即时保存在系统数据库中,这样既可以节省观众现场等候时间,又可以减轻组展方现场组织管理的压力。已进行预登记的观众可持"电子参观券"二维码或短信息等,前往展场的"观众登录处快速通道",直接领取观众证(胸牌)和组委会赠送的展览会资料,不必进行现场登记。

2. 观众现场登记

没有预注册的观众可以进行现场登记。观众登记是组展方了解观众信息的重要环节。为了提高工作效率,绝大多数组展方都倾向于把预注册的观众和现场登记的观众区分开来。有些展览会还会进一步将现场注册的观众分为有名片和无名片两类,前者只需凭名片在观众登记处办好相关手续就可以换取胸卡,后者则要在主办方人员的指导下填写登记表,然后在登记处办理相关手续。一般来说,让观众进行预登记或填写登记表的主要目的有三个:

了解观众的来源及基本信息、了解观众的参观目的、了解观众获得展览会消息的途径。

3. 办理证件

为了方便展览会的现场管理,同时出于统计的需要,组展方一般对展览会实行证件管理,即观众拥有组展方认可的证件才能进入场馆。观众凭网上预注册的确认函(回执或二维码等形式)、现场登记表或名片等可直接到观众登记处办理证件。佩戴证件的观众在入场时工作人员会进行条形码快速扫描识别,以统计各个时段的人流量。这样既避免了无证件人员入场,又能获取组展方想要了解的客流信息。

4. 领取参观指南

参观指南是组展方编印的用于指导观众参观的小册子或折页,它主要面向专业观众、前来参观的嘉宾和媒体记者发放。组展商在观众指南的制作上应力求从细微之处反映人性化办展理念。有些展览会还免费赠送或出售会刊;还有部分展览会的组展方在入口处设置展览活动及论坛议程的展板,便于观众预先了解展览会的总体日程安排。

5. 观众统计

观众管理的最后一项任务是对观众来源结构和观众流量的统计分析。根据预注册信息及现场登记的观众信息,可以通过展览会管理软件进行分析、统计,并生成本次展览会的观众统计信息,以及输出展览会的观众统计报告。展览会的组展方可以通过统计报告了解本次展览会的观众组织效果,作为后续的决策依据。

(四) 安保服务

展览会的安保服务主要有以下三种方式:

一是由组展方和场馆方共同为参展商和观众提供安保服务,即组展方通过支付一定的费用,请场馆方提供安保人员、安保设备等来保障展览会的安保服务。例如,上海新国际展览馆和上海世博展览馆均配备一定规模的安保团队,场馆方基本可以独立满足组展方在安保服务方面的基本需求。当然,其安保团队也是采用外包的形式从专业公司引进以减少人工成本,但在展览会安保业务方面,由场馆方管理和组织实施。

二是由组展方、场馆方、保安公司共同提供安保服务。当场馆方的安保人员、安保设备等无法满足展览会的安保服务需求时,组展方还要另外雇请保安公司参与展会安保服务。例如,在广州举办的一般贸易展,在公安机关的指导下,成立由辖区派出所、组展方、场馆方、保安公司共同组成的临时安保机构,负责组织实施展会期间的安保服务。

三是针对少数地方政府主办的展览会,通常由当地公安机关牵头组织安保服务。例如,由商务部和广东省人民政府共同主办的中国进出口商品交易会(简称广交会)和商务部、科技部等部委与深圳市人民政府共同主办的中国国际高新技术成果交易会(简称高交会),其组委会下设的安保机构分别由广州市公安局和深圳市公安局牵头组成,并负责落实安保措施和提供安保服务。

不管以何种组织方式来提供展览会的安保服务,组展方都应有效地整合各服务提供单位,成立大会安保机构,统筹、协调并组织实施展览会期间的整体安保服务。

(五)保洁服务

从空间上看,保洁服务包括展位内部的清洁和展馆公共区域的清洁。公共区域保洁指展会通道、服务区等区域的保洁,属于展馆场租所包含的基础服务内容。展位保洁包括两部分:一是展位基础保洁,主要指展位简单清洁,也属于展馆提供的基础服务;二是展览会垃圾清理及展位精细保洁,展览会垃圾清理包括废弃展品、特装废弃板材及其他废弃物清理,展位精细保洁包括展台、展品清洁及地毯吸尘等,由于这部分内容涉及展品样品及特装搭建,一般由参展商或组展方负责,可选择委托特装搭建商完成,请第三方或展馆协助完成。

(六)餐饮服务

一般情况,展览会的餐饮服务由展馆提供,而展馆根据自身条件和经营定位,主要有以下三种组织经营方式,详见表7-2。

表 7-2 展馆餐饮服务模式

模式	自营模式	租赁模式	合作经营模式
内涵	由展馆出资,自行经营管理	展馆出租场地给专业餐饮单位经营,展馆收取固定场租	展馆提供场地,由餐饮单位负责经营,双方按一定比例合作分成
案例	香港会议展览中心、香港亚洲国际博览馆	南宁国际会展中心	深圳会展中心
优势	场馆方可控制出品质量,保持服务水准,提高经济效益	展馆投入少,收入相对稳定,经营风险低,且有一个年增长率的预期	有利于场馆方掌握供餐单位经营信息,合理评估供餐单位的盈利状况,并享受营业额增长带来的利润收益
劣势	展馆投入大,需出资建设厨房、餐厅、聘请厨师和服务员,存在一定经营风险	场馆方难以控制出品质量,且场租未直接与经营业绩挂钩,当经营环境在逐步改善、经营处于上升期时,不能与经营单位分享收益	场馆方收入不固定,易受餐饮单位的经营情况影响,经营风险及管理成本较高

资料来源:根据陆莹(2015)整理。

(七)广告服务

展览会是参展商宣传及展示产品和服务的有效平台。购买广告服务的企业既可以是参展商,也可以是专业观众,或是参展商和专业观众之外的其他企业。参展商通过广告宣传吸引观众和同行的了解与关注;而某些大型采购团体也需要通过广告及时发布采购计划从而吸引更多参展商,以采购高质量商品。另外,不少展览配套服务商也会利用展览会的平台对企业的产品及服务质量、企业品牌等进行推广宣传。从空间上来看,广告投放不仅限于展台,在整个展厅、甚至展馆外也有多种多样的广告宣传机会。常见的广告投放主要围绕展馆及周边的固定设施开展,包括道路灯柱刀旗、灯箱、空飘、气球、主路的灯布摆放、围栏悬挂广告、建筑物外立面等位置的平面广告投放等,内容侧重于引人注目的大幅图片式广告,此外还有根据展馆条件设置的 LED 视频广告、滚动横幅和现场路演宣传等。

三、展览会现场服务价值管理

提高服务质量、提升服务效率、降低服务成本、满足客户需求是展览会现场服务的价值所在。展览会现场服务价值管理主要包括四个部分(见图 7-2):通过对展览会服务策略要素(理念引导、设计传递、能力规划)的贯彻执行,实现人—过程—环境的优化互动,进而提升展览会现场服务价值,提高服务对象的满意度、忠诚率,最终提高收入,增强其盈利能力。

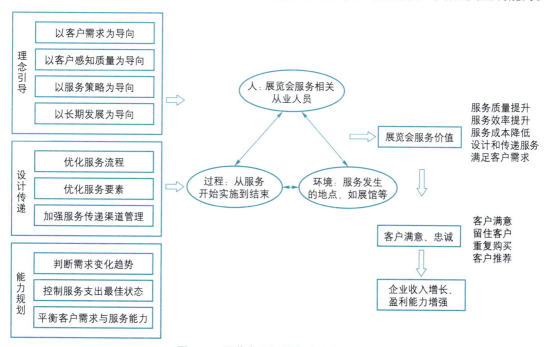

图 7-2　展览会现场服务价值管理链条

以下对前两个部分进行简要解释。

（一）展览会服务策略要素

展览会服务策略的实施是一个分析、计划、组织和控制的管理过程，主要包括以下三大要素。

一是理念引导。策略的实施要从理念上加以落实。服务具有无形性，服务策略的实施更需统一全体服务人员的价值观，即服务理念。与有形产品一样，服务同样强调满足不同消费者的需求，但是对享受服务的消费者来说，这些具体的服务没有规格可言，更多的是取决于消费者的心理满足。因此，展览会服务理念应该围绕客户需求展开，以提高客户忠诚的、与服务策略一致的、对展览会服务人员具有指导性质的、通用的展览会服务的价值观，具体可以用四大导向来概括，即"以客户需求为导向""以客户感知质量为导向""以服务策略为导向""以长期发展为导向"，展览会服务理念应尽可能专业化、标准化、整体化、人性化，并有利于在企业内的传播与执行。

二是设计传递。服务设计传递是服务策略的具体实施。在服务策略的指导下，组展方与场馆方应对服务项目进行设计，对服务过程所需的要素进行优化组合。优化服务流程，并设计相应的设施设备，配备工作人员，规划服务系统。同时，加强服务传递渠道管理，尽可能地将服务完整、准确地传递给客户，从而有效地、迅速地达到服务策略的目的。展览会服务流程设计的关注点在于以人为中心，遵循高效、连贯、快速、可持续发展原则，以客户满意为核心，全面提升服务效能，最终实现全流程价值增加的目标。在设计方法上可以根据实际情况选择生产线法、客户自助法、客户接触法等，同时可以选用服务流程图、服务蓝图作为设计工具。

三是能力规划。服务能力规划是服务策略实施的重要保障。其目的在于应对展览会集聚性导致的展览会服务需求波动。分析与判断服务需求的变化趋势，有助于提升服务能力，并实现服务资源与环境变化的匹配，将服务支出控制在最佳状态，最终实现终端客户需求与服务能力的平衡管理。

（二）人—过程—环境的优化互动

人是服务设计中最重要的部分，只有通过人，服务才是"活"的，在展览会服务活动中，相关从业人员的技术及应变能力等为提高客户满意度起了重要的作用。由于展览会服务的需求波动大，展览会现场多雇用临时工，这就说明了员工培训的重要性。展览会服务价值的大小最终要由工作高效与高忠诚度的员工创造，员工的忠诚会提高工作效率，减少因员工流失带来的重新招聘及其他成本，也会避免因员工交替引起的效率下降和客户流失的问题。

过程指服务的传递过程,这不仅是组展方的服务,还是展览会服务体系中的服务。服务过程中不仅要调配展馆内资源,还包含外部资源,需注重展览会服务质量管理。当服务传递产生失误时,服务提供者应及时进行服务补救,主要包括三方面:执行速度、经济补偿和服务态度。

① 张明.从全球看中国:中国会展项目的蓝海在哪里.(2022−02−17)[2022−06−06].

环境对服务提供者和体验者都会产生极大的影响,在创造服务体验和传递客户期望的过程中发挥着重要作用。展览会服务场所设计的目的是为展览会服务的展开和客户体验营造恰当的服务场景,通过有形展示使无形服务有形化。展览会服务场所应该具有包装功能、辅助功能、交际功能和区别功能。在设计时应遵循以下原则:人员、材料及物品的移动距离应最短;充分利用空间,考虑日后扩张的需要;考虑重新调整的适应性;为客户和员工提供满意的环境,如照明、温控、低噪声等。

第二节　展览会现场活动管理

现代展览业的现场活动呈现两个鲜明的发展趋势:一是展览会与会议密不可分;二是展览会与娱乐休闲活动交融。在展览会期间通常同期举办各种活动,会议与活动能起到进一步丰富和完善专业展览会的功能。具体表现在:① 丰富展览会的信息功能;② 扩展展览会的展示功能;③ 强化展览会的发布功能;④ 延伸展览会的贸易功能;⑤ 吸引更多的潜在参展企业和潜在观众;⑥ 提升展览会档次、扩大展览会影响;⑦ 活跃展览会现场气氛。

目前,国内展览会以大中型展览会加上同期的论坛和活动为主。"展览 + 活动"的组合模式有两种:第一种是专业展加衍生品展,例如第二届上海旅游产业博览会,由四大品牌展组合而成,把产业链上下游打通;第二种是侧重"会议 + 展览",即中大型会议加小型展会,例如在细分的领域中邀请行业权威专家进行演讲,在宣传的同时利用门票对促进收益最大化①。展览会期间常见的活动形式如表 7−3 所示。

表 7-3　展览会期间常见的活动形式

项目	详细分类	功能 / 作用
会议	行业会议 专业研讨会 技术交流会 产品发布会 投资洽谈会 经销商会议	会议是展览会加强行业信息交流、帮助参展商与观众增进友谊与架设桥梁的有益纽带,可提高展览会形象,进一步丰富、扩展和完善展览会的基本功能,对提升展览会档次、增进展览会品质和扩大展览会的影响力有重要的促进作用
企业活动	产品发布会 产品推介会	发布企业新产品及相关概念信息,追求新闻效应或获取消费者的反馈 推广和展示企业产品,把产品推向市场
比赛	大众观赏型比赛 专业性比赛活动	吸引潜在观众,增加展览会人气,扩大展览会影响力 丰富展览会内容,提升展览会的品质和声誉
娱乐休闲活动	表演 比赛 招投标 买卖家配对 明星 / 公众人物见面 成果展示 群众性参与活动	策划得当,对活跃气氛和吸引潜在观众有较大帮助,否则,反而会干扰展览会并产生不好的影响 活跃会场气氛、吸引潜在观众、吸引企业参展 提高展览会的成交功能,吸引企业参展 提高展览会的成交和信息功能,吸引企业参展和买家到会参观 活跃会场气氛,吸引潜在观众 借助展览会平台展示某一方面取得的成果 活跃会场气氛,具有互动性,吸引潜在观众

资料来源:根据华谦生(2015),以及张玉明(2016)整理。

一、会议

与展览会同期举办的会议有行业会议、专业研讨会、技术交流会、投资洽谈会、贸易配对等。一方面,围绕展览行业题材引发相关讨论与舆论,为参展商与观众提供产业前沿信息,从而提升展览会对产业与企业的价值;另一方面,围绕参展商与观众的贸易需求,提供参展商与观众进行贸易磋商的空间,促成优质企业或机构的合作。

行业会议是由行业协会或政府主管部门组织举办、由行业协会会员或行业相关企业参加的会议。行业会议的主办方一般在该行业具有较强的号召力,会议的参加者一般都是该行业内比较有影响的企业。行业会议的主讲人基本来自行业协会、协会会员和政府主管部门,也有少数来自行业以外的科研机构。行业会议的听众基本都是行业内的企业尤其是协会会员单位,具有一定的职位。有些较有影响力的行业会议,其听众多是企业的负责人或高层管理者,有时候还会专门邀请新闻媒体记者到会旁听并进行现场采访。

技术交流会以技术的交流和传播为主要内容,侧重讨论其所在行业的最新技术发展状况和发展趋势。筹备技术交流会时多与该行业内的著名企业尤其是技术领先型企业联系,或与专业科研机构沟通,以确定技术交流会主题和对象,尤其是前沿新技术类型。会议的议题要与技术问题密切相连,既要有技术方面的内涵,又要通俗易懂。

专业研讨会以研讨行业发展动态为主要内容,议题往往是侧重理论性的话题,比如行业发展的特点、行业未来的发展趋势、对行业发展进行总结,对行业热点问题进行研讨,以及对企业管理、营销等理念和思路开展富有前瞻性和启发性的研讨等。举办专业研讨会最主要的目标是帮助听众拓展思路,加深对行业发展现状、发展特点和发展趋势的了解。主讲人往往是科研机构、高等院校和专业杂志的专家,有时也有企业管理人员。专业研讨会的听众范围很广,包括企业的管理者、技术人员、普通员工,还有科研机构、高等院校和专业杂志的相关人员。

投资洽谈会主要是为了招商引资而举办的。投资洽谈会的主办方多为政府部门。投资项目是投资洽谈会的重点,它直接影响投资方参与投资洽谈会的兴趣,也影响投洽会的成败。选择投资项目,既要结合引资地的实际需求,有一定的发展前景,又要符合潜在投资者的投资领域。投洽会上要做好投资环境和相关政策说明。潜在投资者除了关心投资项目以外,对项目所在地的投资环境和相关政策也十分关注。此外,还要保证投资方的资质,避免出现欺诈行为。

贸易配对又称商贸配对,是展览会最受欢迎的活动之一。这类活动是以撮合参展商和专业买家之间的贸易成交为目的,通过事先收集、整理、发布和配对参展商的产品供应和专业买家的采购需求,提供预约洽谈的时间和场所,实现参展商和专业买家之间的贸易配对服务。贸易配对通常有网上贸易配对和贸易配对洽谈会两种形式。网上贸易配对是利用信息管理技术和互联网技术建立的一套以数据库和需求匹配为核心的计算机应用系统。参展商和专业观众可以通过网上贸易配对系统录入需求与查询或筛选的需求或供给条件,系统可以自动将所有满足条件的参展商、展品、专业观众等信息筛选过滤,实现所有信息的条件查询和配对。贸易配对洽谈会是展览会通过事先收集参展商的产品供应信息和专业观众的采购信息,通过分析整理和有针对性地配对,邀请相关参展商和专业观众在展览会期间进行面对面的洽谈活动。

二、企业活动

展览会中不仅有组展方举办的现场活动,还可以为参展商或其他机构提供开展活动的平台。参展商所开展的活动,以产品发布会和产品推介会为代表。

产品发布会以发布新产品或新产品相关信息为主要内容,由参展商举办。所发布产品可能是正式推向市场的最新产品,也可能是有关新产品的概念和信息,如汽车企业召开的概念车发布会,服装机构发布的流行色等。产品发布会更多的是强调该产品"新"在哪里,有哪些技术创新,或者在设计和款式上的独特性等。发布会的最终目的是将产品更好地推向市场。产品发布会有时候并不在乎产品是否能立即进入市场,但比较重视新产品的新闻效应以及消费者对新产品的反应。为此,产品发布会往往会邀请新闻媒体进行采访报道。

产品推介会以向特定的对象推广某一种或几种特定的产品为主要内容。产品推介会的产品展示和贸易功能很强,主办方一般是企业,产品一般是可以正式在市场上出售的、已投入大批量生产的商品。产品推介会的策划重点在于采取何种方式或手段来推介产品,如何才能让听众更了解产品,因此会议的主要内容是介绍产品的用途、性能和结构等实用性较强的、与终端用户使用相关的内容和信息。会议更多地采用用户座谈、经销商会议等形式并伴以现场演示、示范等手段向人们推广产品。产品推介会的听众更多的是产品的经销商及其终端用户,他们更想了解的是产品的实用性能和价格。产品推介会因此有较多的实物展示,有的还有实物操作演示与示范,还有的会邀请现场观众亲自参与操作。

三、比赛

在展览会期间举办的比赛活动大致可分为两类:一类是以大众观赏为主要目的的比赛活动,如在体育用品类展览会中举办的各种球类比赛、在服装类展览会中举办的各种时装表演比赛等;另一类是强调行业特征的专业性比赛活动,如为鼓励广大参展商提高展位质量而举办的展位设计比赛、为发掘行业新产品和新设计而举办的创新产品评比等。在专业性展览会期间的赛事可以主要针对参展商来策划,如展品设计比赛等;也可以是专门针对观众来策划的,如汽车展览会中的汽车摄影比赛、现场试驾比赛等。在专业性展览会期间策划的高水平赛事,不仅能吸引企业参展和观众参观,还能极大地提升展览会的品质和声誉。

此外,颁奖典礼作为各类比赛的表彰环节,在展览会活动中也非常重要。对行业的龙头,比如龙头展览会来说,设立颁奖典礼有利于提高其在行业内的知名度,并巩固地位,也可以更好地扩大展览会的影响力;对于一些较小或者新兴的展览会来说,设置颁奖环节有助于丰富展览会内容,聚集展览会人气,提高展览会的综合效果。例如,第130届广交会举行出口产品设计奖,主要目的是促进创新设计与研发,助力国内企业出口产品的转型升级,引导参展企业走创新发展之路。

四、娱乐休闲活动

展览会现场还可以举办现场表演、名人见面会、酒会等招待活动,吸引更多观众到场,也为终端客户提供非正式交流的场合,促进相互之间的沟通与交流。

(1)现场表演。在展览会期间举办各种与题材相关的表演也较为普遍,能够活跃现场气氛和吸引潜在观众。表演是一项观赏性比较强的公众性活动,一般观众较多,现场气氛也比较热烈。现场表演可以分为三种:文艺性表演活动、营销性表演活动和程序性表演活动。例如,动漫展常邀请人气嘉宾现场表演,参展企业也会根据营销目标策划各式表演。

(2)名人见面会。作为扩大展览会影响力,引发短期热点话题的重要途径,名人见面会在各类展览会中的应用较为广泛,尤其体现在一些动漫展、书展的签售活动以及车展的明星见面会上。对展览会而言,名人或明星营销既是吸引客源的手段又能丰富展览会的内容。以动漫展为例,组展方往往会邀请二次元明星到场。一方面,这能够吸引粉丝群体以增加展览会收入与人气;另一方面也能够通过营销效应提升同类或相关题材展览会的吸引力,并挖掘周围潜在粉丝群体的消费力。

(3)酒会等招待活动。参展商在展览会期间,邀请相关厂商、客户、机构代表参与大型酒会、冷餐会或其他形式招待会,以增进沟通联系和情感交流。例如,为了让来自各地的客人增进了解,设计立式的或坐式的"自助餐+酒会"活动,客人可以自由走动并展开交流,这样用餐时间无须太长,以此加强客人之间以及主客之间的互动和了解。

第三节　展览会成本—收益分析

展览业被列为未来高收入、高盈利、前景广阔的朝阳产业,但现阶段展览业发展尚未成熟,整体盈利水平并不稳定。在众多的展览会中,真正能做到大额盈利的并不多,因此系统地认识展览会的成本—收益结构有着重要意义。对展览会进行成本—收益分析的核心作用是识别展览会全过程的投入和产出,用可测量的数据来评估展览会的收益和价值,进而对展览会进行全面的提升。

一、成本—收益管理的构成

在具体介绍展览会组展方常见的成本—收益管理模式之前,须先对展览会的成本收益关系建立基础的认识(见表7-4)。展览会成本与收益之间的关系,可分为三种类型:一是利润导向型。该类型展览会的目的是获取利润,财务目标为收入高于支出,常见于市场化操作的展览会项目,尤其是以民营企业、外资企业或其合资企业举办的展览会为多。二是盈亏平衡型。该类型展览会的目的是为行业服务与增值,财务目标为达到盈亏平衡,常见于行业协会举办的展览会。三是账面亏损型。该类展览通常是为了促进某项事业或推动某项议程,目标不在于财务收益,而具有更长远的战略目标,常见于政府主导型展览会。

因此,在策划展览会与制定商业模式之前,首先要明确展览会的目的及其成本收益目标,由此选取合适的成本—收益管理模式。

表 7-4　展览会主办方成本—收益主要构成

可预计成本		可预计收益	
成本类别	说明	收入类别	说明
场馆租赁费	向场馆方支付的场地使用及场馆服务等相关费用	展位租赁收入	将不同面积的展位销售给参展商,是多数展览会的主要收入来源
宣传推广费	展览会邀请相关媒体机构等,对展览会进行宣传报道的费用		
媒体费用	需给媒体部门支付的酬劳费	广告收入	组展方通过向相关企业提供有偿性广告服务收取的费用
公关、接待费用	展览会邀请相关部门或社会名人等进行参观、指导等的接待费用	赞助收入	赞助收入主要包括资金与实物形式

可预计成本		可预计收益	
成本类别	说明	收入类别	说明
人力资源费用	展览会长聘人员及临时工作人员的酬劳与相关福利费用	政府项目支持补贴	由政府提供的展览会相关支持补贴
保洁费用	聘请专业保洁公司或采购展馆保洁服务的费用	门票收入	销售门票的展览会以消费展为主,门票是重要的收入来源
安保费用	聘请专业安保服务企业、展馆所属地安保服务、或采购展馆安保服务的费用;也有部分主办方自有安保团队,这种情况下的安保费用可列入人力资源费用	衍生品销售收入	展览会现场衍生品的销售收益
保险费用	展览会购买商业保险的费用		
能源费用	主要包括水电、绿植、电子通信设备等费用		

注:展览会顺应终端客户需求与市场趋势不断创新服务,收入项目与成本结构日趋多样化。因此,展览会的成本与收入项目包括但不限于以上内容。

二、展览会收入

展览会收入是组展方要重点提升的,主要包括展位销售收入、展览服务收入、广告收入、赞助收入等。一般情况下,展览会有以下几种收入来源:

(一)展位销售

将不同面积的展位销售给参展商,是多数传统展览会的主要收入来源,展位定价策略决定了展览会的利润规模。著名的展览公司博闻展览(现被英富曼公司收购)曾对其客户做过一个调研,发现31%的参展企业租赁展位时最重视展位的开口,其次是重视展位所属展馆与主通道位置,占样本的15%。而且,规模越大的企业越重视位置,因为展位位置直接影响企业的销售与营销效果,决定了展位的客流量。除此以外,展览会所处的发展阶段不同,展位定价策略的差异较大。对于展位定价策略的制定,要综合考虑展位类型、展位面积、展位位置和展览会的发展阶段。

(1)展位类型。一般而言,展位可以分为标准展位与特装展位两种。标准展位面积为

9 平方米（3 m×3 m）。展位销售中常以标准展位为单位收费标准，是最基础的价格规定。参展商可购买几个标准展位拼为一个展位，例如 18 平方米的展位由两个标准展位合成，价格为标准展位的两倍。标准展位的设计是统一的，包括标准型材料和楣板等基本元素，参展商不得改变外观。特装展位则以每 9 平方米的价格为收费单位，参展商可根据自身需求租赁相应的面积，但要聘请主场承建商或搭建商进行展位设计与搭建。在光地上搭建起来的展位，被称为特装展位。特装展位一般以 36 平方米的面积开始起租，按照展位类型收取相应的展位租赁费。

（2）展位面积。标准展位与特装展位的价格不同，展位面积是展示参展商实力的重要标准。采用国际通用标准设计制作的标准展位，规格为"3 米 ×3 米 ×2.5 米"，主要组成建材包括八棱柱、八棱柱支座、锁件、连板、双面 PVC 展板、展桌、展椅、射灯等。其特点是装卸快捷、便于运输、节省存储空间。由于参展商的实力不同，对展位规模的大小需求也存在差异，特装展位的面积可以根据参展商的要求以及展品类型的不同而变化，以满足参展商的多样化需求。其面积一般是 9 平方米基础单元的倍数，通常以 36 平方米面积起租。

（3）展位位置。展位位置主要包括展位所处的展馆、展位开口、展位与主通道的位置。不同位置的展位定价不同。一般来说，最佳的展位位置是会场的入口处或入口处两侧。出口处位置和入口处的显眼程度相当，但有些观众经过时可能带有倦意或已经谈妥了业务，出口处位置人气指数较入口处稍逊一筹。其次是主要通道的两头或"十"字干道的中心四角处。此外，展览问询处、新闻中心以及各类基础服务设施（如餐厅、小卖部）附近也是人流较多的地方。

（4）展览会的发展阶段。在初创期，展览会知名度不高，组展方为吸引企业参展，一般会采取低价策略，用优惠的展位价格吸引参展商，积累客户关系。在成长期，展览会开始具有一定的行业知名度，组展方开始追求展览会项目的盈亏平衡，平衡发展和获利之间的动态关系。在成熟期，展览会项目逐渐形成品牌效应，如知名度和美誉度较高，一般采取高价策略，但是此时展览会项目的竞争力和吸引力正在逐步下降，组展方须采取一定的价格优惠措施以维护客户关系。进入衰退期后，展览会项目的竞争力、知名度和美誉度逐步下降，组展方须采取一定的促销策略，用价格优势保持参展商的参与意愿，尽管如此，若此时展览会项目的衰退已较难避免，组展方应该重视展览会项目的创新。

（二）广告宣传收入

广告宣传收入是展览会收入的重要来源。展馆外围墙体、广场、馆内墙体、展位、横幅等，都可以作为广告载体予以对外销售，也可以对整体展览会活动进行冠名销售。此外，展览会宣传单、门票印刷画面、活动纪念品包装物等也是炙手可热的广告媒介。由于广告成本较低,广告宣传收入利润非常可观。但须注意的是,展馆内外的广告位由场馆方提供,也是场馆方的重要收入之一。组展方可以根据实际需求与场馆给予的广告位成本进行定价,向参展商等机构进行销售。

(三)政府支持性补贴

政府支持性补贴是展览会重要资金来源之一。政府的支持补贴有两种类型,一种是地方政府为加强精神文明建设组织的公益性展览会,例如,文体类展览会可以丰富市民的业余生活,科教类展览会促进全民素质的提高。这类展览会的主办方一般是政府相关部门,有相应的资金支持。另一种是政府资金类政策,由于展览会通常是展示城市形象的平台与机会,而且利于带动举办城市酒店业、餐饮业、零售业、旅游业等发展,因此不少地方政府支持展览业发展,制定相关政策,对新展、品牌展等符合条件的展览会进行资金补助或奖励。

(四)观众门票

销售观众门票的展览会通常以消费展为主,主要面向普通消费者而不是专业观众。以汽车消费展为例,一般车展会分为媒体日、专业观众日和公众日。媒体日不对普通观众开放。车展的普通观众的人数规模很大,远高于专业观众,同时车展举办时间较长,一般在10天左右。因此,巨大的人流量能够为展览会带来可观的门票收入。

(五)其他增值服务

展览会可以通过提供各种创新或增值性服务,增加收入来源,同时也为终端客户建立完善的展览会服务体系。组展方可以通过向参展商、采购商提供增值服务获取盈利,通过整合社会化服务资源,积极开发引进与展览会、展馆配套的服务项目,包括餐饮住宿、广告宣传推广、设备租赁等增值服务。这样能有效实现与竞争对手的差异化,也可在拓展利润渠道的同时满足客户个性化需求,形成核心竞争力。

三、展览会成本

展览会的成本费用因展览会的特征具有一定的差异性。本节内容主要介绍以下几种成本类别:

(一)场馆租赁费

除了一些场馆方自办展以外,绝大多数的展览组展方需向场馆运营方来租赁场馆。费用按照实际租用面积、租用天数计算。此外,还要根据与场馆运营方的合同要求,视具体情况支付水电费、电信网络费、展馆保洁费、垃圾清运费、安保费用等。

(二) 标准展位搭建费用

如前所述,展览会通常会设置主场承建商,以统筹负责标准展位以及公共区域的搭建布置。为此,组展方须对主场承建商支付相关服务费。

(三) 营销推广费用

招展与招商作为展览会顺利举办的重要程序,与组展方的营销推广息息相关。组展方须通过各种途径提高展览会的知名度以吸引优质的参展商和与之相匹配的观众。以广交会为例,这项花费主要包括广告费、宣传光盘制作费、招商宣传片及资料素材拍摄、外宣资料设计制作费(含客商与会指南)、新闻发布会费用、外宣资料翻译费、礼品纪念品、出国招商费等。

(四) 人力资源费用

除了组展方的长聘人员,展览会通常会招聘一些临时人员(如实习生)承担展览会的相关服务工作,以满足展览会期间的基本需求。以广交会为例,展览会期间的主要支出包括:对外贸易中心人员服务奖及会议补助、雇员劳务费、临雇人员会议费及工资、各保安公司会议费、大会保卫人员支出、临工季节工餐费等。

(五) 接待费用

展览会对出席嘉宾,如开幕式相关领导、展览会期间会议论坛的发言人,需承担接待费用,且还须视具体情况安排相关人员的交通、住宿并支付劳务费。

四、成本—收益管理的模式趋势

在数字化时代,展览业经历着社会、经济与技术的影响,展览模式正在发生重要的变革。AMR International 曾对展览会的模式转变特点进行归纳(见表7-5)。如今,展览会已经从以展位销售为主要收入的传统销售模式,逐渐向以多元收入来源为支撑的价值创造者转变。展览会正逐渐从销售驱动的模式,转变为如今的营销驱动与观众导向,逐步向未来的内容驱动与社群导向进发。随着 AI、大数据分析等技术的发展,数字技术在展览会商业模式的创新中,发挥着越来越重要的推动作用,赋能参展商与观众的多元互动。

表 7-5　展览 1.0 到展览 2.0 的模式变革

项目	展览 1.0	过渡版本	展览 2.0
模式	传统的	目前和正在兴起的	未来的

项目	展览 1.0	过渡版本	展览 2.0
角色	销售渠道	商务和知识发展的推动者	365 天的价值创造者
特点			
形式	贸易展览会(只持续数天)	会议 + 展览(展前有相关参与性活动)	会议 + 展览 + 节庆(365 天的社群互动)
收入	展位销售	赞助、门票	多元化的收入来源(凡是能创造价值的领域)
观众	强调观众数量	部分强调观众数量/细分市场	反映整个产业生态系统
互动	随即会面模式	部分参与者互动促进	全方位的参与者互动促进(包括运用 AI)
驱动	销售驱动	营销驱动 + 观众导向	内容驱动 + 技术赋能
技术	轻技术	技术辅助支撑	数据驱动 + 技术赋能
数据	轻数据	描述性分析	预测性分析
发展	拷贝模式	适应产业发展趋势	持续创新

资料来源:翻译转引自公众号"活动研究"。

第四节　展览会现场风险管理

一、展览会现场风险类别

展览会现场人流、物流高度集聚,容易突发各类事件。在展览会服务的各环节中,一些不可控或人为事件,可能引发人员伤害、财产损失、名誉损害和法律纠纷等各类潜在的风险。根据风险的危害程度以及所涉及的展览会服务,展览会的现场风险可分为三类:可能涉及人员伤亡的风险、可能涉及财产损失的风险、因保障不力出现的其他风险,具体如图 7-3 所示。根据风险出现的频率,本节介绍几种重点风险。

(一) 展位安全风险

展位安全风险贯穿展览会的全过程,发生在布展、展中、撤展阶段。展览会的布展和撤展是典型的临时作业,劳动强度大、工期紧、场地混乱、车流、人流集中,如果管控不当就极有

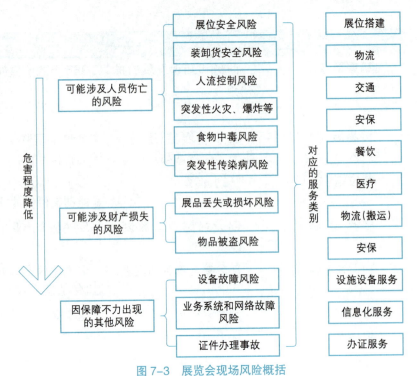

图 7-3　展览会现场风险概括

资料来源：根据王起静等(2016)、黄彬(2013)、陆莹(2015)整理绘制。

可能发生安全生产事故。在布展、撤展期间，在同一时间一个展馆内有多个展台同时搭建，展馆相当于一个繁忙的施工现场，存在较大的施工安全事故风险。例如，电源接线不规范容易引发触电事故；梯子和其他登高设施使用不规范时容易发生高坠事故；展台结构不合理、搭建不规范时容易发生展台坍塌的事故；现场施工材料堆放凌乱与电源接线盒距离不够时容易发生火灾事故；现场施工人员未按要求戴安全帽或不按要求作业时存在发生伤亡事故风险。同时，展位搭建不合规范亦可能导致展览期间展台安全问题的突发状况。展位安全风险的典型案例如 2016 年某国际车展中的一个展台，开幕前用于展示企业广告的展台上半部分发生垮塌，庆幸没有造成人员损伤，否则后果不堪设想。因此，展台安全风险是组展方与场馆方非常重视的，须出台相关规范与手册严格制定安全要求，例如参展须知、展馆用电安全规定、展馆消防安全规定等，在展台搭建前须对展台图纸进行审核，避免安全风险。

（二）装卸货安全风险

展览题材不同，装卸货使用的工具不同，因此风险也有所差异。对于如设备展等重量大、体积大的展品，须使用特种设备进行装卸。由于展馆的装卸操作空间有限，场地人员集中，工作环境恶劣等，装卸作业存在极大的特种设备事故风险，容易发生挤压、高坠、撞击等安全生产事故。

(三)人流控制风险

大型展览会的人流量特别大,如果不加以控制就容易发生踩踏事故,轻则造成现场混乱,重则造成人员伤亡。尤其是在展览会开幕当天展馆内人头攒动,展览物品琳琅满目,容易分散观众的注意力。例如2015年的某医博会系列展,由于到会参观人数大大超出组展方和场馆方的预期,在展览举办过程中,展馆内外出现拥堵问题。相关保障工作的不到位被媒体广泛报道,对展览会和展馆造成了负面影响。

(四)物品被盗风险

展览会展馆内部陈列或仓储了大量的参展样品,在展期中,每晚闭馆以后许多参展样品会依旧留在展位上,在当天闭馆后和次日开馆前的这段时间里让盗窃者有了可乘之机。此外,在展览期间,展馆是一个人、财、物密集的公共场所,常常发生钱财、物品丢失事件,特别是体积小、价值高的展品,如珠宝展,展品被盗风险更高。

二、展览会现场风险识别与分析

展览会现场风险识别指对展览会项目的风险要素进行归类,分层查找对应的风险和引起风险的主要因素,并对其后果做出定性和定量的评估。针对展览会现场风险识别须回答以下问题:展览会项目中存在哪些潜在的风险因素?这些因素会引起哪些对应的风险?这些风险的严重程度如何?风险识别不是一次性任务,而应贯穿展览会项目的整个生命周期。

风险产生于假设与现实的偏离。展览会现场风险识别是对展览会项目进行风险管理的重要一步,如果被忽视,就会对展览会中风险的范围、种类和严重程度认识不当,从而使对展览会风险的评估、分析和处置发生差错,造成不必要的损失。风险识别是识别单个项目风险及整体项目风险的来源,并记录风险特征的过程,常用头脑风暴法、根本原因法、假设条件分析、访谈、核对单法等展开。风险识别的目标是建立全面的风险清单,是展览会制定风险应对方案的基础。

识别风险后须对风险进行分析。定性分析着重对风险的发生概率和影响程度进行评估,得出相应的风险等级,再采取应对方案。对于风险等级低的风险,只要组展方可以接受,就可以选择风险接受的策略,否则就要制定有针对性的措施减轻风险、转移风险或规避风险。图7-4是展览会现场常见风险的定性分析示例,展览会针对实际情况往往存在不同的分析结果。

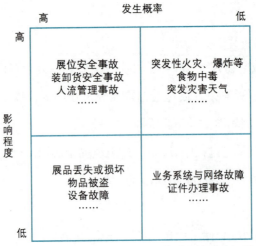

图7-4　展览会现场风险发生概率与影响程度分析矩阵示例

　　展览会风险识别是风险分析的基础性工作,也是进行展览会风险管理决策的基础。通过展览会风险识别与分析能够了解面临的各种风险和致损因素,为展览会风险控制提供必要的有用信息。通过对展览会风险的识别与分析,管理人员可以对展览会风险状况形成相对清晰且直观的认识,并可以根据展览会各种风险情况采取相应的措施进行管理、控制,趋利避害,变被动为主动。

三、展览会现场风险控制

　　展览会现场风险具有意外性、危害性、紧急性、不确定性的特点。由于展览会涉及的责任主体较多,需各个配套服务商本着对人民群众生命安全负责的态度,不断摸索有效的安全管理模式,实现安全展览会的目标。

　　对展览会现场风险的控制应该从展前、展中、展后三个阶段来实施,即前期提前部署、中期有效应对、后期总结改进。

(一)前期提前部署

　　(1)构建风险管理组织。设置综合协调组织,负责整个展览会的风险管理,根据可能出现的风险设置相应的应急处理工作组。

　　(2)建立风险预警机制。对展览会服务全过程中各个风险事件发生的事前、事中和事后的各个环节进行识别、分析、预控、监测并纠正不良发展趋势。

　　(3)建立服务风险数据库。梳理服务项目和工作流程中可能出现的服务风险,通过对风险的鉴定和评估,提前对风险进行预防和控制。

　　(4)编制应急预案。为有效地控制事故后果,采取抢救行动和补救措施,应该在展前编制应急预案,以指导事故状态下的应急行动。

(5)加强业务能力和风险处理技能培训。应提前对从业人员进行教育和培训,使从业人员了解服务过程中可能发生的各种风险,树立其危机意识,提高其风险处理能力。

(6)投入足够的人力、物力进行预防。除购买保险外,展览会还应投入必要的设备和人员以保证风险发生时的快速反应。

(7)加强对重点服务项目的风险防范。展览会中的交通、医疗卫生、安保、餐饮等服务涉及面较广,重点服务项目可提前进行风险防范的模拟演练。

(二)中期有效应对

(1)及时发布风险信息。在风险发生后应采取恰当方式发布信息,对与会参展商与观众进行正确引导。风险信息发布时须注意信息准确性,亦要注意与会者的情绪与心理,避免因造成恐慌而引发二次危机。

(2)启动应急措施控制风险发展态势、化解风险。及时启动应急预案,控制风险的发展态势,避免风险继续扩大或引发二次风险。根据各类风险的相关防控与管理规定,必要时与地方相关部门取得联系,协同应对风险。

(三)后期总结改进

(1)事后恢复。对受损客户进行安抚,并及时修复受损的设施设备。

(2)事后总结。对风险事件进行详细、全面的总结,可通过座谈会、问卷调查、意见征询等,了解客户对风险预防的意见建议以及相关的服务改善措施。

(3)风险预防机制的更新升级。针对当前的风险预防系统进行全面的分析,重新修正预防系统的失误,并进行相应的改进或调整,以便建立一个新的更有效的预防机制。

(4)进一步深化安全理念。安全理念包括风险防范的管理规范,人员对安全的态度与行为,在服务运作过程中对安全的时刻反思等。

本章要点小结

- 展览会的现场组织与服务呈现集约化、专业化、精细化、数据化的特点。展览会的现场服务总体上可以分为核心服务、保障服务和辅助服务三大类,具体包括展位搭建服务、物流服务、观众管理、安保服务、保洁服务、餐饮服务等。

- 展览会现场服务的价值管理非常必要。通过对展览会服务策略要素(理念引导、设计传递、能力规划)的贯彻执行,实现人—过程—环境的优化互动,进而提升展览会服务价值,提高服务对象的满意度、忠诚率,最终提高会展企业收入,增强其盈利能力。

- 展览会的现场活动是现场管理的又一重要内容。常见的展览会活动包括会议、企业活动、比赛、娱乐休闲活动等。展览会的现场活动具有重要作用,不仅能进一步丰富和完善展览会的基本功能,还能活跃展览会的现场气氛,拓展展览会的市场范围,吸引更多的潜在参展企业和潜在观众。

- 展览会的成本—收益管理类型主要有利润导向型、盈亏平衡型和账面亏损型,是展览会开展财务管理的重要基础。展览会的主要收入包括展位销售、广告宣传收入、政府支持性补贴、观众门票、赞助收入和其他增值服务;展览会的主要成本项目包括场馆租赁费、宣传推广费、媒体费用、公关、接待费用、人力资源费用等。展览会已经从以展位销售为主要收入的传统销售模式,逐渐向以多元收入来源为支撑的价值创造者转变。

- 展览会风险管理须经过风险识别、风险分析、风险应对的基本流程。展览会的现场风险分为三类:可能涉及人员伤亡的风险、可能涉及财产损失的风险、因保障不力出现的其他风险,对展览会的影响程度不同。展览现场常见风险可以根据风险的发生概率与威胁程度的高低进行风险等级评估。展览会风险管理应贯穿展前、展中、展后三个阶段,即进行前期提前部署、中期有效应对、后期总结改进。

本章思考题

1. 展览会的现场服务主要有哪些?

2. 展览会的现场活动有哪些常见形式?还有哪些新趋势和形式?

3. 展会收益模式存在什么新趋势?展览会哪些增值服务具有发展潜力?

4. 展览会现场可能遇到哪些风险?对展览会现场风险的控制措施有哪些?

 即测即评

本章参考文献

第八章　展览会的绿色化与数字化发展

学习目标

√ 理解绿色会展的内涵及重要性；

√ 了解国内外绿色会展的发展历程与趋势；

√ 理解绿色会展的实施策略；

√ 了解信息与通信技术(ICT)在展览会中的应用；

√ 掌握 ICT 联接技术赋能展会价值重构框架；

√ 了解数字化为展览业带来的挑战。

本章导读

　　绿色发展与科技创新是当今全球经济发展的两大重要趋势,展览业也在其中不断革新与重构。在绿色化与数字化趋势下,展览产业链的主体及主体关系均发生了变化。与此同时,绿色化与数字化并不是相互割裂的,而是相互促进、协同发展。在许多行业,数字技术被认为是助力传统行业转型、推动低碳发展的有效方式。在展览会的场景中,数字技术的应用除了产生技术溢出效应以外,还将对绿色会展的发展产生外部效应。值得注意的是,展览会涉及众多产业题材,属于临时性集群,是新理念与前沿信息沟通与传播的良好媒介。因此,展览会的革新与发展还具有点面辐射的效应,能够进一步推动绿色理念与数字技术在其他产业(尤其是传统产业)的推广,助力多产业的绿色化与数字化发展。本章将重点介绍展览会绿色化与数字化的发展趋势及其对展览产业链的重构与影响。

第一节　展览会的绿色化发展

绿色发展是当今社会经济发展的必然要求。会展业被誉为世界三大"无烟产业"之一,但实际上人们往往对会展业的环境影响有一些误解。一个成功的展览会,参展商与专业观众数量往往能达到10万级以上。短短几天内,人流从全球或全国各地齐聚展馆,涉及的交通、住宿、现场搭建与活动等产生的能源消耗、废弃物、温室气体排放量等不容忽视,对举办地的环境系统形成了瞬时压力。对重要的会展城市,展览会数量多,周转也快,对当地的环境系统造成了持续的影响,导致需要长期、常态化管理的环境问题。一方面,展览会的举办会产生大量的生活垃圾与展位搭建垃圾,如木料、地毯、包装物、餐厨垃圾、纸张等。另一方面,在展览会筹备过程中,展馆和展位的搭建需耗费大量的资源,运输消耗和场馆供水、电、热、空调的能耗也不容忽视。

近年来,我国大力推动展览业的发展,各地展览会数量不断增多、活动规模不断扩大,造成的资源消耗与环境污染压力也日益提升。如何解决会展经济发展与环境保护之间的矛盾,如何通过绿色转型实现会展经济与生态保护的协调发展,成为行业关注的焦点。

一、绿色会展的内涵

在会展业对绿色发展的重视之下,绿色会展(green event)应运而生,引领着国内外展览会的绿色实践。绿色会展,亦称负责任会展(responsible event)、环境友好型会展(environmental friendly event)、可持续会展(sustainable event)。这些概念没有本质上的差异,因此本书不做区分。绿色会展有广义与狭义之分(见表8-1)。从广义而言,绿色会展以三重底线模型为基础,将可持续发展理念融入展览会策划与组织的全过程中,追求经济、社会、环境全方位的整体可持续发展。而狭义的绿色会展则更关注环境友好,通过环保战略与举措,减低会展活动对环境的负面影响。本书主要从狭义的绿色会展概念展开讨论,聚焦于减缓与消除展览会的负面环境影响。

表 8-1　绿色会展的定义

分析角度	定义	相关学者
广义	绿色会展指将可持续发展策略或可持续发展实践融入项目管理和运营中的会展活动。它是一种自然的周期性过程,是会展管理者、举办社区和参与者的共同互动过程,也是合理提供人力资源、基础设施和资金的过程。但这可能对一次性的大型事件并不适用	Laing et al. (2010) Raj et al. (2009)

分析角度	定义	相关学者
广义	绿色并不仅仅意味着对环境的管理,它还强调长期的状态、最佳的表现、对质量的保障、对客户的尊重和对员工的承诺。绿色会展是可以在举办地将经济、社会文化和环境三方面取得最佳整体产出的会展活动	Raj et al.(2009)
狭义	绿色会展是致力通过环保战略或举措创造高品质体验的特殊活动,既包括利用环保策略与技术创造独特体验,也体现组织机构与自然环境之间的互惠互利关系	Goldblatt(2010)
	会展策划者及相关方为减轻、改善和消除会展的环境负面影响而实施的实践	Merrilees et al.(2011)

二、绿色会展的发展背景

(一)国际绿色会展的发展背景

工业革命后,世界经济发展进入了新纪元,城市化与经济发展是第一要务成为各国发展的共识。世界环境与发展委员会最早提出了可持续发展的完整概念,随后联合国环境与发展大会第一次把经济发展与环境保护相结合,提出了可持续发展战略。2002年,世界首脑会议再次强调了经济增长和社会进步必须同环境保护、生态平衡相协调的理念。从此,可持续发展成为各国的新型发展途径。

在西方国家,绿色会展主要由行业环保精英推动,实施自下而上的推行与普及。绿色会展萌芽于展览企业中的环保精英(eco champion)。他们具有环保的意识,同时具有一定的企业管理权。企业中的环保精英将绿色会展的理念融入办展实践中,推行一系列的环保举措。例如,全球会议与奖励旅游行业的重要盛事世界会议与奖励旅游展(IMEX),是展览业践行绿色发展的典型代表。通过绿色交通、废物处理、绿色能源、绿色教育与奖励等措施,展览会中固体废物综合回收利用率高达90%。亦有一些展览搭建与服务企业,通过采购绿色的搭建材料,以及通过模块化搭建,来推动绿色会展的发展。北美展览服务市场最大的服务供应商Freeman公司,通过可量化标准与材料革新,成为展览搭建行业第一个获得ISO 20121可持续发展认证的企业,2014年至2016年,连续三年获得展览固体废物回收冠军奖。通过主办方与展览服务公司的共同努力,逐渐使展览会参与者体验到环保的益处。在这一背景下,绿色会展的推行是自发的,主要受企业社会责任与企业经营的理念驱动。

在行业层面,会展业协会及相关环保机构也进行了多年的可持续发展探索。1992 年,William McDonough 建筑师事务所与 Michael Braungart 博士共同发布了《汉诺威原则:可持续发展的设计》(The Hannover Principles:Design for Sustainability),提出了九条可持续发展设计的原则,致力于转变和提升对人们与自然相互依存关系的理解,供 2000 年的汉诺威世博会的可持续设计所用。2002 年,可持续展览业项目(Sustainable Exhibition Industry Project)指出展览业可持续发展的第一步是减少废弃物。2007 年,英国标准学会(British Standards Institution,BSI)制定了 BSI 8901 标准,帮助展会负责人提高资源的使用率、降低碳排放量,以创造长期的经济和社会影响。为了进一步规范国际性大型活动,英国标准学会基于 BSI 8901 标准进行修改,制定了专门指导伦敦奥运会的绿色实践的行动引导指南。2012 年,正值伦敦奥运会举办之际,国际标准协会(ISO)颁发了《大型活动可持续性管理体系要求及使用指南》(Event Sustainability Management Systems—Requirements with Guidance for Use),为全球会展业的绿色发展提供了指导性建议。这是一套可以帮助国际会展行业的组织机构提高与会展相关的活动、产品和服务可持续的管理系统标准,使绿色会展标准更加全球化的指南。2009 年,联合国环境规划署发布了《绿色会议指南:为您的参会者铺上绿色地毯》(Green Meeting Guide 2009:Roll out the Green Carpet for Your Participants),为主办方提供了涉及展览与会议各方面的绿色举措核对清单。除此以外,不少国家与地区的会展相关协会也开始行动,纷纷发布绿色会展的号召与建议。

绿色会展的推行具有挑战性,国外不少展览会仅仅将绿色会展作为一种宣传手段或噱头,很少将之贯彻、运用到运营模式上,也很难真正践行绿色会展。这一现象被称为绿色贴标(green-washing),主要是由绿色概念模糊和解读不一造成的。一些展览会仅满足了绿色标准的某一方面,但在宣传中就冠以"绿色会展",或者是组展方缺乏绿色实践的认知,不知道应该如何做到真正的绿色环保,结果却误导客户。

绿色会展起源于国外,经历了多年的行业探索与积累。西方国家的绿色会展是在一般环境法体系下,在企业精英和相关协会的推动下发展的,目前还没有专门针对会展业的绿色法规。相关的协会组织虽然提供了绿色会展的指南与标准,但也只是倡议性质,展览会可以自主决定是否推进。绿色会展在国际展览业中并没有普及,主要停留在企业探索的零星阶段。

(二)国内绿色会展发展背景

国内绿色会展的起步较晚,在 2010 年以后才获得实质性的推进,与国家政策息息相关。2012 年,党的十八大提出大力推进生态文明建设,国家对生态文明建设的重视达到了新的高度。同年,中国进出口商品交易会(简称:广交会)开始了绿色会展的探索,标志着我国绿色会展的正式起步。广交会作为我国重要的政府主导型展览会,积极响应国家号召,在绿色会展的推进中始终处于领军示范的地位。广交会的绿色会展发展历程,体现了我国绿色会展的发展演进。本节以广交会绿色会展为线索,将我国绿色会展发展分为三个阶段。

① 广交会的拓展工作由交易团和商/协会具体负责。

1. 阶段一(2012—2013年):广交会的率先探索

2012年是广交会绿色会展的转折点,标志着广交会正式进入了绿色会展1.0阶段。广交会首次提出了"倡导低碳环保办展,打造国际一流的绿色展会"的发展目标,重点解决展位搭建的材料问题,首先将宣传和管理的重点放在了特装施工单位。广交会规定,特装施工单位只有获得广交会认证,方可入场进行特装服务。为推行绿色会展,广交会修订了特装施工单位的资质评审标准与现场操作的相关规定,对违规单位进行处罚;同时积极开展培训,鼓励使用节能环保、可循环使用的材料,提高设计布展水平。此外,广交会还设立了绿色展位奖的评选,对参与绿色搭装的施工单位进行奖励。在第111届广交会的第一期评选正式启动之时,开展了"节能环保"专项评比活动和"特装展位评比"活动,设立了"最佳特装奖"和"绿色环保奖"两个奖项,以此扩大宣传绿色办展概念的范围。

从2013年起,广交会将"倡导绿色布展,推进广交会低碳环保发展"列入工作会议的重要议题,召开多场关于"绿色环保特装"的研讨会,邀请有关专家、技术人员、设计师和现场管理人员共同研究探讨,并初步明确和制定了广交会"绿色环保特装"标准。绿色展位标准的书面化和公开化使得绿色展位的评价有据可循,避免了标准不明晰的情况。同时,第113届广交会正式将《关于推进广交会低碳环保发展的实施意见》放入《参展须知》当中,从广交会的整体层面上明确了推动广交会低碳环保的意义、规定了具体的工作内容(包括绿色布展、绿色参展和绿色撤展),初步指明了各利益相关者的职责与工作要求。由此,绿色会展从单一的搭建企业参与,拓展到了搭建企业、参展企业、交易团和商/协会共同推进的局面①。广交会希望通过交易团和商/协会对参展企业进行宣讲,让参展企业意识到搭建板材废弃物对环境的污染,以此提高参展企业的绿色环保意识。

然而,这一阶段的举措并没有得到理想的反馈,依旧停留在部分先锋企业参与的状态,只有少部分具有前瞻性意识的搭建公司愿意响应绿色会展的推行活动。

2. 阶段二(2014—2016年):广交会的绿色会展制度化

在第114届广交会结束之后,广交会提出了一套细则详尽、分工明确的实施方案,并由商务部在 2014 年 2 月以《关于印发〈广交会绿色发展计划〉的通知》(以下简称绿色发展计划)下发。自此,广交会绿色会展正式制度化。绿色发展计划明确了从第 115 届广交会开始,全面实施广交会绿色发展计划,推行绿色布展,鼓励绿色参展,实施绿色撤展,倡导绿色会议,打造绿色展馆,在第 120 届广交会实现 100% 绿色展会普及率的目标。通过商务部发文,交易团和商／协会与参展企业很好地被纳入绿色发展计划,避免了仅仅在名义上参与而非真正参与的问题,从政策层面上保障了对参展企业奖励措施的落实。此外,广交会通过与组展单位、搭建企业、学者专家等沟通、协商与研讨,最终修订了《广交会绿色特装展位标准》。通过细化指标,使《绿色标准》变得可衡量且可操作,使用具体标准来规范施工单位的搭建行为。各主要利益相关者开始参与绿色发展计划,广交会的绿色发展实现了质的飞跃。从第 115 届开始每届均完成了绿色展位普及率要求,并在第 120 届广交会实现了目标(见图 8-1),显著降低了单位面积展览固体废弃物产生量,从源头上做到了展览固体废弃物减量化。其中第 120 届广交会单位面积展览固体废弃物产量比第 114 届广交会下降了 25.94%。

3. 阶段三(2017 年至今):广交会绿色经验的行业推广

经过六届的努力,广交会的绿色展位率达到了 100%,展馆内部和外部环境也得到了显著提升。参展企业的绿色实践已经从外部驱动转变为内部驱动为主。对参展企业而言,采用绿色展位带来了相对优势、与企业文化的一致性、可观测性(observability)等内部驱动力对绿色展位接受意愿产生影响,这些内部影响高于来自政府等外部主体的压力(Qin et al.,2022)。广交会的绿色办展实践有力地促进和引导行业发展和产业升级,推动我国由会展大国向会展强国转变。在这一阶段,广交会的绿色会展实践也开始进行行业推广,带动着我国会展业的绿色发展。

一方面,广交会牵头成立了绿色会展标准化委员会,制定了绿色会展的国家标准,行业的绿色实践标准也逐步完善。在总结过去几年绿色发展经验的基础上,广交会在全国率先制定了《绿色展台评价指南》《展览绿色运营指南》《展览场馆安全管理基本要求》三项国家标准。这三项以广交会实践为基础的国家标准的制定,有效填补了中国会展业绿色发展和展览场馆安全管理在国家标准领域的空白,也为其他展会的绿色发展提供了最佳实践。另一方面,绿色会展也得到了业内广泛关注,广交会的实施经验开始向其他展览会推广,如中国进口博览会(简称:进博会)等。2021 年,《国务院关于加快建立健全绿色低碳循环经济体系的指导意见》提出推进会展业绿色发展。进博会自第四届开始,全面引入碳中和理念,开展碳达峰和碳中和的相关工作,助力国家成为全球应对气候变化和生态文明建设的引领者。但从总体上讲,广交会是我国典型的政府办展模式,其绿色发展模式在企业或其他机构办展的推行,仍需要行业的共同努力。

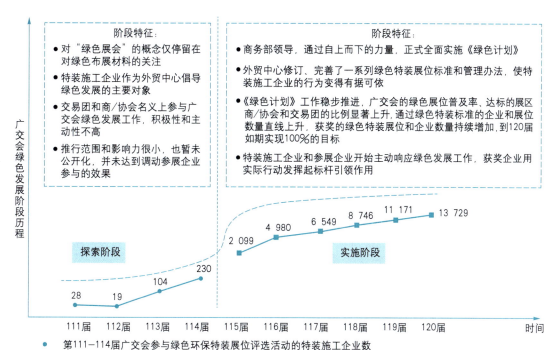

图 8-1　广交会绿色发展计划阶段历程
资料来源：中国对外贸易中心、罗秋菊研究团队。

综上，我国绿色会展的发展具有以自上而下的推动带动自下而上发展的特征。我国会展业的绿色发展探索，折射了我国经济发展已经转向重视生态文明的价值理念，环境保护与经济发展并举。展览会的评价焦点也从经济影响导向朝环境影响等可持续发展综合评价转型。然而，我国绿色会展的推广仍然存在一些不可忽视的问题，例如城市管理系统接入程度低，缺乏精细化、全流程管控，而且专业观众及大众对绿色会展的整体认知度低，仍有很大的探索空间。

三、绿色会展的实施策略

绿色会展的实施需要周详的顶层设计。Harris et al.(2018)整理了会展活动适用的一系列绿色措施，涵盖了废弃物处理、交通、能源、水资源、参与者行为教育等，如表 8-2 所示。这些措施为展览会绿色化提供了参考。

表 8-2　绿色会展的措施

类别	措施
废弃物	• 废弃物减量化：减少塑料瓶、塑料袋等一次性用品的使用；鼓励使用可以重复利用的餐具；以散装的方式提供餐饮；使用电子化方式提供节目单等资料；避免不必要的包装进入现场 • 为餐饮服务商提供环保包装与回收利用政策 • 控制厨余：不超量提供餐饮、捐出剩余食物、从源头做起避免废弃物污染、应用回收系统 • 对现场或周边的有机废弃物进行堆肥 • 实施废弃物评估与标杆管理，并与过往数据进行对比 • 引入第三方非营利性合作伙伴或社区组织，协助废弃物管理 • 请员工或志愿者实施废弃物管理与相关监督
交通	• 减少私人交通：鼓励使用公共交通、推行凭票免费乘坐公交政策、鼓励拼车、为大巴提供免费停车、开通往返交通枢纽与住宿区的穿梭巴士、提供免费停车与行李寄送以鼓励使用自行车 • 提供露营票优惠，减少当天往返的交通 • 如果涉及多个会场，选择相邻的场地 • 鼓励搭建商等服务企业拼车运输 • 员工或志愿者在现场的内部交通，鼓励使用自行车
参与者行为教育与引导	• 通过海报、广告、邮件、现场活动、现场广播、手机软件、横幅等方式，向参与者宣传环保理念与行动（包括废弃物分类回收、拼车、保护现场环境等） • 向参与者提供垃圾袋等鼓励保持环境清洁与废弃物回收的便利物品 • 通过发放回收券或优惠券，鼓励参与者将废弃物带至指定回收点 • 请志愿者帮助参与者进行废弃物分类 • 将环保内容融入现场活动与流程，帮助参与者了解更多环保资讯
能源	• 与场馆协作减少能源使用，如减少使用空调、关闭不使用区域照明 • 采购节能设备 • 选择采用能源管理系统的场馆 • 对员工开展节能知识与技能培训 • 开展能源评估与标杆管理，并与前几年数据进行对比
水资源	• 选择自降解或真空洗手间、无水便池 • 减少瓶装水的使用，提供免费的水杯与直饮水 • 安装污水处理系统、废水净化与二次利用 • 对员工进行节约用水的培训 • 使用可生物降解的清洁用品

资料来源：Harris et al.（2018）。

　　绿色会展的实施并非一蹴而就，常常会遇到多方阻碍。其中一个重要原因在于，展览会是一个由大量不同性质主体组成的复杂系统，涉及政府部门、参展企业、观众、行业协会、服务企业等。各利益主体在绿色实践中往往遇到不同的挑战（见表 8-3）。如何使上述利益诉求相异的主体达成绿色认知的共识,共同参与和以实际行动推动展览会的绿色转型,是展览会绿色化发展的重点与难点。

表 8-3　不同利益相关者的绿色实践挑战

主体	展览会层面	产业层面
组展方	<ul><li>时间紧张与运营计划限制</li><li>缺乏相关资源与支持</li><li>不关注绿色环保</li><li>缺乏绿色会展的知识与技巧</li></ul>	利益相关者形成共识、共同参与、建设可持续协作机制
参展企业	<ul><li>企业品牌推广与绿色简约设计的矛盾</li><li>展材循环使用与成本的矛盾</li><li>短期成本提升与长期收益不确定的矛盾</li><li>缺乏对绿色环保的认知与关注</li></ul>	
专业观众	<ul><li>缺乏对绿色环保的认知与关注</li><li>依赖观众自身环保意识与自我规范</li></ul>	
搭建企业	<ul><li>短期成本提升</li><li>成本结构变化</li><li>设计方式变化(美学、安全等方面)</li><li>客户服务与签约方式变化</li></ul>	

绿色会展的推行,首先需要组展方的行动。目前,展览业对绿色会展的推行,主要有教育和生态标志两种方法。其次,组展方在接受了绿色会展后,将采取一系列举措,争取各利益相关者的支持以落实绿色会展。目前绿色会展的实施策略主要有以下四点。其中,绿色治理被认为是一种有效的解决方案。

1. 生态标志计划

生态标志计划(ecolabel scheme)被认为是推广绿色实践的有效方式,赋予达到条件的企业在产品与服务的宣传上使用生态标志的权利。通过生态标志使企业环保举措被消费者认可,对具有绿色形象建设需求的企业具有较强的吸引力,从而吸引更多企业参与绿色行动。生态标志计划可以通过评审标准的制定,引导企业的绿色发展策略,从而起到行业教育与引导的作用。生态标志计划已经在有机产品与绿色产品领域得到广泛的应用,如我国的有机食品标志,须得到认证机构的严格审核和检查后,方能获得证书以及在产品包装上印制有机食品标志的权利,消费者可以根据有机食品标志辨别产品。

以生态标志的方式推行绿色会展,目前仍受到一定的质疑。原因在于行业目前还缺乏具有权威性与认知度的标志计划,对展览会而言市场营销效用有限,缺乏市场吸引力。除此以外,生态标志计划的实施,须得到行业公认的审核标准,但目前尚未形成具有公信力的标准,因此,生态标志计划在目前绿色会展推进中仍未能发挥作用。

2. 行业培训与教育

绿色环保实践受环保意识、态度与知识的影响。推广绿色会展实践,须提升企业的环保认知,改变企业对绿色环保的态度,促进企业绿色行为的意向与行为。在我国经济追求高质量发展的关键节点,提升企业环境保护意识则显得尤为重要。在展览业同样也是如此,很多组展方仍处于追求规模化发展的阶段,参展企业往往追求参展效益的最大化,对绿色会展的关注度不够。因此,行业培训与教育作为传播知识与理念的一种重要途径而得到重视。但不可否认的是,通过教育提升行业的环保认知是一个漫长的过程,需要长期的努力与坚持,才能对绿色行为产生影响。

3. 政府规范与政策

政府和行业协会是引导绿色会展发展的重要力量,能够形成自上而下的影响力。从政府的角度,政府通过政策的出台可以有效引导展览会的绿色实践。一方面,政府可以将绿色会展的要求整合至品牌展览会或参展企业的评定标准中,例如,深圳市将绿色展装鼓励支持政策纳入深圳市品牌展览会认定办法,对展览会中已制定并实施"绿色展装"的企业给予鼓励支持政策,并在品牌展览会的认定中给予加分。另一方面,政府的资金类政策也为展览会绿色化提供了支持。由于缺乏资金支持是组展方推行绿色化的障碍之一,为组展方提供资金激励,可以有效调动组展方的能动性。而从协会的角度,越来越多的展览会或环保相关协会制定了绿色会展的标准,例如 ISO 20121:2012、联合国环境规划署发布《绿色会议指南:为您的参会者铺上绿色地毯》。2015 年,我国发布了《大型活动可持续性管理体系——要求及使用指南》,供各类会展活动管理者使用。总体而言,政府与行业协会可以形成一种制度性权力,制定对展览行业的集体规范,引导企业遵守行业公认的绿色标准,以此倡议与引导参展企业的环保行为(Zhong et al.,2021)。

4. 绿色治理

组展方如何协同多方利益,引导参展企业、专业观众,搭建公司共同参与绿色会展,是绿色会展推行的一大困境。对于一般的展览会,组展方主要负责协调场地、展览会的运营管理以及对搭建企业的管理,对参展企业而言是作为服务提供者的角色。因而,组展方对参展企业是否践行绿色会展并无约束力。以绿色搭建为例,参展企业作为展位搭建服务的采购方,具有强议价能力,其往往从展示效果与成本进行展位设计决策,对搭建材料环保与否并没有直观了解。因此,搭建企业往往会迫于满足参展企业的需求,选择设计更灵活与成本更低的一次性木质材料。可以说,展位搭建形成了一条以利润为导向的价值链,其中参展企业具有较强的影响力(Zhong 等,2021)。而绿色治理,即通过价值链治理驱动产业的绿色化过程,为主办方撬动参展企业与搭建企业的能动性提供了突破口,尤为适用于行业旗舰展览会(见图 8-2)。

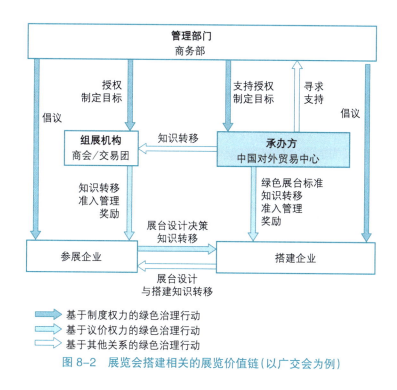

图 8-2　展览会搭建相关的展览价值链(以广交会为例)

绿色会展的绿色治理中,充分运用议价权力与制度权力是关键。依托展览会的稀缺资源,行业旗舰展览会对参展企业形成议价权力(bargaining power),可以通过激励与惩罚双重机制,引导参展企业参与绿色会展。以广交会为例,广交会是供不应求的稀缺资源,企业要经过严格的门槛评分才能参加,而展位的位置、大小、是否为品牌展位都要经过细致的积分体系。因此,围绕这一稀缺性,广交会对于参展企业和搭建企业形成了很强的议价权力,并形成了一系列有效的治理工具,具体包括:

其一,制定绿色展位的标准,以标准驱动绿色会展的推行,若不符合标准,将被要求进行整改或被剥夺参与资格。广交会制定了绿色特装展位的标准,规定了对设计、材料、施工、拆除和宣传效果的要求,为参展企业和搭建企业提供了指导方针。该项标准被融入招展制度与搭建企业准入制度,重新定义了成为价值链成员的要求。为了申请为广交会的指定特装施工单位,搭建企业必须提交具备绿色展位设计能力的证明文件,证明他们有能力设计和建造绿色展位,以及满足其他基本要求。因为广交会是中国规模最大的产业展览会,展位资源稀缺,展览主办方通过制定标准抓住议价权力,成为优势主体,从而决定了谁可以进入和做什么。

其二,组织大量培训,以培训与指导驱动绿色会展的普及。绿色会展需改变各利益相关方的观念与行动,这些利益相关方缺乏相关的知识,甚至完全没有环保认知。因此,培训是非常有必要的。例如,广交会通过培训课程和会议传达了绿色会展的相关知识。为了帮助参展商和搭建企业建造绿色展位,从 2013 年到 2017 年,广交会在 20 个省的 31 个城市为参展企业和搭建企业举行了 79 次推广会或培训会,分享了世界各地有关绿色展位设计和建设的知识和最佳实践,以此来让企业理解绿色会展理念和创新。在此基础上,各省交易团也举行了各类会议或培训,以帮助参展商获得相关信息。最终,参展企业和搭建公司之间发生了知识转移,为了达到绿色标准,搭建企业与参展企业就其绿色设计进行了沟通,因为材料的限制大大改变了传统的设计,搭建企业需要向参展商传递绿色知识,以帮助他们理解绿色发展。参展企业了解到好的绿色设计,也会告知其搭建企业,将知识传递给搭建企业。

其三,组织竞赛形成激励与示范效应。例如,为鼓励绿色展位建设,广交会开展了绿色展位奖的评选活动。专业评委根据设计、材料、安全、营销等方面的表现,评选出最佳绿色展位,进而获得金奖、银奖、铜奖和人气奖。获奖的参展企业可优先获得展位位置,在品牌展位评价中获得加分,获得荣誉,并在展览会相关期刊和 LED 屏幕上获得免费广告机会。不仅如此,获奖的搭建企业还能够出现在分发给参展企业的特装施工单位推荐名单上。通过举办这样的比赛,广交会创造了在现金奖励之外的新的激励机制。并且,这种机制还形成了示范效应,帮助参展企业和搭建企业逐渐适应绿色设计,也有利于分享绿色展位的最佳实践,同时竞赛成果也与绿色展位标准相互补充。

在制度权力方面,政府以及行业协会、商会等具有公信力的组织,通过公布绿色发展计划或倡议,将绿色会展的要求列入规章制度或相关标准,成为驱动企业参与绿色会展的有效驱动力。在广交会案例中,商务部是广交会的主办方,同时也是管理国家各类企业的对口部门。通过以商务部下发广交会绿色发展计划的形式向参展企业与搭建企业表明了国家对绿色会展的重视程度,也表明了国家推动展览业绿色化的决心。同时通过总体目标的设定,以及具体到每届每个展区的目标分解,形成了较强的制度权力,对广交会的利益相关者起到了驱动作用。

本标准规定了广交会绿色特装展位的设计、结构、材料、搭建和拆除工艺、展示效果等要求，适用于广交会所有特装展位。

一、含义

符合特装简约化、构件标准化、环保化发展趋势。设计理念上体现减量化、再使用和再循环原则；结构上体现模块化、构件化；材料上体现再生、可循环利用；展示效果上体现企业理念，展示企业和产品形象。

二、标准

由基本要求和绿色要求组成。

（一）基本要求

1. 设计

通过广交会特装展位设计审核。

2. 消防、结构安全

（1）通过广交会特装展位消防、结构安全审核。

（2）确保展位结构的整体强度、刚度、稳定性和各连接点的牢固性。

（3）严格按照国家有关装修工程强制性技术规范、标准、规定进行设计施工。

3. 用电安全

（1）通过广交会特装展位用电安全审核。

（2）严格按照国家有关电气设施安装技术规范、标准和规定进行施工。

4. 具体要求

详见《中国进出口商品交易会参展手册》相关内容。

（二）绿色要求

1. 设计

体现 3R 原则，即：

（1）减量化（Reduce）：用较少的材料实现展位功能。

（2）再使用（Reuse）：要求材料能以初始形式被反复利用。

（3）再循环（Recycle）：要求实现展位功能的材料能被经济地回收和再生利用。

2. 材料

（1）采用再生和可循环利用、无毒无害的环保材料或可回收材料，且符合 A 或 B 标准：

① 纯金属型材结构,装饰性材料使用量低于搭建材料总量的 10%(按体积计算),且全部为非木质材料,搭建材料回收率达到 100%。

② 混合型材结构,木质材料使用量低于搭建材料总量的 30%(按体积计算),搭建材料回收率达到 100%。

(2)轻质,可拆卸性强,装卸难度小,便于运输。

(3)节能灯具使用率不低于 80%。

3. 搭建和拆除

(1)现场拼装模块化、构件化,搭建和拆除有序、可控、方便、安全快捷。

(2)不对人员、展览场地及设备设施等造成损伤;不产生灰尘、噪音、有毒有害气体及废弃物等;没有违规现象。

4. 效果

(1)表达企业理念,展示企业和产品形象。

(2)展位通透、层次分明,不采用木质材料封顶。

(3)展示效果简约、和谐、美观。

三、本标准为广交会内部使用,由中国对外贸易中心负责解释

四、本标准自第 115 届广交会开始执行

资料来源:中国对外贸易中心。

四、绿色会展的趋势

在我国经济向高质量发展转型的背景下,展览业的绿色化发展势在必行,这也将是未来的行业焦点与探索方向。绿色会展在我国仍存在很大的发展空间,需要多方力量的共同努力,主要有两个发展趋势。

(一)绿色会展的产业推广新动能

随着绿色会展的受重视程度的提升,我国越来越多的展览会加入绿色会展实践中来,对绿色会展实施的信息与知识需求将日益增强。如今,政府主导型展览会的探索与制度化已获得了重大进展,但商业办展的绿色会展普及仍存在很大挑战,需探索新动能。

(1)广交会等政府类展览会将持续发挥先行先试的作用。目前,广交会以绿色布展材料为抓手成功破局,但绿色会展的可持续与行业推广,仍需探索可推广的精细化运营模式。例如,充分考虑我国展览业发展水平与绿色理念接受程度,制定近期、中期与远期的

进阶式标准与操作指南；综合考虑各利益相关者的激励与联动，探索一般展览会推行绿色会展的有效模式。

（2）政府部门的日益重视将成为绿色会展全流程管理的重要支持。在展览会举办过程中产生环境危害在所难免，但通过各个环节的精确管控，展览会最终对环境产生的负面影响是可控的。因此，整合绿色会展的全产业链、全环节流程，制定相对应的规范制度，推进各利益相关者进行全环节控制非常有必要。全行业、全流程的把控非组展方一己之力可以完成，涉及诸如城市管理部门、特装施工企业、参展商、清运公司等多个利益相关者。这些都要通过与环境管理相关部门沟通与研讨，建立联动机制。

（3）技术应用将形成新的动能。精细化管理是未来绿色会展实施的重要策略。如今，精细化管理已不能以高人力投入为代价，信息技术的运用与整合势在必行。信息化技术的介入，可以有效管理绿色会展实施过程中的多源数据，提高科学化管理水平和处理集约化。例如应用智能设备、引入智能定位手段跟踪全处理流程、实时监控、动态轨迹监测与数据可视化等，都将可能成为绿色会展推广的新动能。

（二）碳达峰与碳中和的会展业解决方案

响应《巴黎协定》的号召，我国主动承担应对气候变化国际责任、推动构建人类命运共同体的责任担当，提出力争于 2030 年前达到二氧化碳排放峰值，努力争取 2060 年前实现碳中和[①]的目标。双碳目标的提出，是党中央、国务院统筹国际国内两个大局作出的重大战略决策，是实现经济高质量发展、推动生态文明建设的必然要求。党的二十大报告明确提出到二○三五年我国广泛形成绿色生产生活方式，碳排放达峰后稳中有降，生态环境根本好转，美丽中国基本实现的发展目标。在此背景下，石油、化工、煤炭、钢铁、电力、汽车、环保、交通等多个行业，陆续公布了碳达峰与碳中和计划与路线图，将碳减排目标逐步转化为具体行动。制定展览业的双碳实施路径亦势在必行。

服务国家碳达峰与碳中和目标，绿色会展成为会展业发展的必然要求。目前，会展业已有推行双碳的零星尝试。2014 年 11 月，亚太经合组织会议（APEC）首次提出"零碳"目标，通过在北京怀柔区和河北康保县种植 1 274 亩[②]林木抵消该会议所产生的 3 903 吨碳排放。2018 年，国际竹藤组织（总部设在北京）在机构内部建立了碳补偿基金。国家会展中心（天津）按照国家绿色建筑最高标准进行设计、施工，采用 88 项绿色低碳环保技术，每年减少二

① 碳中和指通过植树造林、节能减排等形式、抵消自身产生的二氧化碳或温室气体排放量，实现正负抵消，达到相对"零排放"。碳达峰指在某一时刻，二氧化碳的排放量达到历史最高值，随后逐步回落。

② 1 亩 ≈ 666.67 平方米。

氧化碳排放量约 10 000 吨。在行业层面，2018 年，成都发布《成都市会展活动碳足迹核算与碳中和实施指南》，2019 年，国家生态环境部发布《大型活动碳中和实施指南（试行）》。两项标准对会展活动的碳排放测算方法与碳中和方式制定了相关指南，为会展业的双碳工作奠定了重要的基础。

会展业双碳目标的实现，须建立以碳减排为主、碳抵消为辅的策略（见图 8-3）。碳减排是关键一步，但尚未形成行业方略。其中一个重要原因在于，展览会的强聚集性与带动性的影响导致其碳排放边界具有模糊性与动态性。哪些主体应该被纳入核算范围？多大的地理空间需要被纳入监测范围？碳中和责任边界应该如何确定？这些均未形成行业共识。再者，如何使不同利益诉求的主体共同行动推动低碳转型，是当前的重点与难点。这些问题的解决须立足展览业规律与展览会自身特征，制定双碳工作计划，建立有效的治理体系，定位切入点与关键抓手，直击问题要害。这一系列的关键难题仍未得以攻克，需要学界与业界的共同努力，开展模式探索与创新。

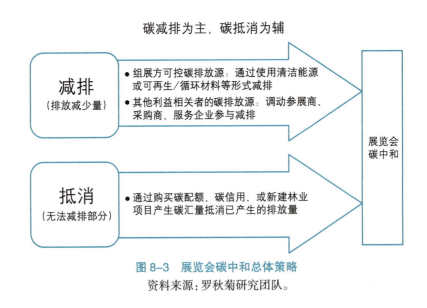

图 8-3　展览会碳中和总体策略
资料来源：罗秋菊研究团队。

第二节　展览会的数字化发展

2020 年，新冠疫情导致全球流动性降低，国际流动被迫切断，大量大型活动被迫取消。在新冠疫情的倒逼下，展览会迎来了数字化的拐点，进入展览数字化 1.0 时代。如今，双线展览(虚拟展览与实体展览相融合)已经成为展览业五大发展趋势之一,但仍然面临着巨大的挑战。国内外一批具有战略意义与行业领先水平的展览会开始了数字化尝试。根据对参展企业与专业观众等利益

① 资料来源:新华社客户端.新基建,是什么?.(2020-04-26)

相关方的调研,大多数企业认可虚拟展览会的意义,并表示愿意尝试。全球著名展览公司励展集团(Reed Exhibitions)面向主办的 201 个展览、近 3 000 家参展企业、9 000 位专业观众进行了调研,发现自新冠疫情以后,84% 的参展企业与专业观众使用了展览会的网络服务。截至 2020 年 9 月,平均每家参展企业尝试了 3.6 个电子渠道,每位专业观众尝试了 3.2 个渠道,65% 的观众认为疫情后展览会数字化仍会持续发展。疫情前的技术应用主要用于展览会外围服务的提升,基本不涉及产品展示形式的核心改变。然而,疫情催化了展览会数字化的新思考与新尝试,组展方也从扭捏、被迫接受到主动尝试。

当今的展览会数字化发展,已经具备了相对稳固的技术基础与国家政策支持。党的十八大以来,以习近平同志为核心的党中央提出建设"数字中国"战略决策。在此战略背景下,国家正式提出新基建布局,致力于夯实产业数字化的地基。国家发改委指出,新基建主要包括信息基础设施、融合基础设施、创新基础设施,信息基础设施包括以 5G、物联网、工业互联网、卫星互联网为代表的通信网络基础设施,以人工智能、云计算、区块链等为代表的新技术基础设施,以数据中心、智能计算中心为代表的算力基础设施等①。融合基础设施,主要指深度应用互联网、大数据、人工智能等技术,支撑传统基础设施转型升级,进而形成的融合基础设施,比如智能交通基础设施、智慧能源基础设施等。创新基础设施,主要指支撑科学研究、技术开发、产品研制的具有公益属性的基础设施。以新发展理念为引领,以技术创新为驱动,以信息网络为基础,面向高质量发展需要,新基建提供数字转型、智能升级、融合创新等服务的基础设施体系。5G 与云计算、大数据、物联网、人工智能等领域深度融合,将形成新一代信息基础设施的核心能力,并为产业数字化转型提供底层技术基础设施支撑。

但要注意的是,展览会的数字化转型,并非简单地改变展览会的形式,将线下展览会搬到线上。未来的展览会将是以数字化技术赋能,打破实体空间壁垒,连接有形空间与无形空间,连接物理空间与数字空间,连接实体空间与虚拟空间、智能空间,最终实现"万物互联"的展览会革新运营模式。未来,数字会展将是一种"线上 + 线下"融合多种数字技术,物理世界与虚拟世界相互叠加与重构的混合空间(见图 8-4)。然而,物理世界与虚拟世界之间如何嵌套和融合,不变的是什么,变化的又是什么,哪些功能可以延伸、打通、组

合,在技术发展浪潮下如何再造与重构,可以说这从根本上决定了展览业是否具有不可替代性。

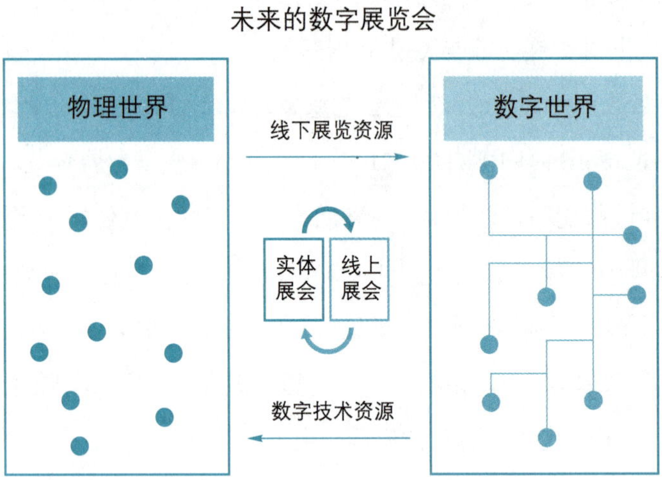

未来的数字展览会

图 8-4　未来的数字会展混合形态
资料来源:罗秋菊研究团队。

一、ICT 技术在展览会中的应用

随着新基建的快速发展,虚拟现实(VR)、增强现实(AR)、混合现实(MR)、人脸识别等信息与通信技术(ICT)将持续推动展览业的深刻变革,贯通展览会的展前、展中和展后全过程(见图 8-5)。本节将重点介绍目前展览业关注度较高的技术,并分析其中的应用情况[①]。

(一) 人脸识别

人脸识别技术是基于人的脸部特征信息进行身份识别的一种生物识别技术,目前已广泛运用在身份识别与验证等领域。在展览会场景下,人脸识别技术主要应用在展览会现场的注册登记与反馈与调查之中。

在注册登记环节,人脸识别技术可以提高注册效率与安全保障。首先,人脸识别技术提高展览会进场和注册的效率,甚至将人均时间缩短至几秒钟。参展商与观众的注册是展览会中最耗时的流程之一。传统注册入场须在现场提交名片、核对资料(条形码、电子邮件确认)、换取参展证件,存在效率低下、不易统计、管理和使用维护成本高等弊端。人脸识别技术有效地利用人体生物特征的唯一性进行身份确认,让展览会现场的注册和入场更加高效、准确、智能。其次,人脸识别技术可以防止冒充其他人注册、使用他人证件等安全漏洞。通过展览会入口闸机捕捉入场人员的面部特征,与预登记信息进行比对,确认是否本人参会。人脸识别技术从入场开始便保障活动安全,大大增强了组展方的安保工作效率。

① 资料来源:本节内容根据 2019 Event Technology Trends,10 Event Trends for 2018 等文献、网络资料整理。

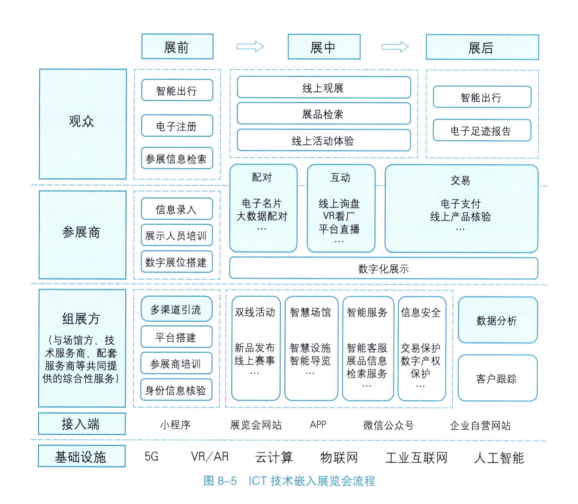

图 8-5　ICT 技术嵌入展览会流程

在展览会现场,人脸识别技术还可以实时分析观众的表情,通过分析人群的情绪了解观众的反应和兴趣点。组展方可以通过专业的面部分析软件收集有关受众的实时匿名信息,并将此信息转换为报告,了解受众对产品或内容的反应和参与度。此项技术也可以运用于展览会同期举办的会议中,评估与会者对主旨发言等会议内容的兴趣程度。但是,人脸识别技术的运用也引发了与会者对隐私安全的顾虑。

(二) 人物追踪技术

利用人物追踪技术可以实时追踪参展商与观众的活动轨迹,为组展方实时了解终端客户的兴趣点与需求提供实时参考。通过捕捉展前和展中参展商与观众的信息,组展方可以识别出需要改进调整的地方,采取高效的有针对性的营销,并为终端客户创造更好的活动体验。目前,应用在展览会中的人物追踪技术主要有两种:

(1) 射频识别技术(Radio Frequency Identification,RFID),是一种通信技术,可以通过无线电信号识别特定目标并读写相关数据。RFID 芯片或 RFID 卡可以附在参展主体的参展证件或徽章上。通过入口处的金属探测器,可以扫描 RFID 芯片并跟踪整个展览会期间的人流量。利用这一原理,RFID 技术可以帮助组展方更加深入地评估和了解展览会动态,对实时捕获的信息做出及时反馈并消除潜在问题。例如,展览会第一天后,通过 RFID 技术人流量追踪统计的数据,可以评估需额外增加或减少的人流入口位置,方便组展方灵活调整,从而为参展商和观众提供更加顺畅的游览线路与体验。

(2) 信标技术(Beacon)的工作原理是首先将小型设备嵌入参展主体的参展证件或徽章上,待设备连接后,读卡器将会对信标的位置进行三角定位,从而追踪参展主体的路径。信标技术常被用于测量展览会的人流量,以形成热力图,并分析展览会现场的人流动向和观众兴趣偏好,以便根据需求进行及时反馈。例如,从展览会现场的热力图可以看出现场人流量,若人数超出预期,则可以通过增置座椅或增加工作人员来引导人群。另外,信标技术有助于增强现场安全性。通过热力图,组展方可以查看现场人员的移动位置并分析他们的行为,识别潜在的安全威胁,并快速确定可能需要增加安保人员的巡逻区域。

(三) 网络直播

网络直播是一种以网络为媒介的即时、同步、实况播送的网络内容服务形态,在日常生活中越来越常见,云监工、云卖货等项目层出不穷。根据中国互联网信息中心(CNNIC)发布的第 50 次《中国互联网络发展状况统计报告》,截至 2022 年 6 月,我国的网络直播用户规模已经达到 7.16 亿人,占据整体网民的 68.1%。网络直播已经成为消费品营销、交易的重要途径之一。

在展览会中,网络直播成为打破时间、空间和地域限制的重要工具。如今,直播主要应用于线上展览会,是参展商使用最多的功能模块。以云上广交会为例,展商直播是三大功能模块之一,备受参展商的重视。参展商能够实时展示其商品、介绍企业,与客户进行垂直接触,随时沟通交流。在新冠疫情期间,许多展览会也采取了"云签约"的形式,使用多项直播、在线聊天等工具,帮助采购商和参展商建立"屏对屏"的连接。尽管直播能够帮助减少产品购买的不确定性,但是由于缺少面对面的沟通环境,采购商往往处于"被动接收"产品信息的环境。同时,采购商往往代表其背后的企业,采购决策流程较长,他们比普通消费者更加谨慎、冷静。因此,直播在线上展览会中促成成交的效果远不如一般电商直播明显。

网络直播也开始应用于线下展览会场景。在展览会现场,参展商在展位中进行实时直播,为未能到展览会现场的客户,介绍最新产品与热卖产品,并在这一过程中进行实时互动。不仅如此,参展商还会直播现场活动,向线上观众传递最新资讯。除参展商进行网络直播外,行业专业意见领袖也开展展览会现场直播,以带货逛展的形式,向线上观众介绍展览会中的产品、活动与最新行业资讯。通过在展览会现场开展网络直播,网上数字空间延伸了现场的物理空间,大大提升了展览会的影响力。

(四) VR/AR/MR 技术

展览会是虚拟现实技术(virtual reality, VR)、增强现实技术(augmented reality, AR)、混合现实技术(mixed reality, MR)的重要使用场景之一。通过运用 VR/AR/MR 技术,展览会可以实现物理空间与数字空间叠加与混合,不再局限于现场有限的空间,可以形成大尺度空间的低成本消耗。

(1) VR 技术是一种能够创建和体验虚拟世界的计算机仿真技术,它利用计算机生成一种交互式的三维动态视景,其实体行为的仿真系统能够使用户沉浸到该环境中,从而达到人机互动的目的。该技术专注于创建沉浸式的在线环境,用户可以在其中进行反馈和分享。

(2) AR 技术是将计算机生成的虚拟图像叠加在用户对现实世界视图上的一种新技术形式。用户在现实世界中与计算机生成的图像进行交互。例如,很多备受关注的手机游戏就是运用了增强现实技术,现实世界与游戏世界相互叠加,为玩家带来了奇妙的游戏体验。

(3) MR 技术是在现实环境中引入虚拟场景信息,在现实世界、虚拟世界和用户之间搭起一个交互反馈的信息回路,以增强用户体验的真实感,具有真实性、实时互动性以及构想性等特点。

随着 MR 技术的发展,数字孪生开始引发展览业的讨论。目前,MR 技术已经具备了在展览会中商用的技术能力,信息数据采集成本低、地图搭建迅速、使用设备简单。还可以利用 MR 技术创造"平行世界",经过环境采集、场景创作与发布体验三个环节。如今,技术已经实现了 10 万 m^2/h 高精地图数据的采集速度,只用普通相机、运动相机甚至手机就可以完成采集。而且,虽然单位面积的采集成本根据场景不同,但基本在 200 元至 500 元每平方米的范围内。通过神经网络服务集群,可以自动重建视觉地图,用时最短,只需几分钟,最长不过数小时,高效率重建让商用推广进一步成为可能。在场景创作方面也有用户交互友好的软件服务,专业知识与技术的门槛低,科技公司提供软件与技术支持,用户只需购买服务与创作。可以说,MR 技术在展览会中的应用已经具备了基础方案与场景方案,数字孪生的展览会应用前景值得期待。

此外,VR/AR/MR 技术的运用可以显著提升终端客户的参展效益。对于参展商,此类新技术的介入可以展示更多产品及其生产过程,显示产品的高附加值与差异性。技术增强了产品展示效果,加深了观众的品牌印象,减少了实物所需空间和运输成本。尤其是对于一些因运输困难、价值高昂或受成本限制且无法在现场展示的产品,为其跨时空展示提供了可行性。对于观众,VR/AR/MR 技术能够极大地促进数字展览会的互动性与临场感。优质互动性环节和场景的打造能够为观众带来沉浸感、临场感,获得更生动的参展体验。VR 技术能够唤起用户的兴奋感,满足身体、认知和情绪方面的满足,带来更自主的沉浸。这类技术能使用户沉浸到虚实结合的环境之中,通过人机互动更好地展现企业产品和场景,强化营销体验,增强信任与记忆。

VR/AR/MR 技术在展览业的应用价值是不容忽视的,未来将革新展览会的商业模式,真正打通展前—展中—展后的阶段跨度,实现虚实空间的嵌套与商业模式闭环。不仅如此,组展方与场馆方还可以进一步结合大数据、5G 等技术,打造智能化甚至数字孪生展览空间,打造低碳的场馆空间、场景设计以及布展,为展览会绿色化发展提供新动能。

(五) 互联网平台技术

运用互联网平台技术,展览会可以实现线上化。线上展览会,亦称为虚拟展览会(Virtual Trade Fair, VTF),是"一个基于网络的平台,客户、供应商和分销商可以在任何时间和任何地点虚拟地聚集在一起"(Geigenmüller, 2010)。目前,线上展览会结合 VR、直播、视频、线上会议等技术和展示方式,以网站、小程序、App 等平台为接入端,为参展商、采购商提供沟通、交流、交易、对接的线上平台。

线上展览会可以追溯到 20 世纪 90 年代。1995 年,IBM 公司、Virtex 公司首先开启了商业领域线上展览会的实践;同年,RMR 公司(英国)、Expocentric 等公司也进军线上展览会业务。然而,由于组展方对新技术存疑,线上展览会发展缓慢,部分展览公司退出了该领域。2000 年以后,在 2003 年非典疫情、2008 年国际金融危机等一系列危机事件的影响下,线上展览会因其高效率、低能耗、无须面对面接触等优势又逐步引发了关注。也在这一时期,我国开始出现零星的线上展览会,但一直没有突破性增长。相比之下,欧美线上展览业态日渐成熟。

2020 年,受新冠疫情的影响,线上展览会迎来重要转折点。线上展览会创新了展览会的形式,并成为会展业从"线下"走到"线上"、从"面对面"转向"屏对屏"的标志性拐点,逐步被组展方、参展商与观众接受。为保障展览企业有序复工复产,国家出台了一系列政策激励会展行业创新,并在多个重要会议中提出激励展览行业创新,推动展览企业进行线上展览会的尝试。由此,广交会自2020年4月起开始尝试线上模式,旨在打造10×24小时全天候线上外贸平台,呈现云展厅、云展台,吸引采购商网上采购和交易。

然而,尽管线上展览会作为企业数字化的重要着力点和突破口,能够适应和满足参展商的部分需求,但现阶段线上展览会仍以线下展览会的复刻形式为主,尚未呈现充分的赋能与变革。线上展览会能否替代线下展览会曾经引发行业的激烈讨论,但目前学界与业界已经形成了线上展览会是线下展览会的延伸与赋能的共识。未来的展览会将是"线上"与"线下"的混合双轮驱动,新技术也将不断赋能展览行业,为传统展览带来新的可能性。

二、ICT技术赋能展览会价值重构

ICT技术将逐步通过局部的构建再造嵌入会展的业态,引发行业生态链重构,推动展览会的价值重构,如图8-6所示。ICT技术激发了展览企业在商业模式、商业流程和客户体验等层面的变革,加快了线上与线下展览会融合的数字会展进程。这一数字化变革具有"点对面"的辐射效应,将加速展览产业链中传统企业的数字化转型,促进全行业和产业链上下游整体的生态链重构。数字技术的介入能够助力智慧城市建设、城市智慧产业集群、城市形象更新,最终实现"企业—产业—城市"的价值重构。

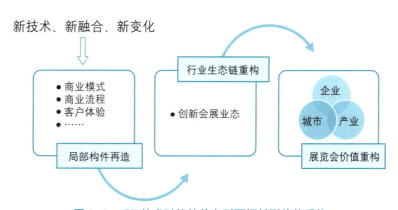

图8-6 ICT技术赋能的从点到面辐射型价值重构

(一) 企业层面

ICT技术介入展览会将加速传统企业向数字化转型。企业的信息化与ICT技术运用能力、公司战略导向将影响其数字展览的参展效果。研究发现,企业基于信息的市场导向能力、网络关系导向能力、客户集成能力、连接度、协作承诺是影响线上展览会效率的关键因素(Geigenmüller,2010)。为增强数字展览会中的企业参与和沟通,强化企业品牌,企业要积极地深度参与展会数字化进程。展览会的技术应用将推动企业的动机目的与行为偏好重构、体验与互动重构、营销载体重构、成本与效益重构。

第一,动机目的与行为偏好重构。ICT 技术的介入势必改变观众的参展动机重要性排序和行为偏好。实体展览会是建立在面对面沟通之上的,而数字展览会串联了整个时段的交互和参与。技术的介入使得观众可以提前了解产品部分信息,在现场参展时的信息搜寻需求也将发生变化,观众希望更加深入地了解产品细节或者进行深度体验。技术对观众目的与行为偏好的重构,也将推动展览会在交易、营销、社交、产业信息传播等功能与价值上的变化。

第二,体验与互动的重构。观众体验感、互动感增强,个性化、定制化服务愈加重要。参展企业可以通过 VR/AR/MR、3D 动画等技术实现虚拟展位、产品、工厂、企业形象等展示。相比人员讲解和观看实物,数字化展示方式的交互感与体验感更强,所展示的产品信息更为丰富。此外,数字技术将帮助参展商更好地理解观众需求。例如,在观众允许的情况下,未来将可以运用眼球追踪、面部表情跟踪等技术捕捉观众的情绪反馈信息,理解不同观众的需求和行为,为核心用户提供定制化、个性化服务,促成供采双方达成合作。

第三,营销载体的重构。数字展览会是创新的营销工具,实现了多种技术的赋能,改变了传统营销的内容、载体和手段。云展示空间有效拓展了内容的广度和时间长度,数字展览会成为参展企业综合使用多样化在线营销手段的接口和平台,引领"前店后厂,智能双线"展览会新模式。搭载多种数字多媒体技术和 VR 全景技术,企业可以全面展示产品及展示企业的生产环境;利用直播技术,可以实现现场与远程交互交流,实时内容可同时在线上平台输出,丰富了展现产品、营销品牌的方式。基于大数据处理和分析能力,组展方与参展企业还可以更快地识别观众的动机与兴趣,赋能用户画像与数字轨迹的分析,实现更精准的需求匹配与个性化服务,提升终端客户的参展效绩。

第四,成本—效益的重构。参展企业的参展成本与效益结构将发生重大变化。传统线下展览会的参展成本高,包括展台租赁、展台搭建、人力成本、运输成本、物料制作等费用。数字展览会打破地域和物理空间限制,在一定程度上降低了人员到场和产品运输的成本,产生新的数字化产品使用和展示成本,改变了原有的成本结构,但参展总成本不一定低于线下展览会。例如,线上展览会中参展商除了考虑一次展览会的直接成本和可变成本,还需考虑在线上展示的长期固定成本。初次接触直播与 VR 展示等技术时,企业需支出培训员工、聘用技术人员、购买设备等成本。相应地,参展企业将更关注长期的参展效益。此外,在数字技术介入后展览会的影响和作用更难剥离,须综合考虑展览会对企业的品牌营销与价值创造的影响,以关系视角和长期视角评估参展目标实现情况。因此,数字化时代的终端客户参展效益评估将发生结构性变化,这也是展览会数字化发展面临的诸多挑战之一。

(二)产业层面

数字展览会的局部构件再造推动核心场景重构,会展产业链条也随之重构。线下展览会的核心利益主体包括主办方、参展商、采购商,在数字化时代三方关系的基础上将再增加技术服务商这一主体。技术服务商通过提供基于 5G、云计算、大数据、AI、AR、VR 等中层和底层技术支持,延伸技术触角,为展览业带来更多创新的可能性与场景的丰富性(见图 8-7)。在数字展览中,组展方与技术服务商的能力相互叠加,共同构建了连接参展商与观众的数字与实体混合空间。

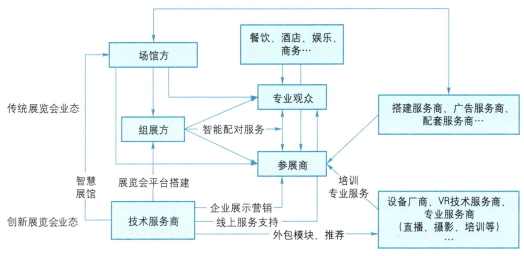

图 8-7 数字化对展览行业生态链的重构

展览会形态融合引发生态链条层面的重构。在以场馆方、组展方、观众、参展商、搭建服务商等为主体的传统展览会利益相关者链条之中,技术服务商主体的介入创新了展览会业态和新型商业模式。随着技术的持续更新迭代以及技术服务商与展览业态的磨合、适应,新技术逐步形成能与产业充分匹配的方法论,开发完善的技术解决方案工具箱,实现组展方、参展商等核心利益相关者对技术能力的随时调用,最终实现技术与展览会的深度耦合。同时,龙头企业在技术展示、数字化营销、技术培训等方面应用的新型技术和理念将会不断传递给产业链条的各个部分,从而引发全行业的技术和理念变革。

(三)城市层面

传统展览业聚集大规模人流与物流,对举办城市吃、住、行、游、购、娱、物流、基础设施建设等带来带动效应。数字展览会也将成为一个 ICT 技术应用的热点空间,辐射与拉动城市新基建建设,如 5G 基站建设、大数据中心、人工智能等方面的提升,最终带动城市智慧商业服务业的发展。

第一,数字展览会将助推城市新基建建设,深化智慧城市服务业布局。2018 年 12 月,中央经济工作会议确定 2019 年重点工作任务时提出"加强人工智能、工业互联网、物联网等新型基础设施建设",这是新基建首次出现在中央层面的会议中。数字展览会的举办离不开底层硬件基础服务设施的支持,主要有基础光纤、5G 基站、大数据中心、云计算中心、人工智能、互联网和物联网等通信网络、信息技术的建设。同时,数字展览会的发展亦将推动以数字化展馆、相关技术服务提供商为链接的智慧服务业在城市集聚、布局,增强城市信息网络综合承载能力和信息通信集聚辐射能力,为智慧城市建设提供新型基础设施支持。

第二,数字展览会将推动产业集群智慧化,助力智慧城市建设。展览会是临时产业集群,同一产业链的临时集聚产生沿产业价值链的横向与纵向知识交换。展览会的题材涵盖社会经济发展的众多产业。数字展览会如同支点,通过信息传播和知识扩散机制,促进企业的数字化转型。通过广泛植入互联网、物联网理念,广泛使用云计算、大数据、VR、无线传感、工业控制、人工智能等技术,构建信息互联互通、信用支付、跨产业边界和地域发展的新模式,对企业生产过程智慧化、企业运营智慧化、集群服务信息化产生溢出效应,助力智慧城市转型升级。

第三,数字展览会将作为重要的媒介事件,发挥更广泛的参与、传播和沟通交流功能,打造新型城市名片。展览会作为信息交流的媒介,具有城市形象传播与更新功能。以大型展览会为代表的大型活动是社会关注焦点,能吸引各类媒体的关注,提升城市知名度。尤其是广交会等品牌展览会,因其辐射力广、知名度高,在城市形象的重塑、传播中发挥着独特的作用。以 VR/AR/MR、5G 等新技术为依托,数字展览会及其相关企业品牌得以全方位突出显示,直观、形象、广泛地呈现智慧城市形象,将成为城市营销的重要名片。

三、展览会数字化发展的挑战

未来的展览会将是线上展会与线下展会融合的混合双线展览会(hybrid event),是新基建背景下展览业拥抱数字经济的产业升级转型。数字经济强调融合共赢,在与传统产业的碰撞中实现价值增量,带动存量蜕变。ICT 技术将助力展览会实现"万物互联"。长远来看,ICT 技术势必与展览业深度耦合,持续赋能展览会,但也面临着重重挑战。

(一) 新商业模式仍有待突破

传统展览会依赖展位与相关增值服务业务获得盈利,在数字展览会中如何满足技术服务商、组展方、参展商、观众、搭建企业等主体之间的不同需求,实现合理的利益交互方式的路径尚未厘清。以线上展览会为例,组展方普遍对线上展览会的盈利能力持怀疑和质疑的态度,认为线上展览会威胁现有商业模式,而非将其作为新的业务来源。目前大部分线上展览会不收取虚拟展位的费用,或价格远低于实体展位,影响了传统上以展位租金为主的收入来源,组展方的盈利模式、展位定价、成本效益关系等问题亟待解决。此外,目前 VR/AR/MR 技术在展览会的应用仍停留在概念阶段,新技术的投入成本高、不确定性较大,组展方如何评估其成本效益? 参展商如何评估参展效益、对技术服务支付意愿多高? 这些问题都影响展览会的技术接受度与尝试意愿,也尚未形成新的商业模式。同时,ICT 技术的介入也提升了展览行业的技术门槛,搭建企业的传统盈利模式也会发生变化。搭建企业的业务是否会受技术服务商影响,还是会与技术服务商通力合作,将数字技术嵌入展台搭建? 这些问题都是在数字化介入展览会时要探讨的问题。

(二) 信息安全要求高

数字展览会推动展览业信息化水平达到新高度,但目前尚未建立标准化和成熟的信息安全保障体系。不同行业、不同技术的融合发展,使展览业的信息安全问题更加多元化、复杂化。随着数据量的增加,数据利用水平的提高,图像、文本、语音、数据库等多媒体数据的出现和不断生产,数据安全的重要性也不断提升,数据采集、存储、处理过程中的机密性和保障性问题愈加凸显。核心数据泄露、遗失、盗用将对展览业核心利益相关者造成重大危机。对于参展商,存储在线上展览会的新产品信息的泄露和提前公布会对其知识产权、销售情况产生巨大冲击,将可能使其在同行竞争中处于劣势地位。对于组展方,观众、参展商的联系方式等数据是其核心资源和竞争力,须进行重点保护和监测。对于观众,网络中的个人信息、交易信息等影响着个人隐私和财产安全,须对其交易安全进行重点保护。与此同时,由于指纹、面容、声音等个人生物信息的应用在会展领域越来越广泛,人脸识别技术、人物追踪技术等将生物信息与大数据、地理信息系统结合的技术让个体的空间、时间信息时刻不暴露在数据网络之中,参展商、观众的个人信息处于高风险之下。组展方及技术服务商须肩负起数据安全和用户信息保护的责任,确立安全、高效的信息保护机制,才能使参展商与观众信任展览会的数字信息技术服务,从而提升接受度与使用意愿。因此,数据安全已经成为展览会管理的重要环节。展览业信息安全问题的多元性、复杂性和叠加性,决定了必须建立高标准的信息安全的管理体系,以保障展览会数字化发展中的信息安全。

(三) 技术伦理问题

互联网、大数据、人工智能等数字技术及其应用所带来的隐私保护、虚假信息、算法歧视、网络安全、网络犯罪、网络过度使用等问题已经成为全球关注焦点。在数字化进程中，技术伦理问题也为展览业带来前所未有的挑战。

数字展览会中人脸识别、数字足迹、眼动轨迹和大量网络信息的留存，都会涉及参展商与观众的数据隐私问题，须加强对技术的监督、规范与管理。在数字技术应用到展览会的过程中，数据采集需重视公众的知情权与征得相关同意，明确主体的权利及边界，避免此类技术的滥用。只有通过多重措施的保护和降低风险，加强技术监督，才能够让公众信任和使用此类技术，这也是企业对用户应尽的责任。在数字展览会中，信任不仅限于观众—参展商、观众—组展方、组展方—参展商等关系之中，还要建立技术信任。

因此，在展览会数字化发展中，我们呼吁新的技术伦理观。重视技术应用过程中的伦理道德，切实保护参展商、观众与公众的权益，实现技术、人、社会之间的良性互动发展。

本章要点小结

- 绿色化与数字化是当今展览业的两大发展趋势，将持续革新与重构展览产业链条。

- 国内外绿色会展的发展背景与历程呈现差异化。以西方国家为代表的国际绿色会展发展，基于一般环保法规之上，由组展方等机构的环保精英在管理实践中融入个人环保价值和理念进行推进，是以自下而上为主导力量的推广过程。国内绿色会展起步较晚，是在我国经济向高质量发展转型过程中，受政策引导、以政府办展为先锋的自上而下为主导的模式。

- 绿色会展的实施除了需要周详的绿色举措，还需协同多方利益相关者。让不同利益诉求的主体能够达成绿色认知的共识，共同参与和实施推动展览会的绿色与低碳转型，是展览会绿色化的重点与难点。生态标志计划、行业培训与教育、政府规范与政策、绿色治理是行业推广的现行策略。

- 我国绿色会展的发展仍存在普及度不高的问题，但已引发了行业的关注。未来绿色会展的推广需寻求新动能。碳达峰与碳中和成为绿色发展新焦点，亟待共同探索行业解决方案。

- 双线展览会(亦称混合展览会)已经成为展览业五大发展趋势之一。国内外一批具有战略意义与行业领先的展览会开始了数字化尝试。未来的展览会将是以数字化技术赋能，打破实体空间的壁垒，连接有形空间与无形空间，连接物理空间与数字空间，连接实体空间与虚拟空间、智能空间,最终实现"万物互联"的展览会革新运营模式。

- ICT技术已经逐步介入展览业,贯通展览会的全过程。其中,虚拟现实(VR)、增强现实(AR)、混合现实(MR)、人脸识别、人物追踪、网络直播等技术具有强应用潜力,受到广泛关注。

- ICT技术将逐步通过局部的构建再造嵌入展览业态,引发行业生态链的重构,推动展览会在"企业—产业—城市"三大层面的价值重构。

- 从长远来看,ICT技术将持续赋能展览会,势必与展览业深度耦合,但也面临重重挑战,主要包括:新商业模式仍有待突破、信息安全要求高、技术伦理问题要求。

本章思考题

1. 如何理解绿色会展,绿色会展如何为实现可持续发展目标做出贡献?

2. 国内外绿色会展的发展历程主要差异是什么? 绿色会展应如何推进?

3. 在数字会展的情境下,线上展览会和线下展览会有什么关系? 两者如何协同发展?

4. ICT技术在展览会中的应用,将对展览行业和其他行业产生怎样的革新作用? 将带来什么影响?

5. ICT技术会威胁线下展览的发展吗? 为什么?

6. 展览会数字化会给展览业带来什么机遇与挑战?

 即测即评

本章参考文献

读者意见反馈

为收集对教材的意见建议，进一步完善教材编写并做好服务工作，读者可将对本教材的意见建议通过如下渠道反馈至我社。

咨询电话　400-810-0598
反馈邮箱　gjdzfwb@pub.hep.cn
通信地址　北京市朝阳区惠新东街 4 号富盛大厦 1 座
　　　　　高等教育出版社总编辑办公室
邮政编码　100029